建筑施工企业全生命周期财税处理与风险防范

（案例版）

林久时 ◎ 著

中国铁道出版社有限公司

CHINA RAILWAY PUBLISHING HOUSE CO., LTD.

图书在版编目（CIP）数据

建筑施工企业全生命周期财税处理与风险防范：案例版/林久时著 . —北京：中国铁道出版社有限公司，2022.10

ISBN 978-7-113-29434-2

Ⅰ.①建… Ⅱ.①林… Ⅲ.①建筑施工企业-企业管理-财务管理-研究②建筑施工企业-企业管理-税收管理-研究 Ⅳ.①F407.967.2

中国版本图书馆 CIP 数据核字（2022）第 126988 号

书　　名：**建筑施工企业全生命周期财税处理与风险防范（案例版）**
JIANZHU SHIGONG QIYE QUAN SHENGMING ZHOUQI CAISHUI CHULI YU FENGXIAN FANGFAN（ANLI BAN）

作　者：林久时

责任编辑：王淑艳　　编辑部电话：(010)51873022　　电子邮箱：554890432@qq.com
封面设计：末末美书
责任校对：苗　丹
责任印制：赵星辰

出版发行：中国铁道出版社有限公司（100054，北京市西城区右安门西街 8 号）
网　　址：http://www.tdpress.com
印　　刷：中煤（北京）印务有限公司
版　　次：2022 年 10 月第 1 版　2022 年 10 月第 1 次印刷
开　　本：700 mm×1 000 mm 1/16　印张：21.75　字数：355 千
书　　号：ISBN 978-7-113-29434-2
定　　价：88.00 元

建筑业是国民经济的重要支柱产业之一，建筑业的生产具有流动性、长期性、综合协作性等特点，因此财税管理也较为复杂。"君子履正道，秉志宜专攻"。建筑业财务人员想要真正达到业财融合，除了要有敏锐的税收政策解读能力，还要有丰富的管理实践经验。近年来，本人通过著书立说、培训咨询等方式向大家分享最佳的管理经验，旨在为企业的经营提供财税人的优质管理方案。

林久时同学在 2020 年出版了第一本专著以后，就马不停蹄地开始准备新书的写作，如今第二本著作也已完成。作为他的老师，为他的好学上进感到十分欣慰。经过两遍通读，我觉得久时的这本新书比他的处女作——《建筑企业财税处理与合同涉税管理》更上一层楼，他对建筑业财税的研究更加全面深入。这本书涉及建筑业全生命周期、全业务流程、全税种的处理及风险控制等内容，我认为至少有三个亮点值得推荐：

第一个亮点：全面。

本书介绍建筑企业在设立阶段、工程招投标、合同履约、合同结算、企业重组全流程财税处理，几乎涉及建筑企业常规业务的全税种处理和会计实务；对建筑业高频疑难问题、特定业务的财税处理，以及部分业务新管理模式、新交易模式下的财税问题处理做了详细阐述，内容十分全面。

第二个亮点：实务。

本书始终站在解决实务问题的角度阐述财税管理观点。久时在书中用一定篇幅讲解财务视角的合同管理，并且使用很多实务案例解析合同条款的设计及风险规避措施，对建筑业财务人员提升业财融合能力有一定的帮助。

第三个亮点：通俗易懂。

久时的工作经历与本人相似，此前都在建筑企业财务管理部门任职，而且在工程项目一线摸爬滚打过。正因为有了这段经历，他对建筑业的业务十分了解，对其财务管理工作的特点和难点非常熟悉，书中的内容通俗易懂，没有晦涩难懂之感。

在这本书中，久时除了对第一本专著中的重要内容做了拓展和升华，也吸收了本人《建筑业增值税管理与会计实务》一书中的核心观点，并引用了《民商法》中的部分司法案例进行解析，将"业财税法"融合在一起，是一部较为实用的著作。

"书痴者文必工，艺痴者技必良"。希望久时能以建筑业财税服务领域为主体，逐步扩大财税服务范围，广泛涉猎各行业财税问题研究，以解决企业实际业务难题和涉税风险控制为服务的落脚点，朝着打造属于自己的、更专业的财税服务机构的目标奋勇前进。

希望久时能继续保持谦虚谨慎、不骄不躁的治学精神，取得更长足的发展。

是为序！

中国建筑业财税深耕者　何广涛博士

　　2018 年年底，我从某央企"裸辞"。在南下的火车上，我彻夜无眠。旅途漫漫，不知道该在哪里醒来。郁孤台、军门楼、八境台……不知道多少次漫无目的沿着环城开车，从红旗大道 86 号经过，再一路向南。曾经从这里出发，后来又回到了这里。

　　2019 年 3 月，我正式决定专职从事财税服务工作，并在一年多后出版了第一本专著《建筑企业财税处理与合同涉税管理》，这本书完成于新冠肺炎疫情肆虐的 2020 年冬春之交，它是我对既往工作经历的总结，也是我向老师交的一份"单元测试卷"。时隔一年，我决定再写一本全方位阐述建筑企业财税管理的专业书籍——《建筑施工企业全生命周期财税处理与风险防范》。令我没想到的是新书完稿时又赶上了"点多、面广、频发、隐秘传播"的新一轮新冠肺炎疫情。在这段居家学习办公的时间里，正好能安静地打磨书稿，好酒只有精心酝酿，酒香才能历久弥新。

　　这本书共分六章，按照建筑企业全生命周期、全业务流程、全税种处理三个纬度撰写。第一章从建筑企业的组织形式和登记注册出发，阐述了企业不同组织形式的差异及建筑业的资质管理，介绍了企业设立阶段的财税处理；第二章以投标签约涉及的事项为主线，以与建设相关的会计法规、税收法规、《中华人民共和国民法典（合同篇）》为依据，阐述了招投标及签约环节的合同涉税管理、建设工程项目增值税计税方法的选择、分供商的采购比价管理等内容；第三章以合同履约环节的财税管理为主线，介绍新收入准则在建筑业的运用以及新旧收入准则过渡时期的账务调整、工程项目在不同计税方法下的增值税会计核算与财报列示；第四章以合同竣工环节的工程计价、竣工结算的财税处理为主线，阐述了工程项目从阶段结算、竣工结算到工程保修的工程项目结算周期的财税处理；第五章讲述建筑业混合销售与兼营事项、拆除工程等特定业务的财税处理，以及异地施工、用工模式、砂石料自产自销、资金集中与物资统供管理等涉及的行业共性财税问题和新管理模式下的财税问题处理；第六章介绍建筑企业在重组环节的财税处理，就增资扩股、减资缩股、股权转让、合并分立、债务重组等业务的会计处理与涉税处理作出简要分析。

在写作过程中，我的导师——中国建设会计学会会计学术委员会首席专家、中国人民大学会计学博士何广涛先生，多次指导本书重点章节的撰写，正因为有了他的悉心指导，拙著才得以展现在读者面前。如今我和老师一南一北，平时很少见面，每次与老师交谈，总是被他深湛的专业能力折服，被他敏锐的政策把握能力感染，被他深耕建筑业财税领域的专注精神鼓舞。他不仅在专业上时常给我启迪，在工作和生活上也给了我巨大的、无私的帮助，正是师恩如山。

踏入财税专业服务领域已经四年，时常问自己未来该往哪里走，如何走？"问渠哪得清如许，唯有源头活水来"。不管自己能飞多高多远，只需要拼命飞，即便有时会身不由己地坠落，甚至被现实打折翅膀，但不能放弃对生命的热爱和对理想的追求。现在无论每天几点入睡，我都会在该醒来的时间醒来，因为每天都是崭新的。

林久时

2022 年 6 月

目　录

第一章　建筑企业设立环节的财税处理

第一节　公司设立时的筹划 / 2

一、企业的组织形式 / 2

（一）公司制企业 / 2

（二）合伙企业 / 4

（三）个人独资企业 / 5

（四）建筑业选择企业组织形式应考虑的因素 / 6

二、注册公司时纳税人身份选择 / 6

（一）纳税人身份抉择基础比较 / 6

（二）纳税人身份抉择的理论临界点 / 7

三、企业集团内部单位 / 9

（一）总公司和分公司的经营与财税管理 / 9

（二）分公司与子公司的差异 / 23

第二节　企业法人登记和税务登记程序 / 27

一、企业法人登记 / 28

二、公司开业税务登记 / 28

（一）首次办理相关业务时应当报送的资料 / 29

（二）纳税人提供资料应注意的事项 / 29

三、企业增值税纳税人身份认定 / 29

（一）小规模纳税人 / 30

（二）一般纳税人 / 30

（三）简易征收备案 / 30

第三节　建筑企业资质管理 / 32

一、资质改革前的分类分级 / 33

（一）总承包与专业承包资质分类 / 33

（二）专业工程违法分包的情形 / 33

（三）禁止超越资质等级承揽工程，严禁"挂靠" / 34

二、建设工程企业资质改革 / 34

（一）资质证书过渡阶段 / 34

（二）资质改革后施工资质等级压减情况 / 35

第四节 企业设立阶段会计处理 / 37

一、实收资本 / 37

（一）实收资本与注册资本 / 37

（二）实收资本的分类 / 37

（三）实收资本出资形态与会计处理 / 38

（四）股东投资未到位的利息支出扣除 / 40

二、企业开办费的财税处理 / 41

（一）开办费的开支范围 / 41

（二）不列入开办费范围的支出 / 42

（三）筹办期开办费的财税处理 / 42

三、税控系统专用设备及技术维护费用的财税处理 / 44

（一）税控设备费用的财税处理 / 45

（二）税控系统技术维护费的财税处理 / 45

第二章 投标与签约环节的财税处理

第一节 招标与投标政策及相关内容 / 48

一、招投标政策 / 48

（一）必须招标的工程建设项目 / 48

（二）邀请招标 / 49

（三）联合体投标 / 50

（四）工程中标 / 51

（五）投标应注意的其他事项 / 52

二、工程中标无效的情形 / 52

三、投标时工程造价计税方法和合同约定税率不一致 / 53

四、部分境外工程投标时需要开具无欠税证明书 / 54

第二节 投标阶段的会计处理 / 55

一、招投标文件费用 / 55

（一）招投标文件费收费标准 / 55

（二）招投标文件费用的财税处理 / 56

二、投标保证金 / 57

（一）投标保证金比例 / 57

（二）投标保证金的会计处理 / 58

三、工伤保险与意外伤害险的界定及处理 / 59

（一）工伤保险与意外伤害险 / 59

（二）工伤与意外伤害险的财税处理 / 62

第三节　招投标环节的财税处理 / 62

一、工程项目地的财税政策 / 62

二、工程成本涉税事项的测算 / 63

（一）招标签约环节的税费测算 / 63

（二）建立财税管理手册 / 65

三、建筑企业采购比价管理 / 65

（一）基础比价与供应商的选择 / 65

（二）采购比价临界点推导与模型应用 / 69

（三）选择供应商时比价以外的其他因素 / 71

第四节　计税方式的选择 / 72

一、建筑服务的两类计税方式 / 72

（一）一般计税与简易计税方式计税原则 / 72

（二）建筑服务选择适用简易计税的条件 / 73

二、甲供因素对计税方式的软硬影响 / 76

三、计税方式的临界点推导与运用 / 78

（一）材料费用占比对选择计税方式的影响 / 78

（二）进项税额占比对选择计税方式的影响 / 79

（三）计税方式临界点在实务中的运用 / 80

第五节　合同签订环节的涉税事项 / 82

一、订立合同时涉税审核与风险防控 / 82

（一）合同条款涉税事项审核 / 82

（二）合同不能控税，但影响涉税事项 / 83

二、合同涉及的印花税问题 / 85

（一）建筑业需要缴纳印花税的经济合同及其他凭证 / 85

（二）建筑业无须缴纳印花税的经济合同及其他凭证 / 87

（三）最终结算金额与合同金额存在差异时如何缴纳印花税 / 88

（四）建筑企业合同印花税的计税基础 / 88

（五）勘察设计合同是否需要缴纳合同印花税 / 88

（六）建设工程合同印花税在哪里缴纳 / 89

三、合同的债权债务转让 / 89

　　（一）债权债务转让应注意的事项 / 89

　　（二）债权转让是否等于发票转开 / 93

四、承包合同的涉税管理 / 96

　　（一）建筑企业承包合同的造价困境 / 96

　　（二）合同价款的约定及调整事项 / 97

　　（三）合同暂估价对建筑企业（承包人）的不利影响 / 98

五、物资采购合同的涉税管理 / 99

　　（一）物资采购合同涉税条款 / 99

　　（二）款项支付与发票合规管理 / 101

　　（三）违约金与赔偿金 / 104

六、分包合同的涉税管理 / 105

　　（一）分包合同基础涉税条款 / 105

　　（二）劳务分包合同应注意的农民工工资条款 / 109

七、设备租赁合同的涉税管理 / 110

　　（一）租赁合同的基础约定 / 110

　　（二）融资租赁 / 111

　　（三）施工设备租赁的涉税问题 / 112

第三章　合同履约环节的财税处理

第一节　建设工程领域的保证金制度与会计处理 / 117

一、履约过程中的各类保证金 / 117

　　（一）履约保证金 / 117

　　（二）工程质量保证金 / 118

　　（三）农民工工资保证金 / 118

二、保证金的财税处理 / 119

　　（一）支付和回收保证金的会计处理 / 119

　　（二）从第三方收回保证金时取得利息的涉税问题 / 120

三、诚意金 / 121

四、定金与违约金 / 121

　　（一）定金 / 121

　　（二）违约金 / 122

第二节　建筑业预收款的财税处理 / 123

一、预收款的基本政策 / 123

（一）确认预收款的条件及相关政策 / 124

（二）预收款的财税政策 / 125

二、建筑服务预收款的票据开具 / 127

三、预收款的会计处理与纳税申报 / 128

（一）建筑服务预收款的会计处理 / 128

（二）建筑服务预收款的纳税申报 / 130

第三节　合同收入与合同成本的会计核算 / 130

一、建筑业企业可执行的会计制度 / 130

（一）我国现行的会计制度 / 130

（二）执行《企业会计准则第14号——收入》 / 132

二、新收入准则下建筑企业部分新增会计科目介绍 / 139

（一）合同资产 / 139

（二）合同负债 / 139

（三）合同履约成本 / 140

（四）合同履约成本减值准备 / 140

（五）合同结算 / 140

（六）合同取得成本 / 141

（七）合同取得成本减值准备 / 141

三、合同履约过程中成本费用的归集 / 141

（一）人工费 / 142

（二）材料费 / 144

（三）机械使用费 / 146

（四）分包费 / 147

（五）其他直接费用 / 149

（六）间接费用 / 150

四、哪些费用不能列入合同履约成本 / 150

五、合同取得成本的会计处理 / 150

六、确认合同收入与合同费用 / 152

（一）合同履约进度能够合理确定时的会计处理 / 152

（二）合同履约进度不能合理确定时的会计处理 / 154

（三）合同预计损失的会计处理 / 155

七、新旧收入准则过渡时期的账务处理 / 159

第四节　工程计价的会计处理 / 160

一、工程进度款结算与支付 / 160

（一）工程进度款结算方式 / 160

（二）工程量计算 / 161

（三）工程进度款支付 / 161

二、工程计价与纳税义务发生时间的关系 / 163

（一）建筑服务增值税纳税义务发生时间 / 163

（二）建筑服务企业所得税纳税义务发生时间 / 164

三、工程计价的会计处理 / 165

第五节　合同结算的列报披露 / 166

一、合同资产与合同负债的列报 / 166

（一）应收账款与合同资产 / 166

（二）合同结算的列报 / 168

二、合同履约成本和合同取得成本 / 173

第六节　建筑业增值税会计处理与列报 / 173

一、部分增值税会计科目介绍 / 173

（一）"应交增值税"明细科目 / 174

（二）"未交增值税"明细科目 / 174

（三）"预交增值税"明细科目 / 174

（四）"待抵扣进项税额"明细科目 / 175

（五）"待认证进项税额"明细科目 / 175

（六）"待转销项税额"明细科目 / 176

（七）"简易计税"明细科目 / 176

二、增值税视同销售业务 / 176

三、增值税小微政策 / 178

四、建筑业不同计税方式的增值税会计处理 / 179

（一）简易计税项目的增值税会计处理 / 179

（二）一般计税项目的增值税会计处理 / 181

五、新冠肺炎疫情下的差额扣除与分包抵减业务 / 183

（一）建筑业小规模纳税人可享受的税费减免优惠政策 / 183

（二）取得享受减免税政策小规模纳税人开具的分包发票如何差额扣除 / 184

六、增量留抵退税 / 186

（一）2022 年 4 月之前的增值税增量留抵退税规定 / 186

（二）2022 年 4 月以后的增值税留抵退税政策 / 187

（三）增量留抵退税的申报 / 189

第四章 工程竣工环节的财税处理

第一节 工程竣工结算管理 / 194

一、工程竣工结算的概念 / 194

（一）竣工结算与竣工决算 / 194

（二）工程竣工结算的编制 / 195

二、工程竣工结算程序 / 199

（一）竣工结算编审与审查 / 199

（二）工程竣工价款结算 / 200

三、工程竣工结算周期对建筑企业的影响 / 202

第二节 工程竣工结算的财税处理 / 202

一、竣工未结算工程的财税处理 / 202

（一）竣工未结算工程的会计处理 / 202

（二）竣工未结算工程的涉税处理 / 203

二、竣工结算时内部结算财税处理 / 203

（一）竣工未结算工程成本分析的必要性 / 204

（二）按照履约进度确认的合同费用对应的所得税税前扣除凭证管理 / 205

（三）向分包方和供应商支付价外费用涉及的发票问题 / 207

三、竣工结算时外部结算财税处理 / 208

（一）工程结算与审计结论的关系 / 208

（二）工程竣工结算后的财税处理 / 212

（三）工程竣工结算价款的支付 / 215

第三节 工程结算后保修费的会计核算 / 222

一、工程质保金的基本规定 / 222

（一）工程质保金的定义 / 222

（二）工程质保金的基本约定 / 223

（三）工程质量保证方式及限额 / 223

（四）缺陷责任期 / 223

（五）质保金返还 / 224

二、工程质保金的财税规定 / 225

三、工程质保金的财税处理案例 / 226

（一）预留质保金与回收质保金的财税处理 / 226

（二）履行维修义务后收回质保金 / 227

（三）未履行维修义务质保金被扣下 / 228

（四）承包方原因导致的缺陷损失超过预留的质量保证金 / 229

第五章　特定业务的财税处理

第一节　建筑业特定业务的财税处理 / 231

一、自产货物用于本企业工程项目 / 231

二、销售设备并提供安装的财税处理 / 232

（一）混合销售 / 232

（二）兼营业务 / 233

三、植物养护与公路养护业务 / 235

（一）植物养护适用的增值税税目与税率 / 235

（二）公路养护工程 / 236

四、拆除工程的财税问题 / 238

第二节　异地提供建筑服务的财税管理 / 241

一、异地施工增值税的预缴政策及会计处理 / 241

（一）两类计税方式下的预缴率差异 / 241

（二）简易计税项目差额扣除支付的分包款 / 243

（三）预缴增值税的会计处理 / 245

（四）随增值税一同预缴的附加税费 / 245

（五）随增值税一同预缴的政府性基金 / 246

二、异地施工的企业所得税预缴政策、汇算清缴及会计处理 / 248

（一）跨地区施工预缴企业所得税 / 248

（二）总分机构分摊、预缴企业所得税的会计处理与汇算清缴 / 251

三、异地施工的个人所得税政策解析与财税处理 / 254

（一）跨省施工的工程作业人员工资、薪金所得个税缴纳 / 255

（二）什么情况下工程作业人员工资、薪金所得个税可以被核定 / 255

（三）部分地区的核定征收政策 / 255

（四）异地施工被核定征收个税的核心问题 / 258

（五）部分地区取消核定征收个税，一律实行全员申报代扣代缴 / 259

（六）异地施工工资薪金个税取消核定征收的地区如何进行全员申报 / 261

四、建筑企业异地施工涉及的环境保护税 / 263

（一）建设工程环境保护税概述 / 263

（二）环境保护税应纳税额的计算 / 264

（三）建设工程环境保护税的会计处理 / 267

第三节　建筑业用工模式涉及的财税处理 / 267

一、传统用工模式优劣势及税费比较 / 268

（一）三类劳务作业用工模式的税费比较 / 268

（二）工资薪金与劳务报酬的个人所得税比较 / 269

（三）工资薪金未代扣代缴个人所得税的风险 / 274

（四）拆分工资基数虚列人员的涉税风险 / 275

（五）个人代开的建筑服务发票作为支付方是否需要代扣代缴个税 / 276

（六）临时工与非全日制用工的个人所得税与社保政策 / 279

二、劳务分包资质改革地区的劳务用工模式探索 / 280

（一）包工头注册个人独资企业和个体工商户从事劳务作业 / 280

（二）建筑业使用灵活用工平台招工的涉税风险提示 / 281

三、农民工工资政策与代发农民工资的财税处理 / 282

（一）农民工工资专用专户与农民工工资的清偿责任 / 282

（二）代发农民工工资涉及个人所得税扣缴义务人的问题 / 285

第四节　建筑业自产砂石料的财税处理 / 286

一、建筑业的砂石料来源 / 287

二、建筑业购买石材加工生产砂石料是否涉及资源税问题 / 287

三、建筑企业自产砂石料用于本企业工程项目 / 287

四、建筑企业销售自产砂石料的财税处理 / 289

（一）建筑企业外购片石生产砂石料可否选择简易计税 / 289

（二）建筑总包企业以自产的建材抵偿分包款 / 290

第五节　资金集管与物资统供 / 291

一、资金集中管理 / 291

（一）集团企业资金统借统还 / 291

（二）集团企业的"资金池"管理 / 295

二、物资统一供应 / 296

（一）公司总部统一采购再调拨给内部单位 / 296

（二）设立采购"夹层"公司 / 298

第六章　建筑企业重组环节的财税处理

第一节　企业增资与减资的财税处理 / 302

一、增资扩股与债转股 / 302

（一）增资扩股的财税处理 / 302

（二）债转股的财税处理 / 304

二、减资缩股 / 306

（一）减资缩股的类别 / 306

（二）减资的程序 / 307

（三）减资缩股的财税处理 / 307

第二节　股权转让及企业合并、分立的财税处理 / 308

一、股权转让财税处理 / 308

（一）股权转让涉税事项 / 309

（二）股权转让会计处理 / 310

（三）股权转让合同的涉税风险 / 312

二、企业合并与分立的财税处理 / 313

（一）企业合并与分立 / 313

（二）企业合并的涉税与会计处理 / 314

（三）企业分立的涉税与会计处理 / 319

（四）建筑业企业合并与分立涉及的资质问题 / 320

第三节　企业债务重组的财税处理 / 321

一、债务重组的形式 / 321

（一）以资产清偿债务 / 322

（二）将债务转为权益工具 / 322

（三）修改其他债务条件 / 322

（四）组合方式 / 322

二、债务重组的会计处理原则与涉税处理规定 / 322

（一）债务重组的会计处理 / 322

（二）债务重组的涉税处理 / 323

三、建筑企业以物抵债的财税处理 / 325

（一）以物抵债的财税处理 / 325

（二）以房抵债的财税处理 / 327

参考文献 / 331

第一章 建筑企业设立环节的财税处理

本章主要阐述企业的组织形式，以及建筑业应该选择哪一种组织形式；介绍企业在设立环节的登记程序，集团内部资质共享的财税处理与总分公司的财税管理思路。同时，还介绍了建筑业企业资质改革情况与企业筹办阶段的财税处理。

第一节 公司设立时的筹划

企业设立，是指出资人为组建企业，取得企业主体资格并依照法律法规的规定，所采取和实施的一系列法律行为及所履行的相关法律程序。企业设立需要履行相应的程序和手续，并符合企业登记注册的相关法律要件。

一、企业的组织形式

企业的组织形式是指企业存在的形态和类型，主要有公司制企业、合伙企业、个人独资企业三种形式。

（一）公司制企业

公司是企业法人，有独立的法人财产，享有法人财产权。狭义上的公司类型仅包括有限公司和股份公司，公司以其全部财产对公司的债务承担责任。公司可以设立分公司，设立分公司时应当向公司登记机关申请登记，领取营业执照。分公司不具有法人资格，其民事责任由公司承担。公司可以设立子公司，子公司具有法人资格，依法独立承担民事责任。

1. 有限责任公司

公司法人制度的核心是公司的人格独立、财产独立、责任独立，出资人以其出资额为限对公司债务承担责任，而不是看公司财产是否足够承担其债务。

有限责任公司由 50 个以下股东出资设立，其股东以其认缴的出资额为限对公司承担责任；其注册资本为在公司登记机关登记的全体股东认缴的出资额。股东可以用货币出资，也可以用实物、知识产权、土地使用权等可以用货币估价并可以依法转让的非货币财产作价出资；但是，法律、行政法规规定不得作为出资的财产除外。

有限责任公司的股东之间可以相互转让其全部或者部分股权。股东向股东以外的人转让股权，应当经其他股东过半数同意。股东应就其股权转让事项书面通知其他股东征求意见，其他股东自接到书面通知之日起满 30 日未答复的，视为同意转让。股东半数以上不同意转让的，不同意的股东应当购买该转让的股权；不购买的，视为同意转让。经股东同意转让的股权，在同等条件下，其他股东有优先购买权。两个以上股东主张行使优先购买权的，协商确定各自的购买比例；协商不成的，按照转让时各自的出资比例行使优先购买权。

2. 股份有限公司

股份有限公司，可以采取发起设立或者募集设立的方式设立。一般认为股份有限公司比有限公司资本属性更强，是典型的资合企业。在我国，上市公司均为股份公司。

发起设立，是指由发起人认购公司应发行的全部股份而设立公司。股份有限公司采取发起设立方式设立的，应当有 2 人以上 200 人以下为发起人，其中须有半数以上的发起人在中国境内有住所。注册资本为在公司登记机关登记的全体发起人认购的股本总额。在发起人认购的股份缴足前，不得向他人募集股份。发起人不依照前款规定缴纳出资的，应当按照发起人协议承担违约责任。

募集设立，是指由发起人认购公司应发行股份的一部分，其余股份向社会公开募集或者向特定对象募集而设立公司。股份有限公司采取募集方式设立的，注册资本为在公司登记机关登记的实收股本总额。法律、行政法规以及国务院决定对股份有限公司注册资本实缴、注册资本最低限额另有规定的，从其规定。

设立股份有限公司，股东以其认购的股份为限对公司承担责任。以非货币财产出资的，应当依法办理其财产权的转移手续。

3. 一人有限责任公司

《中华人民共和国公司法》（以下简称《公司法》）1999 年版及之前的版本对有限责任公司股东人数规定是 2 人至 50 人，这一规定在某种程度上导致部分创业人员为了满足有限责任公司设立条件，自己出资却以别人的名义持股。虽然在形式上满足了有限责任公司的要求，却也为实际出资人和名义持有人之间埋下了纠纷的隐患。2005 年版《公司法》将有限责任公司的股东人数规定从原来的"2 人至 50 人"调整成了"50 人以下"，再后来改为"一人有限责任公司"。

一人有限责任公司，是指只有一个自然人股东或者一个法人股东的有限责任公司。一个自然人只能投资设立一个一人有限责任公司，一人有限责任公司不能投资设立新的一人有限责任公司。一人有限责任公司应当在公司登记中注明自然人独资或者法人独资，并在公司营业执照中载明。一人有限责任公司的股东不能证明公司财产独立于股东自己的财产的，应当对公司债务承担连带责任。

在税收上，有限责任公司、股份有限公司、一人有限责任公司并无差异，发生应税行为均以法人及其分支机构的名义缴纳。

（二）合伙企业

合伙企业，是指自然人、法人和其他组织依照《中华人民共和国合伙企业法》在中国境内设立的普通合伙企业和有限合伙企业。各合伙人订立合伙协议，共同出资，共同经营，共享收益，共担风险。合伙企业设立分支机构，应当向分支机构所在地的企业登记机关申请登记，领取营业执照。

普通合伙企业，由普通合伙人组成，普通合伙人对合伙企业债务承担无限连带责任。在企业名称中应当表明"普通合伙"字样，其合伙人可以用货币、实物、知识产权、土地使用权或者其他财产权利出资，也可以用劳务出资。合伙人以实物、知识产权、土地使用权或者其他财产权利出资，需要评估作价的，可以由全体合伙人协商确定，也可以由全体合伙人委托法定评估机构评估。合伙人以劳务出资的，其评估办法由全体合伙人协商确定，并在合伙协议中载明。

有限合伙企业，由普通合伙人和有限合伙人组成，有限合伙人以其认缴的出资额为限对合伙企业债务承担责任。有限合伙企业由两个以上 50 个以下合伙人设立，至少应当有一个普通合伙人。有限合伙企业名称中应当标明"有限合伙"字样。有限合伙人可以用货币、实物、知识产权、土地使用权或者其他财产权利作价出资，与普通合伙企业不同的是不得以劳务出资。

在税收上，合伙企业如果发生增值税应税行为，应当以合伙企业的名义缴纳增值税，但其不具有法人资格，不缴纳企业所得税，而是由各合伙人分别缴纳所得税（个人所得税和企业所得税）。

（三）个人独资企业

个人独资企业是非法人组织，属于典型的独资制企业，由一个自然人投资设立，企业财产为投资人个人所有，由投资人以其个人财产对企业债务承担无限责任的经营实体。由投资人个人承担全部经营风险和享有全部经营收益。

1. 投资人对企业债务承担无限责任

前述投资人需要对企业债务承担的"无限责任"，是指当个人独资企业的财产不足以清偿个人独资企业所负债务时，投资人就必须以其个人的财产来清偿债务。如果以家庭共有财产作为个人出资的，应当以家庭共有财产对企业承担无限责任。但是，即便以家庭共有财产投资，也只能以一个自然人名义投资。

2. 个人独资企业可以设立分支机构

个人独资企业设立分支机构，应当由投资人或者其委托的代理人向分支机构所在地的登记机关申请登记，领取营业执照。分支机构经核准登记后，应将登记情况报该分支机构隶属的个人独资企业的登记机关备案。分支机构的民事责任由设立该分支机构的个人独资企业承担。

3. 个人独资企业的用工与社保问题

个人独资企业招用职工的，应当依法与职工签订劳动合同，保障职工的劳动安全，按时、足额发放职工工资。个人独资企业应当按照国家规定参加社会保险，为职工缴纳社会保险费。

4. 个人独资企业的终止

个人独资企业符合法定解散情形，包括投资人决定解散；投资人死亡或被宣告死亡，无继承人或者继承人决定放弃继承；依法被吊销营业执照以及法律法规规定的其他情形等，符合上述情形之一的，可以解散。

个人独资企业依法解散的，财产应当首先支付所欠职工工资和社会保险费用，其次是所欠税款，最后才是其他债务。解散后，原投资人对个人独资企业存续期间的债务仍应承担偿还责任，但债权人在5年之内未向债务人提出偿债请求的，该责任消灭。

在税收上，个人独资企业如果发生增值税应税行为，应当以个人独资企业的名义缴纳增值税。但个人独资企业不具有法人资格，不缴纳企业所得税。个人独资企业的经营所得应当以投资人个人的名义缴纳个人所得税。

(四) 建筑业选择企业组织形式应考虑的因素

前述内容中已经分别介绍了公司制企业、合伙企业、个人独资企业的基本概念和各自的特点。对于一般工业、商贸、加工制造业的投资人来说，选择三类企业组织形式中的任何一种都有可能。对于建筑业的投资人来说，涉及建设工程资质问题，只有法人组织才能申请建筑业企业资质，施工主体业务选择注册公司制企业最合适。如果设立的主体主要用于承接专业作业业务（即原劳务分包作业），笔者建议在部分劳务分包资质改革试点地区，可以设立个人独资企业。个人独资企业出资主体单一，决策效率高，运营管理较为灵活，设立和解散程序较为简单。

二、注册公司时纳税人身份选择

建筑企业在注册成立公司之前，可能会犹豫是申请登记为增值税小规模纳税人还是一般纳税人。

(一) 纳税人身份抉择基础比较

公司纳税人身份的选择应当以什么作为参照物，部分投资人及财务人员担心没有选择好纳税人身份将对公司税负有较大影响，进而影响公司的利润。例如下面这个案例，建筑企业为了申请高新科技企业专门成立了子公司用于研发新工艺、新做法、生产新设备。设立之前，他们对纳税人身份的选择犹豫不决。

【案例 1-1】 某建筑企业准备成立一个信息科技公司，专门研制科技含量较高的工程专用设备，当年预计取得不含税销售额 2 000 万元，购进不含税的原材料价款 1 000 万元。该信息科技公司如何选择增值税纳税人类别？

该企业的财务人员就两类不同的增值税纳税人身份应交的增值税做了测算。若选择成立为增值税一般纳税人，假设该设备的销项税率和进项税率一致，均为 13%，其应交增值税为 130 万元（2 000×13%－1 000×13%）；若选择成立为增值税小规模纳税人，其应交增值税为 60 万元（2 000×3%）；单从上面应交增值税的数额进行比较，似乎选择注册为小规模纳税人更合适，其增值税税负可降低 70 万元（130－60）。

但事实上，考虑纳税人身份不能单纯比较增值税税负，上述案例重点强调了销项税额，不考虑成本费用、进项税额及其他因素，得出的结论是选择成立小规模纳税人对企业更合适，显然这个结论过于草率了。接下来我们用净利润分析选择注册小规模纳税人是否合适。

【案例 1-2】 承案例 1-1，沿用相关数据，假设该子公司注册地的增值税附加税费率为 12%（城市维护建设税、教育费附加、地方教育附加的税费率分别为 7%、3%、2%），企业所得税税率为 25%，不考虑其他税收优惠政策及其他因素，比较如下：

1. 假设选择登记为一般纳税人（销项税率与进项税率均为 13%）

应交增值税＝2 000×13%－1 000×13%＝130（万元）

应交附加税费＝130×12%＝15.6（万元）

应交企业所得税＝（2 000－1 000－15.6）×25%＝246.10（万元）

净利润＝2 000－1 000－15.6－246.10＝738.30（万元）

2. 假设选择登记为小规模纳税人（销项征收率与进项征收率均为 3%）

应交增值税＝2 000×3%＝60（万元）

应交附加税费＝60×12%＝7.20（万元）

应交企业所得税＝（2 000－1 030－7.20）×25%＝240.70（万元）

净利润＝2 000－1 030－7.20－240.70＝722.10（万元）

很显然，从净利润的角度分析，理想状态下该公司选择为增值税一般纳税人身份更合适。如果该公司的供应商选择空间较小，且供应商为一般纳税人的比重更大，则该公司就更应该选择为一般纳税人身份了。

（二）纳税人身份抉择的理论临界点

前述案例关于纳税人身份抉择的比较仅是理论数据，销售额和采购成本数据差异过于悬殊即增值额过大。增值额（增值率）的大小在理论上对于选择成为一般纳税人或小规模纳税人存在平衡点（临界点）。接下来我们介绍几种常见的平衡点测算方式。

1. 增值率临界点法

假设建筑企业的不含税销售额为 M，不含税成本为 N，增值率为 A [$(M-N) \div M$]；假设该建筑企业选择注册为一般纳税人，则应该缴纳的增值税＝

$(M-N)\times9\%$，引入增值率计算则为 $M\times A\times9\%$；假设该建筑企业选择注册为小规模纳税人，应该缴纳的增值税 $=M\times3\%$。假设无论注册为小规模纳税人还是一般纳税人应交的增值税一致，据此推算临界点。

$$M\times A\times9\%=M\times3\%，A=33.33\%$$

当增值率在 33.33% 时，无论选择注册为一般纳税人还是小规模纳税人对建筑企业的增值税税负影响都是一样的。当增值率大于 33.33% 时选择注册为小规模纳税人更合适，当增值率小于 33.33% 时选择注册为一般纳税人更合适。

2. 不含税成本临界点法

假设建筑企业的销售额为 M，N 为不含税成本，W 为不含税成本占销售额的比例（$N\div M$），如果该建筑企业选择注册为一般纳税人，应交纳的增值税为 $M\times9\%-M\times W\times9\%$；如果该建筑企业选择注册为小规模纳税人，应交纳的增值税为 $M\times3\%$；假设无论注册为小规模纳税人还是一般纳税人应交的增值税一致，据此推算临界点。

$$M\times9\%-M\times W\times9\%=M\times3\%，W=66.67\%$$

不含税成本占销售额的比例在 66.67% 时，无论选择注册为一般纳税人还是小规模纳税人对建筑企业的增值税税负影响都是一样的。当不含税成本占销售额的比例大于 66.67% 时，选择注册为一般纳税人更合适；当不含税成本占销售额的比例小于 66.67% 时，选择注册为小规模纳税人更合适。

3. 含税成本与含税收入比较法

假设建筑企业的含税销售额为 M，含税成本 N，S 为含税成本占含税销售额的比例（$S=N\div M$）。如果该建筑企业选择注册为一般纳税人，应交纳的增值税为 $[M\div(1+9\%)-N\div(1+9\%)]\times9\%$；如果该建筑企业选择注册为小规模纳税人，应交纳的增值税为 $=M\div(1+3\%)\times3\%$；假设无论注册为小规模纳税人还是一般纳税人应交的增值税一致，据此推算临界点。

$$[M\div(1+9\%)-N\div(1+9\%)]\times9\%=M\div(1+3\%)\times3\%$$
$$N\div M=64.73\%，即 S=64.73\%$$

含税成本占含税销售额的比例在 64.73% 时，无论选择注册为一般纳税人还是小规模纳税人对建筑企业的增值税税负影响都是一样的。当含税成本占含税销售额的比例大于 64.73% 时，选择注册为一般纳税人更合适；当含税成本占含税销售额的比例小于 64.73％时，选择注册为小规模纳税人更合适。

上述的平衡点属于理论平衡点（临界点），笔者认为理论平衡点很难在实务中直接运用。在实务中我们应结合实际经营环境加以分析利用，而不是照搬测算公式进行选择。纳税人身份的选择应从实际业务出发，从企业自身定位和长远发展目标考虑和分析。

三、企业集团内部单位

建筑业企业在经营过程中因发展和其他政策需求，可能会不断加强组织建设，扩大组织机构。随着规模的不断壮大，施工区域的不断延伸，建筑企业将跨市、跨省，甚至跨国提供建筑服务，有可能设立众多分公司、子公司，抑或是登记成集团企业，将会遇到各类涉税问题以及法律问题。

（一）总公司和分公司的经营与财税管理

建筑业企业在异地施工的工程项目，经常通过设立分公司进行管理。虽然部分建筑业企业设立的分公司为"独立核算"的，并授权其全面管理工程项目，但分公司在法律地位、税收管理、投标管理、资质管理等方面与建筑企业的总公司有着较大差异。

1. 法律地位与税收管理差异

法人分支机构是以法人财产设立的相对独立活动的法人组成部分，通常是总公司异地经营为减少管理成本而设立的营业分部，是特殊的企业组织形式。

（1）总公司与分公司在法律地位上的区别。

分公司的执照是"营业执照"，不是"企业法人营业执照"，营业执照上没有注册资本，其经营范围是需要法人单位授权的。因为分公司只是总公司设立的分支机构，其不具有独立法人资格，不能独立承担法律责任，分公司的法律责任由总机构承担。在实务中涉及担保业务的需要注意，企业法人的分支机构、职能部门不得为保证人，企业法人的分支机构有法人的书面授权的，可以在授权的范围内提供担保。理论上，企业法人的分支机构未经法人书面授权或者超出授权范围与债权人订立的保证合同，该合同无效或者超出授权范围的无效。

（2）总公司与分公司在增值税征收管理上的区别。

根据《中华人民共和国增值税暂行条例》（以下简称《增值税暂行条例》）

第一条：在中华人民共和国境内销售货物或者加工、修理修配劳务（以下简称劳务），销售服务、无形资产、不动产以及进口货物的单位和个人，为增值税的纳税人，应当依照本条例缴纳增值税。分公司依法设立并领取非法人营业执照（登记证书），设立以后具有单独的纳税人识别号，增值税纳税人不区分是否具有法人资格，总公司和分公司为独立的增值税纳税人（扣缴义务人）。

根据《增值税暂行条例》的有关规定，总机构和分支机构不在同一县（市）的，应当分别向各自所在地的主管税务机关申报纳税；经国务院财政、税务主管部门或者其授权的财政、税务机关批准，可以由总机构汇总向总机构所在地的主管税务机关申报纳税。建筑企业的总公司和分公司，一般情况下应就其应税业务分别申报缴纳增值税。

在增值税纳税人身份上，总公司和分公司可以不一致，即总公司为增值税一般纳税人，分公司可以为小规模纳税人，反之亦可。总公司为一般纳税人，而分公司为小规模纳税人的，分公司也可以根据《财政部 税务总局关于实施小微企业普惠性税收减免政策的通知》（财税〔2019〕13号）①的有关规定，在2019年1月1日至2021年12月31日期间，享受"六税两费"优惠政策，即资源税、城市维护建设税、房产税、城镇土地使用税、印花税、耕地占用税、教育费附加、地方教育附加最高减征50%的优惠政策。

（3）总公司与分公司在企业所得税的征收管理上的区别。

根据《中华人民共和国企业所得税法》（以下简称《企业所得税法》）第五十条规定：除税收法律、行政法规另有规定外，居民企业以企业登记注册地为纳税地点；但登记注册地在境外的，以实际管理机构所在地为纳税地点。居民企业在中国境内设立不具有法人资格的营业机构的，应当汇总计算并缴纳企业所得税。换言之，企业所得税应由独立法人资格的企业缴纳，分公司不具有独立法人资格，因此应当由总机构汇总计算缴纳企业所得税，与分公司在会计上是否独立核算无关。汇总纳税企业实行"统一计算、分级管理、就地预缴、汇总清算、财政调库"的企业所得税征收管理办法。

---

① 根据《财政部 税务总局关于进一步实施小微企业"六税两费"减免政策的公告》（财政部 税务总局公告2022年第10号）规定，在2022年1月1日至2024年12月31日期间，由省、自治区、直辖市人民政府根据本地区实际情况，以及宏观调控需要确定，对增值税小规模纳税人、小型微利企业和个体工商户可以在50%的税额幅度内减征资源税、城市维护建设税、房产税、城镇土地使用税、印花税（不含证券交易印花税）、耕地占用税和教育费附加、地方教育附加。

总机构和具有主体生产经营职能的二级分支机构，就地分摊缴纳企业所得税。汇总纳税企业按照《企业所得税法》规定汇总计算的企业所得税，包括预缴税款和汇算清缴应缴应退税款，50％在各分支机构之间分摊，各分支机构根据分摊税款就地办理缴库或退库；50％由总机构分摊缴纳，其中25％就地办理缴库或退库，25％就地全额缴入中央国库或退库。

①总机构按以下公式计算分摊税款：

总机构分摊税款＝汇总纳税企业当期应纳所得税额×50％

②分支机构按以下公式计算分摊税款：

所有分支机构分摊税款总额＝汇总纳税企业当期应纳所得税额×50％

某分支机构分摊税款＝所有分支机构分摊税款总额×该分支机构分摊比例

总机构应按照上年度分支机构的营业收入、职工薪酬和资产总额三个因素计算各分支机构分摊所得税款的比例；三级及以下分支机构，其营业收入、职工薪酬和资产总额统一计入二级分支机构；三因素的权重依次为0.35、0.35、0.30。

计算公式如下：

某分支机构分摊比例＝（该分支机构营业收入÷各分支机构营业收入之和）×0.35＋（该分支机构职工薪酬÷各分支机构职工薪酬之和）×0.35＋（该分支机构资产总额÷各分支机构资产总额之和）×0.30

在实务中，部分建筑业的分公司有可能被当作独立的企业所得税独立纳税人对待。根据国家税务总局关于印发《跨地区经营汇总纳税企业所得税征收管理办法的公告》（国家税务总局公告2012年第57号）的有关规定，以总机构名义进行生产经营的非法人分支机构，无法提供汇总纳税企业分支机构所得税分配表，也无法提供二级及以下分支机构身份证明的，应视同独立纳税人计算并就地缴纳企业所得税。

如果分公司被视同独立纳税人计算并就地缴纳企业所得税，那是否可以作为税收主体享受小型微利企业的税收优惠呢？根据国家税务总局《实施普惠性企业所得税减免助力小型微利企业发展》在线访谈的有关答疑：现行企业所得税实行法人税制，企业应以法人为纳税主体，计算从业人数、资产总额等指标，即汇总纳税企业的从业人数、资产总额应包括分支机构的数据。分支机构不具有法人资格，其经营情况应并入企业总机构，由企业总机构汇总计算应纳税款，并享受相关优惠政策。因此，视同独立纳税人缴税的二级分支机构无法享受小型微利企业所得税减免政策。同时，根据《国家税务总局关于小型微利企业所得税优惠政策征管问题的公告》（国家税务总局公告2022年第5号）的有关规定，企业设立不具有法人资格分支机构的，应当汇总计算总机构及其各分支机构的从业人数、资产总额、年度应纳税所得额，依据合计数判断是否符合小型微利企业条件。

2. 投标与资质管理

根据《中华人民共和国招标投标法》第二十五条规定，投标人是响应招标、参加投标竞争的法人或者其他组织。依法招标的科研项目允许个人参加投标的，投标的个人适用本法有关投标人的规定。

根据上述规定可知，没有限制投标人的身份必须是法人，但在实务中，以分公司名义投标并承揽工程的情况并不多见，因为建设工程的招标大多涉及建筑资质要求，而分公司没有相关资质。以总公司的名义进行投标，由总公司授权分公司施工，分公司直接与发包方结算工程款并开具增值税发票的情况居多。根据《国家税务总局关于进一步明确营改增有关征管问题的公告》（国家税务总局公告2017年第11号）的有关规定，建筑企业与发包方签订建筑合同后，以内部授权或者三方协议等方式，授权集团内其他纳税人（以下称"第三方"）为发包方提供建筑服务，并由第三方直接与发包方结算工程款的，由第三方缴纳增值税并向发包方开具增值税发票，与发包方签订建筑合同的建筑企业不缴纳增值税。发包方可凭实际提供建筑服务的纳税人开具的增值税专用发票抵扣进项税额。

上述规定有三个关键点：一是工程施工只能授权给建筑企业集团内的第三方；二是必须签订内部授权协议或三方协议（授权协议可以参照范本1-1建筑企业内部施工授权协议）；三是由内部第三方直接与发包方结算工程款并开具增值税发票。笔者提醒，前两项大部分建筑企业都能做到，但第三项部分建筑企业经常出现以总公司的名义签订合同，授权给内部的分公司施工并以分公司的名义向业主开具建筑服务发票，又以总公司的名义收取工程进度款，事实上并不符合上述公告的规定，应承担相应的法律责任。

关于"集团公司"应该注意以下几个问题：

第一，企业集团不具有企业法人资格，企业集团由母公司、子公司、参股公司以及其他成员单位组建而成。

第二，企业集团的母公司应当是依法登记注册，取得企业法人资格的控股企业。

第三，企业集团的登记应当由企业集团的母公司提出申请，原则上应当与母公司的设立或者变更登记一并进行。企业集团的登记事项包括：企业集团名称，母公司名称、住所，成员企业。

第四，经核准的企业集团名称可以在宣传和广告中使用，但不得以企业集团名义订立经济合同，从事经营活动。

第五，母公司可以在企业名称中使用"集团"或者"（集团）"字样，子公司可以在自己的名称中冠以企业集团名称或者简称，参股公司经企业集团管理机构同意，可以在自己的名称中冠以企业集团名称或者简称。

【范本 1-1】 建筑企业内部施工授权协议

×× 建筑集团有限公司内部施工授权协议

甲方（总公司）：×× 建筑集团有限公司（以下简称甲方）

乙方（分公司）：×× 建筑集团有限公司 ×× 分公司（以下简称乙方）

甲方（×× 建筑集团有限公司，纳税人识别号 ××××××）于 ×× 年 ×× 月 ×× 日中标 ×× 地产开发有限公司的 ×× 项目，并签订了 ×× 工程项目总承包合同，合同编号：×××××××。现由于 ×× 原因，甲方将该项目授权于乙方 ×× 建筑集团有限公司 ×× 分公司进行施工，纳税人识别号 ×××××××。

该工程项目涉及的施工生产及协调工作，甲方授权于乙方全权处置，由乙方负责向 ××（业主方）开具相应的建筑服务增值税发票，并办理工程结算及收款事宜。乙方以自己的名义与 ××（业主方）签订的其他补充协议、承诺函、变更洽商、奖励、赔偿等经济事项内容，原则上应当经过甲方书面批准之后才能生效，其他未尽事宜在不违反各项法律、法规（《中华人民共和国建筑法》《中华人民共和国民法典》税收法规、住建部文件、财政部文件等法律法规）的前提下，甲方均予以认可。

甲方（盖章）：×× 建筑集团有限公司　　　乙方负责人（签字）：

甲方负责人（签字）：　　　　　　　　　　签订日期：

签订日期：

3. 分公司运营带来的风险

（1）分公司不具有法人资格，是否意味着其犯错只能由总公司"买单"？

《公司法》第十四条第一款"设立分公司，应当向公司登记机关申请登记，领取营业执照。分公司不具有法人资格，其民事责任由公司承担"的规定，并非分公司无须承担任何因侵权所产生的损害后果。在涉及分公司法律纠纷时，若原告以分公司和总公司为共同被告起诉，分公司与总公司可依原告申请同时作为诉讼当事人应诉。因分公司亦拥有一定数量的相对独立的财产，在承担民事责任时可先执行分公司经营管理之自有财产，当其财产不足以清偿债务的，则执行总公司的其他财产。

（2）分公司注销，不影响总公司应对其分公司承担的民事责任。

根据《公司法》第十三条的规定，公司可以设立分公司，分公司不具有企业法人资格，其民事责任由公司承担。公司分支机构（分公司）不具有企业法人资格，其民事责任由公司承担；公司分支机构于法人变更过程中是否已实际被工商部门注销，不影响公司基于独立法人资格行使其分支机构所享有的民事权利、承担其分支机构所负有的民事义务。

（3）建筑企业分公司签订的协议，总公司不知情，协议是否有效？

笔者在实践中发现，部分建筑企业将注册的分公司交由"挂靠人"使用，即出借资质。这是《中华人民共和国建筑法》所明令禁止的，建筑企业这类事项存在较大经营隐患。例如，建筑企业的分公司负责人以分公司的名义对外签订相关合同，建筑企业总公司并不知情，那么合同是否有效呢？如果合同无效，建筑企业总公司是否需要承担相应的民事责任呢？我们可以先看一个判例。

【案例1-3】 浙江省东阳市A有限公司于2017年7月2日设立诸暨分公司，负责人为蔡某，从事建筑装修装饰工程等。2018年10月10日，A诸暨分公司负责人蔡某，因其承接的江西南城B大酒店装饰工程等资金需要，以分公司名义与宣某签订借款协议，约定由A有限公司诸暨分公司向宣某借款人民币38万元以现金支付，在2019年9月10日前归还，并于当日出具收条一份，载明收到宣某人民币38万元。但宣某实际交付现金为22万元，系其投入之工程款；其余16万元系分公司应付宣某工资款与垫付工程材料款，后宣某要求退出工程，双方进行结算，遂于2018年10月10日以签署借款协议及收条形式予以确认。之后，宣某已收回借款本金9万元。余款经催讨未果，宣某遂诉至原审法院。另查明，2019年11月，浙江省东阳市A有限公司诸暨分公司因故被吊销营业执照。

原审法院审理认为：合法的借贷关系受法律保护。蔡某系浙江省东阳市

A 有限公司诸暨分公司负责人，宣某与浙江省东阳市 A 有限公司诸暨分公司签订的借款协议中借款人落款处、收条中收款人落款处均有蔡某签名及浙江省东阳市 A 有限公司诸暨分公司加盖的印章，且借款协议中明确披露该借款系浙江省东阳市 A 有限公司诸暨分公司因承接江西南城 B 大酒店装饰工程资金需要，借款相对方为浙江省东阳市 A 有限公司下属诸暨分公司，而且双方对所涉款项用于工程之需均无异议，故浙江省东阳市 A 有限公司诸暨分公司作为借款相对方应承担归还借款的义务。而浙江省东阳市 A 有限公司诸暨分公司系浙江省东阳市 A 有限公司设立的分公司，不具有法人资格，其应承担的民事责任应由浙江省东阳市 A 有限公司承担。另，本案借款系由宣某实际为工程出资、应付宣某工资及宣某垫付工程材料款等部分组成，经结算后，双方同意一并转换成借款形式，该行为并不违反法律法规的禁止性规定，故不影响对本案借款性质的认定。浙江省东阳市 A 有限公司辩称借款协议及收条系蔡某被非法拘禁期间受胁迫所形成的主张事实依据不足，该院不能予以采信。

综上，浙江省东阳市 A 有限公司下属诸暨分公司尚欠宣某借款 29 万元逾期未付清的事实清楚，证据充分，理应承担还款并支付逾期利息的民事责任。因该分公司无法人资格，其应承担的民事责任由浙江省东阳市 A 有限公司承担。宣某变更后的诉讼请求合理合法，该院予以支持。

（资料来源：中国裁判文书网）

通过上述判例我们可以得出一个结论：分公司对外签订合同，而后分公司在尚存部分债务未偿还就注销了，即便总公司对此不知情，也不能仅以不知情为由拒绝承担民事责任。

建筑企业在设立分公司时，应当明确授权分公司所能从事的业务范围以及相关权限，同时应该与分公司负责人签订相应的授权协议（授权协议详见范本 1-2），明确相关业务的审批权限。

【范本 1-2】　总公司对新组建的分公司及其负责人的授权协议

> 甲方：铁蛋税客建筑有限公司（以下简称甲方）
>
> 乙方：林钢蛋（以下简称乙方）
>
> 甲方（铁蛋税客建筑有限公司，纳税人识别号×××××××），由于业务发展需要成立铁蛋税客建筑有限公司××分公司（纳税人识别号

××××××××），拟任林钢蛋（身份证号：××××××××）为新设立分公司的负责人。对于分公司及其负责人的授权内容具体约定如下：

1. 双方权利与义务

（1）甲方负责审批乙方所组建的分公司机构设置及组成人员任免。

（2）甲方参与乙方所组建的分公司，对材料供应商、施工劳务提供方的资质及必要条件的审批。

（3）乙方全面负责上述分公司的组建和管理工作，全面履行甲方和承担甲方与建设单位签订的该项目建设施工合同中规定的甲方各项义务和责任。

（4）乙方及负责组建的分公司遵守甲方经营管理的一切规章制度，服从甲方管理和安排。时刻保持与甲方的信息联系和沟通，按时参加甲方组织的相关会议和活动。

（5）乙方及所组建的分公司，除原已备案的分公司印章外，不得私刻总公司印章，如有需要加盖总公司印章，应依据公司印鉴管理办法向公司提出申请，由总公司进行相应审批并盖章。一经发现有私刻印章的现象出现，甲方有权要求乙方上交印章，并提供该印章使用过的文件，以决定是否追溯其法律效力。

（6）乙方及所组建的分公司在施工过程中独立核算合同收入与合同费用，在切实保证工程质量、工期的基础上，乙方应合理控制分公司的经营成本、工程成本。

（7）乙方及所组建的分公司在施工过程中及在材料采购款、设备租赁款、劳务费等支付过程中应当依法及时履行相关义务，不得随意违约，并妥善解决相关纠纷，不得损害甲方的利益。

（8）乙方及所组建的分公司不得从事其他经营活动，不得对外提供担保、加入债务，乙方不得以分公司的名义或其他个人名义、任何方式进行融资和借款。

（9）工程款结算给付款等事宜的办理，乙方及所在分公司应严格按照建设工程施工合同履行，严禁乙方以分公司的名义或其他个人名义私自与建设方达成任何背离建设工程施工合同实质内容的协议，如在工程结算过程中涉及减少工程价款或就项目工程折抵工程款或以其他方式支付工程款的，乙方不得以分公司的名义或其他个人名义自行与建设方达成任何协议，结算及付款事宜的变更必须经过甲方书面同意，否则甲方不予认可。

（10）分公司所属工程项目所有涉及其他施工生产及协调工作，甲授权于乙方及分公司全权处置，由乙方负责向建设单位开具相应的增值税发票，并办理工程结算及收款事宜。

（11）乙方由甲方及法定代表人授权委托，委托期限为××年××月××日至××年××月××日，委托到期后，甲方根据实际考核情况决定是否继续委任。乙方应当在工程施工中忠实勤勉尽责，不得损害甲方的权益，如乙方履行职务过程中损害乙方所在分公司或甲方的权益，应当承担赔偿责任。

（12）乙方以分公司名义签订的任何形式的合同、协议、收据等必须经过甲方审批同意或授权签订以后才有效，否则甲方一律不予承认，如给甲方带来损失，将追究乙方个人责任，并有权要求乙方赔偿相应损失。

（13）本协议是甲方向乙方出具的书面授权，乙方应按照书面授权范围进行分公司及所属项目的施工和处理工程施工中的各项事宜，乙方不得实施本协议禁止事项及授权书未明确授权的事项，如超越授权范围，相关行为对甲方无效。

2. 财务与税务管理

（1）会计核算上，甲方与乙方所组建的分公司的财务实行分级核算，甲方统一监督管理。

（2）增值税管理上，由乙方所负责的分公司自行在注册地根据应税行为申报缴纳。

（3）企业所得税的管理遵循企业所得税相关法规规定，对总分机构的企业所得税实行"分级核算、汇算清缴"，由甲方根据各分支机构的职工薪酬、营业收入、资产总额占比进行分摊（或分公司作为独立的纳税义务人，在分公司所在地独立缴纳企业所得税）。

（4）甲方（总公司）招聘的人员由总公司进行申报缴纳个人所得税，分公司自行招聘的人员由分公司申报缴纳个人所得税。总公司派往分公司工作的相关人员，由总公司进行申报个人所得税及社保费用，相关费用由分公司承担。

（5）乙方所在分公司经甲方书面审批同意后可以分公司的名义开设银行账户，用于辖下项目的工程款及费用收付事宜，该银行账户的使用权归分公司，甲方有监督的权利，如发现乙方及分公司有任何不法行为，或未按授权使用银行账户，甲方有权收回银行账户的使用权。未经授权，乙方不得以分公司的名义或其他个人名义私自开具银行账户用于分公司及辖下项目的资金收付事宜。

甲　　方：铁蛋税客建筑有限公司

签订日期：××××年××月××日

乙　　方：林钢蛋

签订日期：××××年××月××日

4. 总公司与分公司之间的会计核算

本节前述内容中已经讲述了分公司的执照是"营业执照"，不是"企业法人营业执照"，营业执照上没有注册资本，无论分公司是"独立核算"还是"非独立核算"均没有注册资本的概念。

（1）总公司与分公司之间的资金往来。

建筑企业总公司与分公司之间的资金往来，可以使用"内部往来"科目进行会计核算。本科目借方核算企业总部与所属内部独立核算单位，以及各内部独立核算单位之间发生的各种应收和冲减的应付款项，贷方核算企业总部与所属内部独立核算单位，以及内部独立核算单位之间的各种应付和冲减的应收款项。本科目的期末余额与所属内部独立核算单位各明细科目的借方余额合计与贷方余额合计的差额相等。借方余额反映应收内部单位的款项，贷方余额反映应付内部单位的款项。

建筑企业公司总部和分公司可以分别设置"内部往来——分公司""内部往来——公司总部"科目，还可以根据实际需要设置三级、四级明细科目。

【案例1-4】　上海铁蛋建筑总公司向上海铁蛋建筑福建分公司拨付了3 000万元资金，用于分公司的开办和运营。

①总公司拨付投资资金时的会计处理。

借：内部往来——福建分公司（营运资金）　　　　　30 000 000

| | 贷：银行存款 | 30 000 000 |

总公司收到分公司返还的资金时做相反分录。

②分支机构收到投资资金时的会计处理。

借：银行存款　　　　　　　　　　　　　　　30 000 000

　　贷：内部往来——公司总部（拨付资金）　　30 000 000

分公司向总公司返还资金时做相反分录。

【案例1-5】　上海铁蛋建筑总公司向上海铁蛋建筑江西分公司提供5 000万元借款。

①总公司向分公司支付借款时会计处理。

借：内部往来——借款（江西分公司）　　　　50 000 000

　　贷：银行存款　　　　　　　　　　　　　　50 000 000

总公司收到分公司返还的借款时做相反分录。

②分公司收到总公司支付的借款时会计处理。

借：银行存款　　　　　　　　　　　　　　　50 000 000

　　贷：内部往来——借款（公司总部）　　　　50 000 000

分公司向总公司返还借款时做相反分录。

（2）总公司与分公司之间的损益核算。

分公司所辖工程项目赚取的利润，如果分公司有自主分配权（或被视同独立纳税义务人）正常使用"本年利润""利润分配""应付利润"等科目进行会计核算。如果没有自主分配利润的权利，分支机构的经营成果归总机构所有，分支机构所实现的利润应当向总机构缴纳，所形成的亏损应当由总机构进行弥补。通过"本年利润"科目进行归集核算，形成的可分配利润从"本年利润"结转到"利润分配——未分配利润"后，通过"其他应付款——上缴利润"或者"内部往来——上缴利润"科目结转到总公司，上交给总公司后由总公司进行绩效考核和利润分配。"内部往来——上缴利润"科目，期末余额在借方，为向总机构上交的公司利润及亏损；如实现报表利润全额上交总机构，该科目无余额。

（3）分公司（内部核算单位）之间的业务往来核算。

建筑企业内部独立核算单位之间的往来款项，可以通过公司总部集中结算，以便掌握所属内部单位之间的结算情况，也可以由各内部单位直接结算，简化结算手续。

①总部集中结算内部单位往来事项。

第一种模式通过公司总部集中结算，即各单位之间的往来结算都要作为各单位与公司总部之间的结算，通过公司总部办理结算手续。

【案例1-6】 北京铁蛋建筑公司为增值税一般纳税人，主营业务为建筑施工。旗下机电安装分公司（以下简称"机电分公司"）为旗下第五工程分公司（以下简称"第五分公司"）的某个工程项目（适用一般计税方法计税）提供施工设备租赁服务，同时由出租方配备操作人员。机电分公司与第五分公司办理了该工程设备租赁内部结算手续，结算金额为100万元。

假设上述机电分公司和第五分公司均未办理分支机构登记，分公司在会计上独立核算，在税收上为非独立核算，即不独立对外开具发票，所有税费均通过铁蛋建筑公司总部申报缴纳。

a. 机电分公司的会计处理如下：

借：内部往来——公司总部——租赁费 　　　　　　1 000 000

　　贷：其他业务收入 　　　　　　　　　　　　　　　　1 000 000

b. 第五分公司的会计处理如下：

借：合同履约成本——工程施工——机械费 　　　　1 000 000

　　贷：内部往来——公司总部——租赁费 　　　　　　1 000 000

c. 铁蛋建筑公司总部的会计处理如下：

借：内部往来——第五分公司——工程款 　　　　　1 000 000

　　贷：内部往来——机电分公司——工程款 　　　　　1 000 000

在增值税的处理上，笔者需要特别提醒一下，由于上述案例中的分公司并未办理工商和税务登记，事实上属于内部工程事业部或总承包部性质，并不属于严格意义上的分支机构。所有对外的收入均以公司总部的名义开具相关发票，分供商提供的成本发票也均以公司总部的名义收取，即会计核算各单位独立，但税收管理上由公司总部统一。这种模式公司总部财务部门需要在每个会计期间都与内部单位进行账务核对，各单位之间也需要每期核对。笔者认为，这类内部事业部性质的核算单位，既然不属于分支机构，内部结算款项其实没有必要进行价税分离。在财税处理上，只需要公司总部对本级及内部核算单位的外部客商进行税费处理。

【案例1-7】 承接上例，假设机电分公司当月仅为内部第五分公司提供服务，未向其他外部和内部单位提供有关服务，同时取得外部供应商开具的各类货物和服务发票 96 万元，其中进项税额 6 万元；第五分公司以公司总部的名义按照当月业主计价金额向业主开具建筑服务发票 1 090 万元，取得外部分供商开具的各类服务发票 840 万元，其中进项税额 40 万元。

a. 机电分公司的会计处理如下：

借：其他业务成本   900 000

    应交税费——应交增值税（进项税额）   60 000

    贷：银行存款（应付账款等）   960 000

借：内部往来——公司总部——租赁费   1 090 000

    贷：其他业务收入   1 090 000

b. 第五分公司的会计处理如下：

借：合同履约成本——工程施工——人工费、材料费等 8 000 000

    应交税费——应交增值税（进项税额）   400 000

    贷：银行存款（应付账款等）   8 400 000

借：合同履约成本——工程施工——机械费   1 090 000

    贷：内部往来——公司总部——租赁费   1 090 000

借：应收账款——工程进度款   10 900 000

    贷：合同结算——价款结算   10 000 000

        应交税费——应交增值税（销项税额）   90 000

c. 铁蛋建筑公司总部的会计处理如下：

借：内部往来——第五分公司——工程款   1 090 000

    贷：内部往来——机电分公司——工程款   1 090 000

d. 机电分公司期末结转增值税的会计处理如下：

借：内部往来——公司总部——应交税费   60 000

    贷：应交税费——应交增值税（进项税额）   60 000

e. 第五分公司期末结转增值税的会计处理如下：

借：应交税费——应交增值税（销项税额）   900 000

    贷：内部往来——公司总部——应交税费   900 000

借：内部往来——公司总部——应交税费   400 000

    贷：应交税费——应交增值税（进项税额）   400 000

f. 公司总部期末结转增值税的会计处理如下：

借：应交税费——应交增值税（进项税额）   60 000

应交税费——应交增值税（进项税额）		400 000
内部往来——第五分公司——应交税费		900 000
贷：内部往来——机电分公司——应交税费		60 000
内部往来——第五分公司——应交税费		400 000
应交税费——应交增值税（销项税额）		900 000

公司总部统一结算并申报缴纳增值税，通过内部结算可以计算出各内部单位因税费形成的资金占用成本。

②内部单位直接结算往来事项。

内部单位之间发生的日常结算业务，由各单位直接进行结算，不通过公司总部统一结算。在针对外部客商和增值税的会计处理上与前述公司总部统一结算模式下的处理并无差异，在此暂略对外部客商的会计处理及增值税的结转，仅在其他款项的结算上进行会计处理展示。

a. 机电分公司的会计处理如下：

借：内部往来——第五分公司——租赁费　　　　　1 090 000

　　贷：其他业务收入　　　　　　　　　　　　　　　　1 090 000

b. 第五分公司的会计处理如下：

借：合同履约成本——工程施工——机械费　　　1 090 000

　　贷：内部往来——机电分公司——租赁费　　　　　1 090 000

如果前述案例中的分公司属于工商和税务登记的分支机构，在流转税的管理上完全独立，即自行申报缴纳增值税及附加税费。前述案例中分公司之间已经发生了增值税应税业务，应当开具增值税发票并进行纳税申报。分公司的企业所得税分为汇总纳税（统一计算、分级管理、就地预缴、汇总清算、财政调库）和独立核算（视同独立纳税人）两种，总分公司之间的企业所得税管理及损益核算在本节前述内容中已经详细阐述，这里不再赘述，仅展示分公司之间发生的业务对应的增值税及往来款项的会计处理。

a. 机电分公司的会计处理如下：

借：其他业务成本　　　　　　　　　　　　　　　900 000

　　应交税费——应交增值税（进项税额）　　　　60 000

　　贷：银行存款（应付账款等）　　　　　　　　　　960 000

借：内部往来——公司总部——租赁费　　　　　1 090 000

　　贷：其他业务收入　　　　　　　　　　　　　　　1 000 000

	应交税费——应交增值税（销项税额）	90 000

b. 第五分公司的会计处理如下

借：合同履约成本——工程施工——人工费、材料费等　8 000 000

　　应交税费——应交增值税（进项税额）　　　　400 000

　　贷：银行存款（应付账款等）　　　　　　　　8 400 000

借：合同履约成本——工程施工——机械费　　　1 000 000

　　应交税费——应交增值税（进项税额）　　　　90 000

　　贷：内部往来——公司总部——租赁费　　　1 090 000

借：应收账款——工程进度款　　　　　　　　　1 090 000

　　贷：合同结算——价款结算　　　　　　　　1 000 000

　　　　应交税费——应交增值税（销项税额）　　90 000

上述公司内部的分公司之间发生的业务，在会计处理上既可以使用"内部往来"科目核算，也可以使用"其他应收款""其他应付款"科目进行核算。

（二）分公司与子公司的差异

分公司与子公司的差异体现在法律地位与管控方式、设立方式与股权结构、会计核算与税收管理。

1. 分公司和子公司的区别

子公司是独立法人，分公司非法人；子公司可以再设立子公司、分公司，而分公司则不能再设置分公司或子公司。一旦涉及法律诉讼等问题，子公司独立承担与其母公司无关，分公司则可能会波及总公司。子公司自主经营决策，营业范围可以与母公司不一致；在建筑业企业中子公司具有独立的企业法人营业执照和建设工程资质，可以独立承揽工程项目。

（1）法律地位与管控方式。

分公司属于非法人，其作为总公司的一部分，与总公司属于同一个法律主体，所有资产均属于总公司，其民事责任由总公司承担。分公司没有相关资质，必须经过总公司授权才能进行施工业务，其施工行为效力仍由法人承担，不具有独立责任能力，这一点与子公司不同。

（2）设立方式与股权结构。

母公司设立子公司时，子公司收到母公司拨付的款项涉及实收资本。子公司将涉及施工承包资质申办问题；分公司只需要办理工商和税务登记，领取非法人营业执照，无法申请办理建设工程资质。分公司收到总公司拨付款的款项属于内部往来资金，不属于实收资本，不涉及验资问题。在股权结构上，子公司可以有新股东；分公司的股东与总公司一致。

（3）会计核算与税收管理。

子公司属于独立企业法人，在会计核算和纳税申报方面完全独立。分公司不具有法人资格，在会计上可独立核算，也可不独立核算。子公司如果属于增值税小规模纳税人，可以单独享受增值税小微政策①，符合小型微利企业条件的亦可享受小型微利企业的企业所得税优惠政策②；分公司的流转税自行申报，如果属于小规模纳税人，可以享受增值税小微政策，但是无论是否独立核算，分公司都不允许单独享受小型微利企业优惠政策。分公司的企业所得税，由总公司统一计算年度应纳税所得额和应纳所得税额。

总而言之，在流转税及附加税费上，分公司与子公司基本没有差异，企业所得税方面差异较大。除了企业所得税以外，二者在个人所得税、印花税、房产税、土地使用税等其他税费上基本无差别。

2. 母公司承揽工程，由子公司负责施工并办理结算是否属于违法转包

母公司承揽工程由子公司负责施工，子公司与发包方办理工程结算并开具增值税发票，虽然并不违反相关税收法规，但明显违反了建筑法规。

---

① 根据《财政部 税务总局关于明确增值税小规模纳税人免征增值税政策的公告》（财政部 税务总局 2021 年第 11 号）、《国家税务总局关于小规模纳税人免征增值税征管问题的公告》（国家税务总局公告 2021 年第 5 号）的规定，小规模纳税人发生增值税应税销售行为，合计月销售额未超过 15 万元（以 1 个季度为 1 个纳税期的，季度销售额未超过 45 万元，下同）的，免征增值税。小规模纳税人发生增值税应税销售行为，合计月销售额超过 15 万元，但扣除本期发生的销售不动产的销售额后未超过 15 万元的，其销售货物、劳务、服务、无形资产取得的销售额免征增值税。

② 根据《财政部 税务总局关于实施小微企业普惠性税收减免政策的通知》（财税〔2019〕13 号）规定，对小型微利企业年应纳税所得额不超过 100 万元的部分，减按 25% 计入应纳税所得额，按 20% 的税率缴纳企业所得税；对年应纳税所得额超过 100 万元但不超过 300 万元的部分，减按 50% 计入应纳税所得额，按 20% 的税率缴纳企业所得税。

根据《财政部 税务总局关于实施小微企业和个体工商户所得税优惠政策的公告》（财政部 税务总局公告 2021 年第 12 号）第一条规定，对小型微利企业年应纳税所得额不超过 100 万元的部分，在《财政部税务总局关于实施小微企业普惠性税收减免政策的通知》（财税〔2019〕13 号）第二条规定的优惠政策基础上，再减半征收企业所得税。

根据《住房和城乡建设部关于印发建筑工程施工发包与承包违法行为认定查处管理办法的通知》（建市规〔2019〕1号）第八条规定，存在下列情形之一的，应当认定为转包，但有证据证明属于挂靠或者其他违法行为的除外。

（1）承包单位将其承包的全部工程转给其他单位（包括母公司承接建筑工程后将所承接工程交由具有独立法人资格的子公司施工的情形）或个人施工的。

（2）承包单位将其承包的全部工程肢解以后，以分包的名义分别转给其他单位或个人施工的。

（3）施工总承包单位或专业承包单位未派驻项目负责人、技术负责人、质量管理负责人、安全管理负责人等主要管理人员，或派驻的项目负责人、技术负责人、质量管理负责人、安全管理负责人中一人及以上与施工单位没有订立劳动合同且没有建立劳动工资和社会养老保险关系，或派驻的项目负责人未对该工程的施工活动进行组织管理，又不能进行合理解释并提供相应证明的。

（4）合同约定由承包单位负责采购的主要建筑材料、构配件及工程设备或租赁的施工机械设备，由其他单位或个人采购、租赁，或施工单位不能提供有关采购、租赁合同及发票等证明，又不能进行合理解释并提供相应证明的。

（5）专业作业承包人承包的范围是承包单位承包的全部工程，专业作业承包人计取的是除上缴给承包单位"管理费"之外的全部工程价款的。

（6）承包单位通过采取合作、联营、个人承包等形式或名义，直接或变相将其承包的全部工程转给其他单位或个人施工的。

（7）专业工程的发包单位不是该工程的施工总承包或专业承包单位的，但建设单位依约作为发包单位的除外。

（8）专业作业的发包单位不是该工程承包单位的。

（9）施工合同主体之间没有工程款收付关系，或者承包单位收到款项后又将款项转拨给其他单位和个人，又不能进行合理解释并提供材料证明的。

根据上述文件可知，母公司承接建筑工程后将所承接工程交由具有独立法人资格的子公司施工的情形属于违法分包。但建筑企业跨省（自治区、直辖市）提供建筑服务经常被项目所在地的相关部门要求成立子公司或分公司进行投标并实施也是客观存在的事实。

近年来，住建部门多次发文禁止强制要求建筑企业跨地区承揽业务时在当地设立分（子）公司，例如《住房和城乡建设部关于印发推动建筑市场统一开放若干规定的通知》（建市〔2015〕140号）有关规定，地方各级住房城乡建设主管部门在建筑企业跨省承揽业务监督管理工作中，不得违反法律法规的规定，直接或变相实行以下行为：

（1）擅自设置任何审批、备案事项，或者告知条件；

（2）收取没有法律法规依据的任何费用或保证金等；

（3）要求外地企业在本地区注册设立独立子公司或分公司；

（4）强制扣押外地企业和人员的相关证照资料；

（5）要求外地企业注册所在地住房城乡建设主管部门或其上级主管部门出具相关证明；

（6）将资质资格等级作为外地企业进入本地区承揽业务的条件；

（7）以本地区承揽工程业绩、本地区获奖情况作为企业进入本地市场条件；

（8）要求企业法定代表人到场办理入省（市）手续；

（9）其他妨碍企业自主经营、公平竞争的行为。

上述文件下发后，取得了一定成效，明文强制要求建筑企业跨地区承揽业务在当地设立分（子）公司的情况基本不存在了，但部分地区依然存在变相设置"门槛"的情况。2021年，中华人民共和国住房和城乡建设部（以下简称住房和城乡建设部）下发了《关于开展建筑企业跨地区承揽业务要求设立分（子）公司问题治理工作的通知》（建办市函〔2021〕36号），要求各级住房和城乡建设主管部门要严格执行《住房和城乡建设部关于印发推动建筑市场统一开放若干规定的通知》（建市〔2015〕140号）第八条规定，不得要求或变相要求建筑企业跨地区承揽业务在当地设立分（子）公司；对于存在相关问题的，要立即整改。各级房屋建筑与市政基础设施工程招标、投标监管部门要全面梳理本行政区域内房屋建筑和市政基础设施工程招标文件,清理招标文件中将投标企业中标后承诺设立分(子)公司作为评审因素等做法。

3. 跨地区承揽工程业务成立施工单位的抉择

建筑企业母公司跨地区承揽工程业务时,交予该地设立的子公司施工并由其与发包方办理工程款结算和发票开具的情况,虽未明确违反税收法规,但明显违反了住房和建设部门下发的相关文件,属于典型的违法转包行为,需谨慎对待。建筑企业总公司跨地区承揽工程业务,通过内部授权或三方协议的形式,交予该地设立的分公司施工,并由其与发包方办理工程款结算和发票开具手续不违法相关建筑法规,且也符合国家税务总局 2017 年 11 号公告的有关规定。从这个角度考虑,跨地区施工如果需要设立相关内部单位,建议设立分公司。如果单纯从财税角度考虑,选择设立分公司或者子公司各有利弊,没有绝对的标准。

笔者在为建筑企业提供咨询服务中,经常遇到这类问题:建筑企业以总公司名义投标,而后交由分公司实施,各类保证金和农民工工伤保险由总公司支付还是以分公司的名义支付?笔者认为,工程在投标环节支付的招标文件费用、投标保证金等合同签订之前所支出的费用,应该由总公司来支付。工程中标并签订完建设工程承包合同后,在发包方同意的基础上,总公司与分公司签订内部授权协议或与发包方一起签订三方协议,明确履约保证金由总公司或分公司支付。而农民工工资保证金和农民工工伤保险一般情况下应该由建筑企业总公司支付。总公司支付的资金如果属于保证金类的,只涉及资金占用问题,总公司垫付的资金可以要求分公司转账支付或要求分公司承担一定的资金占用费;而农民工工伤保险属于费用,保险公司将发票开具给总公司,总公司可以在对分公司及其他内部承包单位绩效考核时进行相应处理。

第二节　企业法人登记和税务登记程序

根据《中华人民共和国企业法人登记管理条例》有关规定,具备法人条件的全民所有制企业、集体所有制企业、联营企业、在中华人民共和国境内设立的中外合资经营企业、中外合作经营企业和外资企业、私营企业,依法需要办理企业法人登记的其他企业，应当办理企业法人登记。

一、企业法人登记

根据《中华人民共和国企业法人登记管理条例》有关规定，申请企业法人登记，经企业法人登记主管机关审核，准予登记注册的，领取企业法人营业执照，取得法人资格，依法需要办理企业法人登记的，未经企业法人登记主管机关核准登记注册，不得从事经营活动。

企业法人登记主管机关（以下简称登记主管机关）是国家市场监督管理总局和地方各级市场监督管理部门。各级登记主管机关在上级登记主管机关的领导下，依法履行职责，不受非法干预。申请企业法人登记的单位应当具备下列条件：

（1）名称、组织机构和章程；

（2）固定的经营场所和必要的设施；

（3）符合国家规定并与其生产经营和服务规模相适应的资金数额和从业人员；

（4）能够独立承担民事责任；

（5）符合国家法律、法规和政策规定的经营范围。

企业法人登记注册的主要事项包括：企业法人名称、住所、经营场所、法定代表人、经济性质、经营范围、经营方式、注册资金、从业人数、经营期限、分支机构。企业法人的经营范围应当与其资金、场地、设备、从业人员以及技术力量相适应并在核准登记注册的经营范围内从事经营活动，可以一业为主，兼营他业。

申请企业法人开业登记的单位，经登记主管机关核准登记注册，领取企业法人营业执照后，企业即告成立。企业法人凭据企业法人营业执照可以刻制公章、开立银行账户、签订合同，进行经营活动。登记主管机关可以根据企业法人开展业务的需要，核发企业法人营业执照副本。

二、公司开业税务登记

开业登记是指税务机关根据税法规定，对经工商行政管理部门批准新开业的纳税人,对其生产经营活动进行的登记管理。它是税务机关掌握新辟税源,组织征收的必要前提。开业税务登记适用于一切新开业从事生产经营的纳税人。我国《税收征收管理暂行条例》规定,凡经工商行政管理部门批准开业的纳税人,应自领取营业执照之日起 30 日内,向当地税务机关办理税务登记。开业税务登记的主要内容有:纳税人名称、地址、所有制形式、隶属关系、经营方式、经营范围及其他有关事项。

（一）首次办理相关业务时应当报送的资料

按照"一照一码"登记制度新设立的公司,首次到税务机关办理业务时,应进行补充信息采集,凭加载统一社会信用代码的营业执照或登记证书办理涉税事宜,税务机关不再核发税务登记证。首次办理相关业务时应当报送的资料主要包括以下内容:

（1）《纳税人首次办税补充信息表》;

（2）加载统一社会信用代码的营业执照或登记证件原件及复印件;

（3）经办人身份证明原件及复印件。

（二）纳税人提供资料应注意的事项

纳税人可在主管税务机关办税服务厅（场所）办理,也可在税务机关公布的同城通办的办税服务厅（场所）办理。办理时应注意如下事项:

（1）对报送材料的真实性和合法性承担责任。

（2）办理"一照一码"信息采集以后,应按照税收法律、行政法规规定或者税务机关确定的申报期限、申报内容进行相关税种的纳税申报。

（3）纳税人可通过与税务机关签订授权（委托）划缴协议,开通委托银行划缴税款业务,实现税款的快速划缴、高效对账和全程监控。

（4）需要领用发票的纳税人,可按照发票办理事项依次办理发票票种核定、增值税税控设备发行等服务事项。

三、企业增值税纳税人身份认定

增值税纳税人分为一般纳税人和小规模纳税人两类。一般纳税人按照征税对象的不同,分别适用不同的增值税税率,具体税率有 13%、9%、6%、0（部分一般纳税人按照规定可以选择适用简易计税方法计税的,征收率为 3% 或 5%）。其中出口货物或跨境销售服务等,一般适用零税率。小规模纳税人适用 3% 的征收率。

（一）小规模纳税人

年应税销售额超过财政部、国家税务总局规定标准且不经常发生销售货物，提供加工修理修配劳务和应税行为的单位和个体工商户，可选择按照小规模纳税人纳税。增值税小规模纳税人标准为年应征增值税销售额 500 万元及以下，超过财政部和国家税务总局规定标准的纳税人为一般纳税人。建筑企业提供建筑服务存在分包情形的，年应税销售额按扣除分包之前的销售额计算。

小规模纳税人年应税销售额未达 500 万元以上的，只要会计核算健全，能够提供准确税务资料的，也可以向主管税务机关申请认定为一般纳税人。

（二）一般纳税人

纳税人连续 12 个月内，应税销售额超过财政部、国家税务总局规定的小规模纳税人标准的，除特殊情形外，应当向主管税务机关申请增值税一般纳税人资格登记。会计核算健全，能够提供准确税务资料的小规模纳税人，可以向主管税务机关申请增值税一般纳税人资格登记。

注意，前述年应税销售额，是指纳税人在连续不超过 12 个月的经营期内累计应征增值税销售额，包括纳税申报销售额、稽查查补销售额、纳税评估调整销售额、税务机关代开发票销售额、按规定允许从销售额中差额扣除的部分和减免税销售额。稽查查补销售额和纳税评估调整销售额计入查补税款申报当月的销售额，不计入税款所属期销售额。增值税小规模纳税人偶然发生的转让不动产的销售额，不计入应税行为年应税销售额。

笔者提醒，个体工商户以外的其他个人和不经常发生销售货物、提供劳务和应税行为的单位和个体工商户，税务机关一般不予办理增值税一般纳税人资格登记。

（三）简易征收备案

增值税的计税方法包括一般计税方法和简易计税方法。一般纳税人销售应税货物和提供应税服务适用一般计税方法计税；小规模纳税人销售应税货物和提供应税服务适用简易计税方法计税。增值税一般纳税人生产销售特定的货物、提供特定应税行为，可以向主管税务机关备案，经批准后选择适用简易计税方法计算缴纳增值税。具体包括以下方面：

（1）小型水力发电单位。

（2）砂、土、石料、砖、瓦、石灰等建筑材料生产企业。

（3）商品混凝土生产企业。

（4）生物制品生产企业。

（5）药品经营企业销售生物制品。

（6）自来水生产和销售企业。

（7）旧货经营单位。

（8）单采血浆站销售非临床用人体血液。

（9）寄售商店代销寄售商品。

（10）典当业销售死当物品拍卖行。

（11）提供公共交通运输服务。

（12）有形动产租赁。

（13）动漫企业。

（14）电影放映服务。

（15）仓储服务。

（16）装卸搬运服务。

（17）收派服务。

（18）通过卫星提供语音通话等服务。

（19）中外开采原油、天然气。

（20）一般纳税人销售自行开发的房地产老项目。

（21）公路经营企业收取试点前开工的高速公路通行费。

（22）销售 2016 年 4 月 30 日前取得的不动产。

（23）建筑工程老项目、建筑工程甲供工程、建筑清包工工程。

（24）文化体育服务。

（25）转让 2016 年 4 月 30 日前取得的土地使用权。

（26）2016 年 4 月 30 日前签订的不动产融资租赁合同，或以 2016 年 4 月 30 日前取得的不动产提供的融资租赁服务。

（27）农村信用社、村镇银行、农村资金互助社、由银行业机构全资发起设立的贷款公司、法人机构在县（县级市、区、旗）及县以下地区的农村合作银行和农村商业银行提供金融服务收入。

（28）劳务派遣选择差额纳税。

（29）中国农业银行纳入"三农金融事业部"改革试点的各省、自治区、直辖市、计划单列市分行下辖的县域支行和新疆生产建设兵团分行下辖的县域支行（也称县事业部），提供农户贷款、农村企业和农村各类组织贷款取得的利息收入。

（30）提供人力资源外包服务。

（31）收取试点前开工的一级公路、二级公路、桥、闸通行费。

（32）出租 2016 年 4 月 30 日前取得的不动产。

（33）提供非学历教育服务。

（34）安全保护服务。

（35）国家税务总局规定的其他情形。

注意，上述简易征收备案内容中，部分已经取消备案制。例如，建筑工程老项目、建筑工程甲供工程、建筑清包工工程的简易征收备案。根据《国家税务总局关于国内旅客运输服务进项税抵扣等增值税征管问题的公告》（国家税务总局公告 2019 年第 31 号）的有关规定，自 2019 年 10 月 1 日起，提供建筑服务的一般纳税人建筑企业按规定适用或选择适用简易计税方法计税的，不再实行备案制。建筑企业符合简易征收条件的，应自行留存以下证明材料备查：

（1）为建筑工程老项目提供的建筑服务，留存建筑工程施工许可证或建筑工程承包合同。

（2）为甲供工程提供的建筑服务、以清包工方式提供的建筑服务，留存建筑工程承包合同。如果税务机关在后续管理中发现纳税人不能提供以上相关资料的，对少缴的税款应予追缴，并依照《中华人民共和国税收征收管理法》及其实施细则的有关规定处理。

第三节　建筑企业资质管理

建筑工程的施工必须由具备相应资质的建筑企业进行。建筑施工企业的资质，是企业员工素质、专业技术能力、管理水平、技术装备、建设资金实力等方面综合条件的体现。建筑施工企业的资质决定了其施工实力，对建筑工程施工进度、工程质量和安全具有重要影响。

一、资质改革前的分类分级

根据《建筑业企业资质管理规定》，建筑业企业资质分为施工总承包资质、专业承包资质、施工劳务资质三个序列。

（一）总承包与专业承包资质分类

在此次建筑企业资质改革前，原施工总承包企业资质等级标准包括12个类别，分为特级、一级、二级、三级资质；专业承包资质按照工程性质和技术特点，分为36个资质类别，并进一步按照规定的条件划分为若干资质等级（一级、二级、三级）；施工劳务资质不分类别与等级。取得施工总承包资质的企业，可以拥有独资或者控股的劳务企业。

（二）专业工程违法分包的情形

根据《中华人民共和国建筑法》的有关规定，建筑总承包单位可以将分部分项工程分包给具有相应资质的分包单位进行施工。根据《建设工程工程量计价规范》，建筑工程划分为17个分部工程：土石方工程，地基处理与边坡支护工程，桩机工程，砌筑工程，混凝土及钢筋混凝土工程，金属结构工程，木结构工程，屋面及防水工程，保温、隔热、防腐工程，楼地面装饰工程，墙、柱面装饰与隔断工程、幕墙工程，天棚工程，油漆、涂料、裱糊工程，其他装饰工程，拆除工程，措施项目等。部分分部工程需要具备相应资质才允许承揽施工，建筑业总包企业应当将此类工程分包给具有相应资质的分包单位，否则容易被认定为违法分包。

建筑企业具有下列行为之一可以认定为专业工程违法分包：

（1）分包工程发包人将专业工程或者劳务作业分包给不具备相应资质条件的分包工程承包单位的。

（2）施工总承包合同中未有约定，又未经建设单位认可，分包工程发包人将承包工程中的部分专业工程分包给他人的。

（3）专业工程分包人再次实施分包的。

（4）分包工程承包人没有将其承包的工程进行分包，在施工现场所设项目管理机构的项目负责人、技术负责人、项目核算负责人、质量管理人员、安全管理人员不是工程承包人本单位人员的，视同允许他人以本企业名义承揽工程。

（5）转让、出借企业资质证书或者以其他方式允许他人以本企业名义承揽工程。

施工单位将承包的工程违法分包的将被没收违法所得，处工程合同价款0.5％以上1％以下的罚款；可以责令停业整顿，降低资质等级；情节严重的，吊销资质证书。对于接受违法分包的施工单位，处1万元以上3万元以下的罚款。

（三）禁止超越资质等级承揽工程，严禁"挂靠"

根据《中华人民共和国建筑法》的有关规定，承包建筑工程的单位应当持有依法取得的资质证书，并在其资质等级许可的业务范围内承揽工程。禁止建筑施工企业超越本企业资质等级许可的业务范围或者以任何形式用其他建筑施工企业的名义承揽工程。禁止建筑施工企业以任何形式允许其他单位或者个人使用本企业的资质证书、营业执照，以本企业的名义承揽工程。

二、建设工程企业资质改革

根据《住房和城乡建设部关于印发建设工程企业资质管理制度改革方案的通知》（建市〔2020〕94号）（以下简称"建市〔2020〕94号"）有关规定，对部分专业划分过细、业务范围相近、市场需求较小的企业资质类别予以合并，对层级过多的资质等级进行归并。改革后，工程勘察资质分为综合资质和专业资质；工程设计资质分为综合资质、行业资质、专业和事务所资质；施工资质分为综合资质、施工总承包资质、专业承包资质和专业作业资质；工程监理资质分为综合资质和专业资质。

需要特别说明的是，上述资质改革方案仍在征求意见中，具体的资质改革政策和配套制度尚未出台，对建筑业和企业的具体影响无法判断。据相关专业人士估计，在建筑工程企业资质标准框架确定后，开始修订建筑工程企业资质管理规定和资质标准还需要时间。本书只涉及建筑企业施工资质，暂不叙述工程勘察、工程设计、工程监理等资质改革情况。

（一）资质证书过渡阶段

此次资质改革设置了1年的过渡期，到期后实行简单换证，即按照新旧资质对应关系直接换发新资质证书，不再重新核定资质。截至2021年12月

31 日，原定 1 年的过渡期已到期，根据《住房和城乡建设部办公厅关于建设工程企业资质统一延续有关事项的通知》（建办市函〔2021〕510 号）的规定，工程勘察、工程设计、建筑业企业、工程监理企业资质，资质证书有效期于 2021 年 12 月 31 日至 2022 年 12 月 31 日届满的，统一延期至 2022 年 12 月 31 日。

此后多地相继发文明确延长资质有效期。部分地区明确资质证书有效期延期至 2022 年 12 月 31 日，有的地区明确延期至 2022 年 6 月 30 日。例如，北京市发布了《北京市住房和城乡建设委员会关于北京市建设工程企业资质有效期延续的通知》（京建发〔2021〕409 号），通知明确了北京市住房和城乡建设委员会核发的建筑业企业、工程监理企业资质，资质证书有效期于 2021 年 12 月 31 日至 2022 年 6 月 30 日届满的，继续延期至 2022 年 6 月 30 日。福建省发布了《关于建设工程企业资质延续有关事项的补充通知》（闽建许〔2021〕7 号），通知明确了福建省各级资质审批部门审批的工程勘察、设计、施工、监理等类别的企业资质证书，按照《关于建设工程企业资质延续有关事项的通知》（闽建许〔2020〕2 号）规定，有效期延期至 2021 年 12 月 31 日的，以及有效期于 2022 年内届满的，其有效期统一延期至 2022 年 12 月 31 日。

（二）资质改革后施工资质等级压减情况

施工资质等级压减后，中小企业承揽业务范围将进一步放宽，有利于促进中小企业发展。根据前述"建市〔2020〕94 号"的资质改革方案的有关规定，建筑业企业资质分为施工综合资质、施工总承包资质、专业承包资质和专业作业资质 4 个序列。其中施工综合资质不分类别和等级；施工总承包资质设有 13 个类别，分为 2 个等级（甲级、乙级）；专业承包资质设有 18 个类别，一般分为 2 个等级（甲级、乙级，部分专业不分等级）；专业作业资质不分类别和等级。本标准包括建筑业企业资质各个序列、类别和等级的资质标准，改革后施工资质分类分级表，见表 1-1。

表 1-1　改革后施工资质分类分级表

资质类别	序号	施工资质类型	等级
综合资质	1	综合资质	不分等级
施工总承包资质	1	建筑工程施工总承包	甲、乙级

资质类别	序号	施工资质类型	等级
施工总承包资质	2	公路工程施工总承包	甲、乙级
	3	铁路工程施工总承包	甲、乙级
	4	港口与航道工程施工总承包	甲、乙级
	5	水利水电工程施工总承包	甲、乙级
	6	市政公用工程施工总承包	甲、乙级
	7	电力工程施工总承包	甲、乙级
	8	矿山工程施工总承包	甲、乙级
	9	冶金工程施工总承包	甲、乙级
	10	石油化工工程施工总承包	甲、乙级
	11	通信工程施工总承包	甲、乙级
	12	机电工程施工总承包	甲、乙级
	13	民航工程施工总承包	甲、乙级
专业承包资质	1	建筑装修装饰工程专业承包	甲、乙级
	2	建筑机电工程专业承包	甲、乙级
	3	公路工程类专业承包	甲、乙级
	4	港口与航道工程类专业承包	甲、乙级
	5	铁路电务电气化工程专业承包	甲、乙级
	6	水利水电工程类专业承包	甲、乙级
	7	通用专业承包	不分等级
	8	地基基础工程专业承包	甲、乙级
	9	起重设备安装工程专业承包	甲、乙级
	10	预拌混凝土专业承包	不分等级
	11	模板脚手架专业承包	不分等级
	12	防水防腐保温工程专业承包	甲、乙级
	13	桥梁工程专业承包	甲、乙级
	14	隧道工程专业承包	甲、乙级
	15	消防设施工程专业承包	甲、乙级
	16	古建筑工程专业承包	甲、乙级
	17	输变电工程专业承包	甲、乙级
	18	核工程专业承包	甲、乙级
专业作业资质	1	专业作业资质	不分等级

第四节 企业设立阶段会计处理

企业设立后，应当依法建账并进行账务处理。企业建账的程序包括各类企业依据其规模和组织形式选择其所适用的《企业会计准则》《企业会计制度》，置备会计账簿、确定和设置会计科目及账户、填制会计账簿等。若属于小型企业应按照《小企业会计准则》及《小企业会计制度》等进行会计核算和账务处理。

一、实收资本

实收资本，是指投资者作为资本投入企业的各种财产，是企业注册登记的法定资本总额的来源，它表明所有者对企业的基本产权关系。实收资本的构成比例是企业据以向投资者进行利润或股利分配的主要依据。

（一）实收资本与注册资本

股东或出资人按照法律或公司章程的规定向公司实际缴付出资，即形成了公司的实收资本。股东全部缴纳完毕所认缴的出资之前，公司的实收资本会小于其注册资本；股东全部缴纳完毕所认缴的出资以后，公司的实收资本就等于其注册资本。

我国现行法律对公司制企业采用以实行注册资本认缴登记制为主，以实缴登记制为辅的原则。对于普通的公司制企业，允许股东或发起人自主约定（决定）各自所认缴的出资金额、出资方式、出资期限等事项，记载于公司章程，向社会公示（登记），并对实际缴纳出资的真实性、合法性负责。实收资本不作为工商登记事项。根据《国务院〈关于印发注册资本登记制度改革方案〉的通知》，目前我国还有 27 个行业实行注册资本实缴登记制度。27 个行业中主要以金融业、保险业为主，具体包括募集方式设立的股份公司、银行业金融机构、证券公司、期货公司、基金管理公司、保险公司、保险专业代理机构和保险经纪人、直销企业、劳务派遣企业、对外劳务合作企业等。

（二）实收资本的分类

实收资本，按投资主体可分为国家资本、法人资本、个人资本、港澳台资本和外商资本等。按投资形态划分，大致可分为货币投资、实物投资、无形资产投资，见表 1-2。

表 1-2　实收资本分类表

分类依据	类别	定　　义
按投资主体	国家资本	是指有权代表国家投资的政府部门或机构以国有资产投入企业形成的资本。不论企业的资本是哪个政府部门或机构投入的，只要是以国家资本进行投资的，均作为国家资本
	法人资本	是指其他法人单位投入本企业的资本
	个人资本	是指社会个人或者本企业内部职工以个人合法财产投入企业形成的资本
	港澳台资本	是指香港、澳门特别行政区和台湾地区的投资者投入企业的资本
	外商资本	是指外国投资者投入企业的资本
按资产形态	货币投资	以人民币现金投资，应以实际收到或者存入企业开户银行的时间和金额确定入账 以外币投资，应将外币折算为记账本位币金额入账。有合同约定汇率的，按合同、协议约定汇率折算；合同没有约定汇率的，按收到出资额当日的汇率折算
	实物投资	以固定资产、材料设备、库存商品等实物资产投入的资本，部分实物资产需审计等权威机构认定其入账价值来核算其实收资本
	无形资产投资	以土地使用权、专利权、商标权等投入的资本。投资人以无形资产投资的，一般不得超过企业注册资金的70%，按投资各方确认的价值作为实收资本入账

法律针对不同类型、不同组织形式企业的出资人的出资要求是有差异的。针对法人企业出资人的出资要求较为严格，而对于非法人企业出资人的要求相对宽松。按照《公司法》规定，公司制企业股东可以用货币出资，也可以用实物资产、知识产权、土地使用权等可以用货币估价并可以依法转让的非货币性资产作价出资。

◥（三）实收资本出资形态与会计处理

根据《公司法》的规定，股东可以用货币出资，也可以用实物、知识产权、土地使用权等可以用货币估价并可以依法转让的非货币财产作价出资；但是，法律、行政法规规定不得作为出资的财产除外。对作为出资的非货币财产应当评估作价，核实财产，不得高估或者低估作价。股东以货币出资的，应当将货币出资足额存入有限责任公司在银行开设的账户；以非货币财产出资的，应当依法办理其财产权的转移手续。

1. 出资形态

根据 2022 年 3 月 1 日起施行的《中华人民共和国市场主体登记管理条例》（中华人民共和国国务院令第 746 号）规定，出资方式应当符合法律、行政法规的规定。公司股东、非公司企业法人出资人、农民专业合作社（联合社）成员不得以劳务、信用、自然人姓名、商誉、特许经营权或者设定担保的财产等作价出资。

2. 会计处理

建筑企业收到投资者投入的货币资金时，借记"银行存款"科目，贷记"实收资本"或"股本"等科目。如果接受股东以固定资产、无形资产、货物等方式投资，则借记"固定资产""无形资产""原材料""应交税费"等科目，贷记"实收资本"等科目。以非货币财产出资的，应当依法办理其财产权的转移手续后再确认实收资本，投资者投入无形资产应当按照投资合同或协议约定的价值确定，但合同或协议约定价值不公允的除外。

【案例 1-8】 上海铁蛋建筑股份有限公司与自然人林钢蛋、林铁钢共同出资设立北京铁蛋建筑公司，注册资本 6 000 万元，上海铁蛋建筑公司出资比例 50%（即出资 3 000 万元），林钢蛋和林铁钢出资比例均为 25%（即分别出资 1 500 万元），投资款已经按照出资比例一次交足。北京铁蛋建筑公司收到投资款的会计处理如下：

借：银行存款   60 000 000
  贷：实收资本——上海铁蛋建筑公司   30 000 000
      ——林钢蛋   15 000 000
      ——林铁钢   15 000 000

【案例 1-9】 承上例，假设上海铁蛋建筑股份有限公司以固定资产出资，固定资产价值 3 000 万元，增值税进项税额 390 万元。假设约定投资入账价格与市场公允价值基本一致，不考虑其他因素影响，北京铁蛋建筑公司会计处理如下：

借：固定资产   30 000 000
  银行存款   30 000 000
  应交税费——应交增值税（进项税额）   3 900 000
  贷：实收资本——上海铁蛋建筑公司   33 900 000

——林钢蛋	15 000 000
——林铁钢	15 000 000

【案例 1-10】 承上例，假设上海铁蛋建筑股份有限公司以一项非专利技术投资入股，价值 3 000 万元（不含税）。假设其他条件不变，不考虑其他因素影响，北京铁蛋建筑公司会计处理如下：

借：银行存款	30 000 000
无形资产	30 000 000
应交税费——应交增值税（进项税额）	1 800 000
贷：实收资本——上海铁蛋建筑公司	31 800 000
实收资本——林钢蛋	15 000 000
实收资本——林铁钢	15 000 000

【案例 1-11】 上海铁蛋建筑股份有限公司通过发行 1 000 万股普通股增资，面值 1 元/股，发行价格为 2 元/股。假设发行成功，收到股款 2 000 万元，暂不考虑其他税费因素，上海铁蛋建筑股份有限公司的会计处理如下：

借：银行存款	20 000 000
贷：股本	10 000 000
资本公积——股本溢价	10 000 000

（四）股东投资未到位的利息支出扣除

根据《国家税务总局关于企业投资者投资未到位而发生的利息支出企业所得税前扣除问题的批复》（国税函〔2009〕312 号）的规定，凡企业投资者在规定期限内未缴足其应缴资本额的，该企业对外借款所发生的利息，相当于投资者实缴资本额与在规定期限内应缴资本额的差额应计付的利息，其不属于企业合理的支出，应由企业投资者负担，不得在计算企业应纳税所得额时扣除。具体计算不得扣除的利息，应以企业一个年度内每一账面实收资本与借款余额保持不变的期间作为一个计算期，每一个计算期内不得扣除的借款利息按该期间借款利息发生额乘以该期间企业未缴足的注册资本占借款总额的比例计算，其公式为：

企业每一个计算期不得扣除的借款利息＝该期间借款利息额×该期间未缴足注册资本额÷该期间借款额

企业一个年度内不得扣除的借款利息总额为该年度内每一个计算期不得扣除的借款利息额之和。

二、企业开办费的财税处理

开办费指企业在企业批准筹建之日起，到开始生产、经营（包括试生产、试营业）之日止的期间（即筹建期间）发生的费用支出，包括筹建期人员工资、办公费、培训费、差旅费、印刷费、注册登记费以及不计入固定资产和无形资产购建成本的汇兑损益和利息支出。筹建期是指企业被批准筹建之日起至开始生产、经营（包括试生产、试营业）之日的期间。

（一）开办费的开支范围

1. 筹建人员开支的费用

（1）筹建人员的劳务费用具体包括：筹办人员的工资奖金等工资性支出，以及应交纳的各种社会保险。在筹建期间发生的如医疗费等福利性费用，若筹建期较短，可据实列支；筹建期较长的，可按工资总额的14％计提职工福利费予以解决。

（2）差旅费：包括市内交通费和外埠差旅费。

（3）董事会费。

2. 企业登记、公证的费用

企业登记、公证的费用主要包括登记费、验资费、税务登记费、公证费等。

3. 筹措资本的费用

筹措资本的费用主要是指筹资支付的手续费以及不计入固定资产和无形资产的汇兑损益和利息等。

4. 人员培训费

人员培训费主要有以下两种情况：

（1）引进设备和技术需要消化吸收，选派一些职工在筹建期间外出进修学习的费用。

（2）聘请专家进行技术指导和培训的培训服务费及相关费用。

5. 企业资产的摊销、报废和毁损

6. 其他费用

（1）筹建期间发生的办公费、广告费、交际应酬费。

（2）印花税。

（3）经投资人确认由企业负担的进行可行性研究所发生的费用。

（4）其他与筹建有关的费用。例如，信息调查费、诉讼费、文件印刷费、通信费以及庆典礼品费等支出。

（二）不列入开办费范围的支出

1. 取得各项资产所发生的费用

取得各项资产所发生的费用包括购建固定资产和无形资产时支付的运输费、安装费、保险费和购建时发生的相关人工费用。

2. 规定应由投资各方负担的费用

例如，投资各方为筹建企业进行了调查、洽谈发生的差旅费、咨询费、招待费等支出。

3. 为培训职工而购建的固定资产、无形资产等支出

4. 投资方因投入资本自行筹措款项所支付的利息

出资方为了筹措投资款对外借款而支付的利息，不得计入开办费，应由出资方自行负担。

5. 以外币现金存入银行而支付的手续费

（三）筹办期开办费的财税处理

筹办期间开办费用与正常生产经营期间的税务与会计处理略有差异。

1. 开办费的会计处理

【案例 1-12】 林铁蛋于 2022 年 1 月 1 日注册了闽中铁蛋建筑公司（以下简称"铁蛋建筑公司"），在取得营业执照之前，支出了开办费 100 万元，其中办公费用 1 万元，业务招待费 10 万元。

如果铁蛋建筑公司执行《企业会计准则》，按照《企业会计准则应用指南》附录"会计科目和主要账务处理"关于"管理费用"科目的规定："本科目主要用于核算为组织和管理企业生产经营所发生的管理费用，包括企业在筹建期间所发生的开办费"，由此可见筹办期的开办费可以直接计入"管理费用"科目。

适用并执行《小企业会计准则》的小企业，关于开办费的核算与执行《企业会计准则》的企业一致，在筹建期间内发生的开办费直接计入"管理费

用"科目。会计处理如下：

 借：管理费用——开办费   1 000 000

 　贷：银行存款   1 000 000

如果铁蛋建筑公司执行《企业会计制度》，根据《企业会计制度》第五十条规定，除购建固定资产以外，所有筹建期间所发生的费用，先在长期待摊费用中归集，待企业开始生产经营当月起一次计入开始生产经营当月的损益。如果长期待摊的费用项目不能使以后会计期间受益的，应当将尚未摊销的该项目的摊余价值全部转入当期损益。会计处理如下：

 借：长期待摊费用——开办费   1 000 000

 　贷：银行存款   1 000 000

企业在登记注册并取得营业执照后，在开始经营之日，可以将前期计入"长期待摊费用——开办费"科目的开办费，一次性结转到"管理费用"科目。

 借：管理费用——开办费   1 000 000

 　贷：长期待摊费用——开办费   1 000 000

通常情况下，企业的筹办期不会太长，且筹办费用金额不会太大。特别是筹办期开始与终止之日在同一个会计年度的，笔者认为只要属于财税法规中明确规定可列入开办费的费用，无论执行什么会计制度，开办费在发生当期可直接计入"管理费用"科目，无须通过"长期待摊费用"科目核算。在实务中，很多企业筹办期可能未建立会计账簿，而是在领取营业执照并发生具体业务时才开始建账，即已经开始经营了才建账，则在建账后进行会计处理时直接将前期发生的开办费计入当期管理费用中。

2. 开办费在企业所得税前列支扣除的政策

开办费在税收处理上不分企业执行什么会计制度，均按照相关税收文件处理。按照《国家税务总局关于企业所得税若干税务事项衔接问题的通知》（国税函〔2009〕98号）第九条规定：新税法[①]中开（筹）办费未明确列作长期待摊费用，企业可以在开始经营之日的当年一次性扣除，也可以按照新税法有关长期待摊费用的处理规定处理，但一经选定，不得改变。

筹办期发生的部分开办费用无法在企业所得税前全额列支扣除，税会处

---

① 国税函〔2009〕98号文件中的"新税法"指的是《中华人民共和国企业所得税法》。

理存在差异。上述案例开办费中的业务招待费无法全额在企业所得税前列支扣除，根据《国家税务总局关于企业所得税应纳税所得额若干税务处理问题的公告》（国家税务总局公告 2012 年第 15 号）的规定，企业在筹建期间，发生的与筹办活动有关的业务招待费支出，可按实际发生额的 60％计入企业筹办费，并按有关规定在税前扣除；发生的广告费和业务宣传费，可按实际发生额计入企业筹办费，并按有关规定在税前扣除。

因此，前述案例开办费中的 10 万元业务招待费只能在企业所得税前列支扣除 6 万元。

3. 筹建期应该注意的其他涉税问题

（1）筹建期不作为亏损年度。

筹建期不作为亏损年度，即企业在弥补以前年度损益时，不得弥补筹建期的年度。具体可参考《国家税务总局关于贯彻落实企业所得税法若干税收问题的通知》（国税函〔2010〕79 号）第七条规定，企业自开始生产经营的年度，为开始计算企业损益的年度。

上述问题还需要注意筹建期的终点问题。筹建期的终点税法没有明确规定，部分地区以取得第一笔营业收入为筹建期的终点，部分地区以开始经营之日为筹建期终点。笔者建议，实务中以公司所在地主管税务机关的意见为准。

（2）筹办期间发生的装修费用。

企业的支出应区分收益性支出和资本性支出。收益性支出是指支出的效益与本会计年度或一个营业周期相关的支出；资本性支出是指通过它所取得的财产或劳务的效益，可以给予多个会计期间所发生的那些支出。例如人员工资、办公费、培训费、差旅费、印刷费、注册登记费等，支出的效益仅与本纳税年度有关应作为收益性支出。企业装修和购进固定资产的支出的效益会通过房屋和固定资产的不断使用逐步回收，支出的效益不仅与本纳税年度相关也与以后纳税年度相关。因此，企业筹办期间发生的装修费用属于资本性支出不得一次性在所得税前扣除。

三、税控系统专用设备及技术维护费用的财税处理

根据《财政部 国家税务总局关于增值税税控系统专用设备和技术维护费

用抵减增值税税额有关政策的通知》（财税〔2012〕15号）（以下简称"财税〔2012〕15号"）的有关规定，增值税纳税人初次购买增值税税控系统专用设备（包括分开票机）支付的费用，可凭购买增值税税控系统专用设备取得的增值税专用发票，在增值税应纳税额中全额抵减（抵减额为价税合计额），不足抵减的可结转下期继续抵减。增值税纳税人非初次购买增值税税控系统专用设备支付的费用，由其自行负担，不得在增值税应纳税额中抵减。

（一）税控设备费用的财税处理

增值税防伪税控系统的专用设备包括金税卡、IC卡、读卡器或金税盘和报税盘；注意不含企业购进的电脑、打印机等设备。

建筑企业首次购买增值税税控系统专用设备的费用以及缴纳的技术维护费允许在增值税应纳税额中全额抵减的，按规定抵减的增值税应纳税额，其增值税专用发票不作为增值税抵扣凭证，其进项税额不得从销项税额中抵扣。支付相关费用时，借记"管理费用"科目，贷记"银行存款"等科目；抵减时，相同的金额借记"应交税费——应交增值税（减免税款）"科目（小规模纳税人应借记"应交税费——应交增值税"科目），贷记"管理费用"等科目。

建筑企业非首次购买增值税税控专用设备支付的费用，自行负担，不得在增值税应纳税额中抵减；若其取得增值税专用发票，可以凭票抵扣进项税额即专用发票上的票面税额允许抵扣。

【案例1-13】 铁蛋建筑公司为增值税小规模纳税人，初次购买增值税税控系统专用设备支付160元，缴纳的技术维护费260元，合计420元。假设铁蛋建筑公司执行《小企业会计准则》，会计处理如下：

借：管理费用——税控设备　　　　　　　160
　　　　　　——技术维护费　　　　　　260
　　贷：银行存款　　　　　　　　　　　　　　420
借：应交税费——应交增值税　　　　　　420
　　贷：管理费用　　　　　　　　　　　　　　420

（二）税控系统技术维护费的财税处理

根据"财税〔2012〕15号"文件的有关规定，增值税纳税人缴纳的技术维护费，可凭技术维护服务单位开具的技术维护费发票，在增值税应纳税额中全额抵减，不足抵减的可结转下期继续抵减。技术维护费按照价格主管部门核定的标准执行。其增值税专用发票不作为增值税抵扣凭证，其进项税额不得从销项税额中抵扣。

建筑企业支付相关费用时，按其全部价款借记"管理费用"科目，贷记"银行存款"等科目；抵减时，相同的金额借记"应交税费——应交增值税（减免税款）"科目（小规模纳税人应借记"应交税费——应交增值税"科目），贷记"管理费用"等科目。笔者提醒，税控设备技术维护费不区分首次与非首次购买，均可据实全额抵减。

【案例 1-14】　铁蛋建筑公司支付了税控设备技术维护费，取得增值税普通发票一张，发票价税合计数为 260 元。其他假设不变，会计处理如下：

借：管理费用　　　　　　　　　　　　　　　　　　　　　　260

　　贷：银行存款　　　　　　　　　　　　　　　　　　　　　260

借：应交税费——应交税费（减免税款）　　　　　　　　　260

　　贷：管理费用　　　　　　　　　　　　　　　　　　　　　260

在纳税申报时，需要注意当期应交增值税大于或等于上述两项费用之和的，则按两项费用全额抵减；若当期应交增值税小于两项费用之和，当期按照实际应交增值税抵减，剩余部分留待以后纳税期再冲抵应纳税额。

第二章　投标与签约环节的财税处理

投标与合同签约是建筑企业施工生产重要的前端业务，是事前管理至关重要的一环。对于建筑企业的财税管理来说，这个环节也十分关键。招投标与签约环节涉及合同金额、适用计税方式、采购比价、发票开具、收付款条款与资金管理的密切关系等，需要财务管理部门充分参与。

第一节　招标与投标政策及相关内容

招投标是一种通过正规、良性竞争，由发包单位从中选取合适的承包单位的方式。发包单位（即业主、招标单位）招揽承包单位参与承包竞争的活动叫招标；承包单位根据招标单位的招标要求去参与承包竞争的活动叫投标。建设工程招投标包括建设工程勘察设计招投标、建设工程监理招投标、建设工程施工招投标、建设工程物资采购招投标。

根据《中华人民共和国招投标法》（以下简称《招投标法》）和《房屋建筑和市政基础设施工程施工招投标管理办法》的有关规定，各类房屋建筑及其附属设施与其配套的线路、管道、设备安装工程及室外工程；城市道路、公共交通、供水、排水、燃气、热力、园林、环卫、污水处理、垃圾处理、防洪、地下公共设施及其附属设施的土建、管道、设备安装工程，按规定必须招投标的，应当依法依规进行招投标。

一、招投标政策

工程施工招标分为公开招标和邀请招标。按照《招投标法》必须进行施工招标的工程，全部使用国有资金投资或国有资金投资占比控股或者主导地位的，应当公开招标，但是经国家计委或者省、自治区、直辖市人民政府批准可以邀请招标的重点建设项目除外；其他工程可以实行邀请招标。

（一）必须招标的工程建设项目

根据《招投标法》的有关规定，在我国境内进行下列工程建设项目包括项目的勘察、设计、施工、监理以及与工程建设有关的重要设备、材料等的采购，必须进行招标：

（1）大型基础设施、公用事业等关系社会公共利益、公众安全的项目；

（2）全部或者部分使用国有资金投资或者国家融资的项目[①]；

（3）使用国际组织或者外国政府贷款、援助资金的项目。

上述规定范围内的项目，其勘察、设计、施工、监理以及与工程建设有关的重要设备、材料等的采购达到下列标准之一的，必须招标：

（1）施工单项合同估算价格在 400 万元人民币以上；

（2）重要设备、材料等货物的采购，单项合同估算价在 200 万元人民币以上；

（3）勘察、设计、监理等服务的采购，单项合同估算价在 100 万元人民币以上。同一项目中可以合并进行的勘察、设计、施工、监理以及与工程建设有关的重要设备、材料等的采购，合同估算价格合计达到前款规定标准的，必须招标。

依法必须招标的项目，其招标投标活动不受地区或者部门的限制。任何单位和个人不得进行违法限制或者排斥本地区、本系统以外的法人或者其他组织参加投标，不得以任何方式非法干涉招标投标活动。依法必须进行招标的项目，招标人应当自确定中标人之日起 15 日内，向有关行政监督部门提交招标投标情况的书面报告。

投标人不得与招标人串通投标，损害国家利益、社会公共利益或者他人的合法权益。投标人不得以低于成本的报价竞标，也不得以他人名义投标或者以其他方式弄虚作假，骗取中标。

（二）邀请招标

招标人如果采用邀请招标方式的，应当向 3 个以上符合资质条件的施工企业发出投标邀请书。邀请招标的，在投标邀请书中应当载明招标人的名称和地址，招标工程的性质、规模、地点以及获取招标文件的办法等事项。

根据《招标投标法》的有关规定，被邀请的单位必须自己参加投标，除

[①] "全部或者部分使用国有资金投资或者国家融资的项目"包括：①使用预算资金 200 万元人民币以上，并且该资金占投资额 10% 以上的项目；②使用国有企业事业单位资金，并且该资金占控股或者主导地位的项目。

非招标人同意，否则被邀请人无权将投标资格转给其他单位。对于任何未被邀请的投标人，招标人可以拒绝该单位投标。

（三）联合体投标

根据《招投标法》的有关规定，两个以上法人或者其他组织可以组成一个联合体，以一个投标人的身份共同投标。联合体各方均应当具备承担招标项目的相应能力；国家有关规定或者招标文件对投标人资格条件有规定的，联合体各方均应当具备规定的相应资格条件。由同一专业的单位组成的联合体，按照资质等级较低的单位确定资质等级。

注意，如果招标文件中明确规定不接受联合体投标的，投标人组成联合体投标时，招标人有权拒绝其投标。如果招标文件未明确规定不接受联合体投标的，则招标人不能拒绝。

联合体各方应当签订共同投标协议，明确约定各方拟承担的工作和责任，并将共同投标协议连同投标文件一并提交招标人。联合体中标的，联合体各方应当共同与招标人签订合同，就中标项目向招标人承担连带责任。招标人不得强制投标人组成联合体共同投标，不得限制投标人之间的竞争。

【范本 2-1】 联合体施工协议书如下。

联合体施工协议书

甲公司：上海铁蛋建筑公司（以下简称"甲公司"）

乙公司：北京铁蛋建筑公司（以下简称"乙公司"）

丙公司：福建铁蛋建筑公司（以下简称"丙公司"）

本协议书各方遵循平等、自愿、公平和诚实信用的原则，共同组成联合体，实施、完成并保修合同工程。联合体各方当事人就合同工程施工有关事项达成一致意见，订立本协议书。

1. 甲公司为联合体主办人，乙公司和丙公司为联合体成员。

2. 联合体各方当事人对内部有关事项约定如下：

（1）联合体由主办人负责与发包人联系；

（2）合同工程一切工作由联合体主办人负责组织，由联合体各方当事人按内部工作范围具体实施；

（3）联合体各方当事人将严格按照招标文件的各项要求，切实执行合同工程一切合同文件，共同履行合同约定的一切义务，同时按照内部工作范围划分的职责，各自承担自身的责任和风险；

（4）联合体各方当事人的内部工作范围划分如下：

①甲公司承担合同工程工作内容：

②乙公司承担合同工程工作内容：

③丙公司承担合同工程工作内容：

（5）联合体各方当事人对合同工程的其他约定。

（6）联合体各方当事人在合同工程实施过程中的有关费用，按各自承担的工作量所占比例分摊，或由联合体各方当事人具体协商确定。

3. 本协议书签署后，联合体主办人应将本协议书及时送交发包人和监理工程师、造价工程师。

4. 本协议书自签署之日起生效，至联合体各方当事人履行完施工合同全部义务后自行失效，并随施工合同的终止而终止。

5. 本协议书正本与副本具有同等效力，当正本与副本不一致时，以正本为准。

正本一式××份，联合体各方当事人各执一份，送交发包人和监理工程师、造价工程师各一份；副本一式××份，联合体各方当事人各执××份。

甲公司名称：	乙公司名称：	丙公司名称：
法定代表人：	法定代表人：	法定代表人：
委托代理人：	委托代理人：	委托代理人：
联系电话：	联系电话：	联系电话：
签订时间：	签订时间：	签订时间：

（四）工程中标

中标人确定后，招标人应当向中标人发出中标通知书，并同时将中标结果通知所有未中标的投标人。中标通知书对招标人和中标人具有法律效力。招标人和中标人应当自中标通知书发出之日起30日内，按照招标文件和中标人的投标文件订立书面合同。招标人和中标人不得再行订立背离合同实质性内容的其他协议。

招标文件要求中标人提交履约保证金的，中标人应当提交。中标人应当按照合同约定履行义务，完成中标项目。中标人不得向他人转让中标项目，也不得将中标项目肢解后分别向他人转让。中标人按照合同约定或者经招标人同意，可以将中标项目的部分非主体、非关键性工作分包给他人完成。接受分包的人应当具备相应的资格条件，并不得再次分包。中标人应当就分包项目向招标人负责，接受分包的人就分包项目承担连带责任。

（五）投标应注意的其他事项

笔者提醒，在实务中，部分建筑企业的股东成立了多家建筑企业且法定代表人为同一人，为了保证招投标活动的公平性，防范投标人之间的串通投标行为，《中华人民共和国招投标法实施条例》（以下简称《招投标法实施条例》）规定，法定代表人为同一个人的不同单位，不得参加同一标段的投标，否则相关投标均被否决。

同时，《招投标法实施条例》还对母子公司参与同一标段的投标做了限制性规定，禁止母公司与其控制子公司[1]参加同一标段的投标，但如果该子公司属于其参股（非控股）的，两个单位参加同一招标项目的投标不受此限制。

如果部分无须建设工程资质的工程项目招标，允许建筑企业分公司参与投标的，同一家建筑企业的两家分公司不得参加同一标段的投标。

二、工程中标无效的情形

根据《建设工程司法解释（一）》的有关规定，承包人未取得建筑施工企业资质或者超越资质等级的；没有资质的实际施工人借用有资质的建筑施工企业名义的；建设工程必须进行招标而未招标或者中标无效的；只要属于上述情形之一，签订的合同即被认定无效。

---

[1] 《中华人民共和国公司法》第二百一十六条……（二）控股股东，是指其出资额占有限责任公司资本总额百分之五十以上或者其持有的股份有限公司股本总额百分之五十以上的股东；出资额或者持有股份的比例虽然不足百分之五十，但依其出资额或者持有的股份所享有的表决权足以对股东会、股东大会的决议产生重大影响的股东。

中标无效的情形主要包括以下六项。

（1）根据《招投标法》的有关规定，招标代理机构违反招投标法规定，泄露应当保密的与招标、投标活动有关的情况和资料的，或者与招标人、投标人串通损害国家利益，社会公共利益或者他人合法权益。该行为若影响中标结果，中标无效。

（2）依法必须进行招标的项目的招标人向他人透露已获取招标文件的潜在投标人的名称、数量或者可能影响公平竞争的有关招标投标的其他情况的，或者泄露标底。该行为若影响中标结果，中标无效。

（3）投标人相互串通投标或者与招标人串通投标的，投标人以向招标人或者评标委员会成员行贿的手段谋取中标的，中标无效。

（4）投标人以他人名义投标或者以其他方式弄虚作假，骗取中标的，中标无效。

（5）依法必须进行招标的项目，招标人违反本法规定，与投标人就投标价格、投标方案等实质性内容进行谈判的，给予警告，对单位直接负责的主管人员和其他直接责任人员依法给予处分。该行为若影响中标结果，中标无效。

（6）招标人在评标委员会依法推荐的中标候选人以外确定中标人的，依法必须进行招标的项目，在所有投标被评标委员会否决后自行确定中标人的，中标无效。

三、投标时工程造价计税方法和合同约定税率不一致

在实务中，招标人应当在招标文件中明确所招标工程的增值税计税方法，如果投标人的工程造价计算方法与招标文件适用的计税方法不一致，评标委员会可以视其废标。

【案例 2-1】 2020 年 6 月，某建筑企业承揽了一项市政工程项目，在投标时根据投标文件约定按照一般计税方法计算的投标报价，中标后在签订工程承包合同时双方约定的增值税税率为 9%。后由于该工程存在甲供电力内容，但原合同中并未约定此项内容，也未签订补充协议，建筑企业在业主口头允许的情况下向其开具了征收率为 3% 的增值税发票。2021 年 3 月，工程

竣工，在结算时业主要求按照简易计税方法计算最终结算额，该合同的含税总价发生变化，低于投标组价时的含税总价；而建筑企业认为结算时不应调整含税总价，只是开具发票时选择税率（征收率）的差异。双方一直未达成结算协议，最终发展到了诉讼阶段。

事实上，在投标时不同的计税方法下工程总造价的计算方法存在差异，主要体现在材料、机械设备等造价是否为含税价格。一般计税方法下工程总造价的计价基数：人工费、材料费、机械使用费、企业管理费、利润和规费之和，各项费用均以不含增值税价格计算；而简易计税方法下，上述各项费用均含增值税。

四、部分境外工程投标时需要开具无欠税证明书

建筑业企业如因境外投标等需要，需要开具无欠税证明书的，可以向机构注册地主管税务机关申请办理。无欠税证明是指税务机关依纳税人申请，根据税收征管信息系统所记载的信息，为纳税人开具的表明其不存在欠税情形的证明。上述"不存在欠税情形"，是指纳税人在税收征管信息系统中，不存在应申报未申报记录且无下列应缴未缴的税款：

（1）办理纳税申报后，纳税人未在税款缴纳期限内缴纳的税款；

（2）经批准延期缴纳的税款期限已满，纳税人未在税款缴纳期限内缴纳的税款；

（3）税务机关检查已查定纳税人的应补税额，纳税人未缴纳的税款；

（4）税务机关根据《中华人民共和国税收征收管理法》第二十七条、第三十五条核定纳税人的应纳税额，纳税人未在税款缴纳期限内缴纳的税款；

（5）纳税人的其他未在税款缴纳期限内缴纳的税款。

【范本 2-2】　　无欠税证明

无欠税证明

××××税无欠税证〔0000〕00 号

纳税人名称：＿＿＿＿＿＿＿＿＿＿＿，纳税人识别号：＿＿＿＿＿＿＿＿＿

；

＿＿＿＿＿＿＿＿＿＿＿＿＿＿＿＿＿＿＿＿＿＿＿＿＿＿＿＿＿＿＿＿＿＿＿

有效证件类型：＿＿＿＿＿＿＿＿＿＿＿＿＿＿＿＿＿＿＿，有效证件号

码：_____；

截至____年____月____日，在税收征管信息系统未发现有欠税情形。

特此证明。

国家税务总局××××税务局

（业务专用章）

年　月　日

注：①此证明根据税务机关税收征管信息系统记载信息出具。

②总公司开具的无欠税证明一并关联其下属分公司的欠税情形。

③自然人开具的无欠税证明一并关联其名下个体工商户和登记注册类型为私营独资企业的欠税情形。

第二节　投标阶段的会计处理

投标时所发生的差旅费用、投标文件费用等在会计处理上一般直接计入当期损益；在涉税处理上，应当取得合法、有效的企业所得税税前扣除凭证（发票、收据、军队统一收据）才可在企业所得税前列支扣除。除此之外，投标环节还将涉及的其他财税问题，本节将一一阐述。

一、招投标文件费用

招标文件是进行招标的目标工程建设的大纲，是建设单位实施工程建设的工作依据，是向投标单位提供参加投标所需要的一切情况。招标文件主要由以下三部分组成：

（1）招标公告或投标邀请书、投标人须知、评标办法、投标文件格式等；

（2）工程量清单、设计图纸、技术标准和要求、合同条款等；

（3）参考资料，供投标人了解分析与招标项目相关的参考信息。

（一）招投标文件费收费标准

《招标投标法实施条例》第十六条第二款规定：招标人发售资格预审文

件、招标文件收取的费用应当限于补偿印刷、邮寄的成本支出，不得以营利为目的。

《政府采购货物和服务招标投标管理办法》第二十三条规定：招标文件售价应当按照弥补招标文件印刷成本费用的原则确定，不得以营利为目的，不得以招标采购金额作为确定招标文件售价依据。

招标文件的价格因各地经济发展水平和物价水平而异，且同一地区，集中采购机构和社会代理机构的收费标准也不尽相同。

（二）招投标文件费用的财税处理

1. 招投标文件费税前扣除凭证

建筑企业中标后向发包人或其他代理方支付招标文件费时，应当取得收款方开具的合规票据才能列支费用在企业所得税税前扣除。根据《国家税务总局关于发布〈企业所得税税前扣除凭证管理办法〉的公告》（国家税务总局公告 2018 年第 28 号）的有关规定，企业所得税税前扣除凭证按照来源分为内部凭证和外部凭证。内部凭证是指企业自制用于成本、费用、损失和其他支出核算的会计原始凭证。内部凭证的填制和使用应当符合国家会计法律、法规等相关规定。外部凭证是指企业发生经营活动和其他事项时，从其他单位、个人取得的用于证明其支出发生的凭证，包括但不限于发票（包括纸质发票和电子发票）、财政票据、完税凭证、收款凭证、分割单等。

如果招投标文件费的收款方为营利性企业法人组织，即发包方或招标代理机构，建筑企业应当取得对方开具的增值税发票；如果招投标文件费的收款方为非营利性法人组织或非法人组织，例如，人民解放军某部门、某部队机关，则应当取得印有"财政部监制"和"中央军委后勤保障部财务局监制"的"中国人民解放军通用收费票据"等财政票据，普通的收据不得作为报销凭证。

2. 投标费用的会计处理

建筑业企业为取得合同发生的、除预期能够收回的增量成本之外的其他支出，例如，无论是否取得合同均会发生的差旅费、投标费，为准备投标资料发生的相关费用等，应当在发生时计入当期损益，除非这些支出明确由客户承担。因此，一般情况下建筑业企业在支付招标文件费时直接计入当期损益，借记"管理费用"科目，贷记"银行存款"科目。

【案例 2-2】 2022 年 1 月，铁蛋建筑公司前往华东某地参与钢蛋 CBD 中心项目的投标事项，向招标单位支付了招投标文件费 500 元，取得一张增值税普通发票；支付差旅费用 2 060 元，其中住宿费 1 060 元取得了增值税专用发票（价款 1 000 元，增值税款 60 元），其余差旅费取得的均为增值税普通发票。招标文件中标明该项目为一般计税方法计税。假设铁蛋建筑公司为增值税一般纳税人，当期取得所有增值税专用发票均已勾选确认抵扣。

借：管理费用——招标文件费　　　　　　　　　　　　500

　　　　　　——差旅交通费　　　　　　　　　　 2 000

　　应交税费——应交增值税（进项税额）　　　　　　 60

　　贷：银行存款　　　　　　　　　　　　　　　　 2 560

部分建筑业企业工程项目的经营模式为"内部承包责任制"[①]，即项目经理等内部承包人与企业签订内部承包责任协议，在协议中约定上交相应比例工程利润，其余盈利金额均作为项目经理以及其他内部承包人员的绩效工资或年终奖进行发放。若此，有可能包含投标费用在内的全部费用均需列入该项目工程成本中。笔者建议，建筑企业在取得该合同前所支付的招投标费用，依然计入"管理费用"中，对项目进行内部考核时，在不调整相关账务的前提下，通过内部管理报表将该费用分类列入工程成本中，该项目多上交相应金额工程利润，即减少内部承包人相应金额的绩效工资或年终奖。没有必要在会计核算上违反国家会计制度。

二、投标保证金

投标保证金，由投标人在招标文件规定时间内交给招标人一定形式、一定金额的投标责任担保。投标有效期是以递交投标文件的截止时间为起点，以招标文件中规定的时间为终点的一段时间。在这段时间内，投标人必须对其递交的投标文件负责，受其约束。招标人应在规定期限内向中标人和未中标的投标人退还投标保证金及银行同期存款利息。

（一）投标保证金比例

根据住房和城乡建设部发布的《房屋建筑和市政基础设施工程施工招标

---

① 笔者提醒，"内部承包责任制"并不是指建筑业明令禁止的"非法挂靠"，该项目的承包人员均为建筑企业员工。工程项目的施工生产管理、质量管理、技术管理、财税管理等均由建筑企业负责，事实上属于企业将部分经营成果与工程一线管理人员共享的一种激励性管理模式。

投标管理办法》有关规定，投标担保可以采用投标保函或者投标保证金的方式，投标保证金可以使用保兑支票、现金支票、银行汇票等，一般不得超过投标总价的2%。在实务中，大型工程项目的造价比较高，投标保证金的比例和金额有可能超过上述文件规定比例。项目投标时大部分工作事项都由建筑企业招投标部门和成本预算部门办理，需要财务管理部门办理的事项主要为投标保证金的支出手续以及相关会计处理。

◤（二）投标保证金的会计处理

投标保证金的会计处理相对简单，无非是该笔资金的支付与退回。在实务中可能存在该笔保证金在中标后被业主转成其他保证金的情况，例如投标保证金转成履约保证金，这类特殊情形在会计处理上需要稍做改动。

1. 支付投标保证金

财务管理部门在支出投标保证金时需要核对投标文件中规定的保证金比例，严格审核后再办理支出手续。支出投标保证金时的会计处理：

借：其他应收款——投标保证金

贷：银行存款

2. 收到退还的投标保证金

未中标人的投标保证金，将在买方与中标人签订合同后5日内退还。但是，当投标人在招标文件中规定的投标有效期内撤回其投标，中标人在规定期限内未能根据投标人按规定签订合同或按规定接受对错误的修正，未能根据招标文件规定未提交履约保证金，支付的投标保证金将被没收。

收到退回的投标保证金会计处理：

借：银行存款

贷：其他应收款——投标保证金

如果中标人因前述原因被招标人没收投标保证金的，在被没收当期借记"营业外支出"科目，贷记"其他应收款"科目。除此之外还需要注意，根据《招标投标法实施条例》的有关规定，中标后，中标人无正当理由不与招标人订立合同，在签订合同时向招标人提出附加条件，或者不按照招投标文件要求提交履约保证金的，取消其中标资格，投标保证金不予退还。对依法必须进行招投标的项目的中标人，由有关行政监督部门责令改正，可以处中标项目金额10‰以下的罚款。

3. 将投标保证金直接转作履约保证金

在实务中，一些招标人为了方便，希望投标人直接将投标保证金转成合同履约保证金。在相关法律法规中并没有禁止这种行为，只要双方协商一致即可进行相应处理。

投标保证金转换为履约保证金的会计处理：

借：其他应收款——履约保证金

贷：其他应收款——投标保证金

履约保证金作为中标人的履约担保，一般情况下应该覆盖整个合同期，并在履约完毕之后予以退还。笔者建议，中标人即承包方应该与发包方在建设工程承包合同中明确约定履约保证金的有效期和退还时间。

4. 总公司支付保证金，分公司实际施工

在实务中，经常出现建筑业企业的总公司支付投标保证金并签订工程总承包合同，后将工程项目授权给内部分公司执行施工任务，由该分公司直接向发包方开具建筑服务发票并办理工程款结算手续的情况。遇到此类情况，总公司和分公司只要内部做好会计核算和业绩考核即可（业绩考核时考虑该笔保证金产生的资金占用成本），总公司无须向分公司收取相应的保证金。

三、工伤保险与意外伤害险的界定及处理

建筑业企业购买的工伤保险与意外伤害保险是有区别的。工伤保险是指劳动者在工作中或在规定的特殊情况下，遭受意外伤害或患职业病导致暂时或永久丧失劳动能力以及死亡时，劳动者或其遗属从国家和社会获得物质帮助的一种社会保险制度。工伤保险被保险人的范围是确定的，指是施工企业内全部职工。

意外伤害保险是指以意外伤害而致身故或残疾为给付保险金条件的人身保险。意外伤害保险的范围是不确定的，为施工现场从事危险作业的人员。

（一）工伤保险与意外伤害险

《中华人民共和国建筑法》第四十八条规定：建筑施工企业应当依法为职工参加工伤保险缴纳工伤保险费。鼓励企业为从事危险作业的职工办理意外伤害保险，支付保险费。中华人民共和国人力资源和社会保障部、住房和城乡建设部、国家安全生产监督管理总局、中华全国总工会印发《关于进一步

做好建筑业工伤保险工作的意见》（人社部发〔2014〕103 号），要求建筑施工企业应依法参加工伤保险。《建设工程安全生产管理条例》第三十八条规定，施工单位应当为施工现场从事危险作业的人员办理意外伤害保险。意外伤害保险费由施工单位支付。实行施工总承包的，由总承包单位支付意外伤害保险费。意外伤害保险期限自建设工程开工之日起至竣工验收合格止。

上述法律法规明确了两个问题：第一，建筑业为职工缴纳工伤保险属于法定义务，为从事危险工作的职工购买意外伤害险属于鼓励，不属于强制的法律义务；第二，建设工程作业人员的意外伤害险由施工单位（总承包单位）购买。

工伤保险不同于养老保险等险种，劳动者不缴纳保险费，全部费用由用人单位负担。即工伤保险的投保人为用人单位。2015 年 7 月 22 日，人力资源和社会保障部、财政部发布了《关于调整工伤保险费率政策的通知》（人社部发〔2015〕71 号），按照《国民经济行业分类》（GB/T 4754—2011）对行业的划分，根据不同行业的工伤风险程度，由低到高，依次将行业工伤风险类别划分为一类至八类，一类至八类分别控制在该行业用人单位职工工资总额的 0.2%、0.4%、0.7%、0.9%、1.1%、1.3%、1.6%、1.9%。具体见表 2-1。

表 2-1　工伤保险行业风险分类表

行业类别	行业名称
一	软件和信息技术服务业，货币金融服务，资本市场服务，保险业，其他金融业，科技推广和应用服务业，社会工作，广播、电视、电影和影视录音制作业，中国共产党机关，国家机构，人民政协、民主党派，社会保障，群众团体、社会团体和其他成员组织，基层群众自治组织，国际组织
二	批发业，零售业，仓储业，邮政业，住宿业，餐饮业，电信、广播电视和卫星传输服务，互联网和相关服务，房地产业，租赁业，商务服务业，研究和试验发展，专业技术服务业，居民服务业，其他服务业，教育，卫生，新闻和出版业，文化艺术业
三	农副食品加工业，食品制造业，酒、饮料和精制茶制造业，烟草制品业，纺织业，木材加工和木、竹、藤、棕、草制品业，文教、工美、体育和娱乐用品制造业，计算机、通信和其他电子设备制造业，仪器仪表制造业，其他制造业，水的生产和供应业，机动车、电子产品和日用产品修理业，水利管理业，生态保护和环境治理业，公共设施管理业，娱乐业

行业类别	行业名称
四	农业，畜牧业，农、林、牧、渔服务业，纺织服装、服饰业，皮革、毛皮、羽毛及其制品和制鞋业，印刷和记录媒介复制业，医药制造业，化学纤维制造业，橡胶和塑料制品业，金属制品业，通用设备制造业，专用设备制造业，汽车制造业，铁路、船舶、航空航天和其他运输设备制造业，电气机械和器材制造业，废弃资源综合利用，金属制品、机械和设备修理业，电力、热力生产和供应业，燃气生产和供应业，铁路运输业，航空运输业，管道运输业，体育
五	林业，开采辅助活动，家具制造业，造纸和纸制品业，建筑安装业，建筑装饰和其他建筑业，道路运输业，水上运输业，装卸搬运和运输代理业
六	渔业，化学原料和化学制品制造业，非金属矿物制品业，黑色金属冶炼和压延加工业，有色金属冶炼和压延加工业，房屋建筑业，土木工程建筑业
七	石油和天然气开采业，其他采矿业，石油加工、炼焦和核燃料加工业
八	煤炭开采和洗选业，黑色金属矿采选业，有色金属矿采选业，非金属矿采选业

在实务中，各类工程建设项目在办理相关手续、进场施工前，均应向行业主管部门或监管部门提交施工项目总承包单位或项目标段合同承建单位工伤保险参保证明，作为保证工程安全施工的具体措施之一，安全施工措施未落实的项目，各地住房和城乡建设主管部门不予核发施工许可证。

建筑企业为员工参加工伤保险的基础上，为了让一线从事施工作业的职工享有更高的保障，鼓励为其参加意外伤害保险。建筑总包单位购买意外伤害险时无法按照准确的农民工人数计算的，保险金额一般按工程项目的施工面积或者工程总造价的一定比例费率计算。参保的建筑施工企业，实行浮动费率，参保初始费率为所属行业基准费率。

项目已开工建设的，一般情况下项目所在地相关部门允许按工程剩余量总造价缴费（工程剩余量总造价以建设项目甲乙双方确认的证明材料为准）；工程剩余量总造价难以确认的，工伤保险费按照下述公式计算缴纳：

[（项目总造价×当地行业基准费率）÷参保有效期]×剩余参保有效期

建设项目在开工前取消的，或者施工总承包单位失去总承包资质，总承包单位以建设项目参保的，可以向办理参保的经办机构申请退还已缴纳的工伤保险费。

（二）工伤与意外伤害险的财税处理

建筑企业为农民工购买的工伤保险和意外伤害险，在发生的当期记入"合同履约成本——工程施工——间接费用"或者"管理费用"科目。

需要读者特别关注的问题是为一线作业人员购买意外伤害险取得的增值税专用发票可否用于抵扣进项税额。

部分地区税务认为意外伤害险属于职工福利，不得用于抵扣进项税额。主要依据是《财政部 国家税务总局关于全面推开营业税改征增值税试点的通知》（财税〔2016〕36 号），其中规定应税服务用于集体福利不得抵扣进项，但实际上没有限制商业保险不得抵扣进项税额。而意外伤害险是否属于职工福利，各地税务机关对此口径不一致。例如，2016 年 5 月 28 日，新疆维吾尔自治区税务机关发布的《营改增政策答疑（十一）》就第五个问题"营改增后提供建筑服务的一般纳税人按照建委要求为施工人员购买团体意外保险，取得保险费增值税专用发票能否作为进项税额抵扣？"答复为可以作为进项税额抵扣。

第三节　招投标环节的财税处理

建筑企业的财务管理部门不仅要负责公司的财税管理工作，还需要参加前端业务管理。财务管理部门应当负责建立健全财务服务流程，为工程管理和业务部门提供多种财务解决方案，协助处理业务部门涉及财务相关工作。对工程项目的财税事项进行事前、事中、事后跟踪管理。在投标与签约环节进行财税筹划事项就属于事前管理，例如参与工程税费测算、采购比价、合同审核等工作。

一、工程项目地的财税政策

工程建设项目跨地施工，除了需要在项目所在地预缴增值税及企业所得税以外，还涉及其他税费的预缴（缴纳）问题。不同税费的预缴（缴纳）计税基数存在差异，需要建筑企业的财务管理部门提前了解。不能等到项目已经发生一定的履约进度，产生增值税及企业所得税纳税义务了才去了解项目所在地的预缴、缴纳等税费政策。应在知晓工程中标，准备签订施工合同时，参与测算相关税费环节即需了解项目所在地的有关财税政策。这项工作应该主动完成，而不是被动操作。

关于异地施工项目应预缴、缴纳的税费事项，在本书第五章作专门讲解，在此暂不展开。

二、工程成本涉税事项的测算

工程项目的成本管理与工程项目部、公司级各管理部门息息相关。只有把项目成本控制目标落实到每个部门乃至具体岗位人员，达到成本责任层层分解，才能建立起全员进行成本控制的观念。当然，这在实践中想实现是非常困难的。笔者在建筑业工作多年，深知从建立管理制度到推进标杆化管理，再到形成标准化、程序化管理，能真正做到全员参与成本管理的建筑企业为数不多。

（一）招标签约环节的税费测算

财务管理部门，在某一项工程招投标阶段，特别是分部分项工程和物资采购招标环节应该尽可能地参与一些涉税事项的测算与风险评估工作。例如建筑企业部分工程项目的成本构成比较特殊，分包出去的分部分项工程甚至出现增值税"倒挂"现象，即分包方的销项税额小于进项税额，作为总包方需要对该项分包业务进行筹划。

【案例2-3】 铁蛋建筑总包公司承揽了某一设备安装总包工程，将部分分项工程分包给钢蛋建筑分包公司。假设该分包工程不含税价为1 000万元，其中设备款不含税价800万元。假设钢蛋建筑分包公司该项目的合同毛利为0，即其不含税收入和不含税成本均为1 000万元，其设备部分能够取得税率13%的进项发票，安装部分能够取得征收率3%的进项发票。钢蛋分包公司应交增值税分析如下（暂时忽略附加税费）：

销项税额＝10 000 000×9%＝900 000（元）

进项税额＝8 000 000×13%＋2 000 000×3%＝1 100 000（元）

应交增值税＝900 000－1 100 000＝－200 000（元）

上述案例中钢蛋分包公司在投标报价时必然会将倒挂的费用计入投标报价中，该倒挂费用最终由铁蛋建筑总包公司买单。总包方可以改变分部、分项标段的划分范围，将该专业工程与其他工程进行合并，争取由总包方内部消化"倒挂"现象，肥水不流外人田。

如果该项分部、分项工程不需要建筑业企业资质，笔者认为铁蛋总包公司可以把这部分内容交给生产制造企业或者商贸企业，不含税价不变。制造企业或者商贸企业按照混合销售原则向铁蛋建筑公司开具货物销售发票（增值税税率13%），或者分别核算货物销售和建筑安装的销售金额，分别开具13%和9%发票，若符合《国家税务总局关于明确中外合作办学等若干增值税征管问题的公告》（以下简称国税总局42号公告）相关规定的，安装部分可以选择简易征收开具3%建筑服务发票。

笔者在实务中还遇到与上述案例类似的问题，但是不考虑税费"倒挂"影响，仅从分包方应该开具何种税率的发票以及对总包方的利弊进行分析。

【案例2-4】 某建筑总包企业承揽了一个设备安装项目，将部分工程内容分包给其他企业，双方签订了《××××建筑工程合同》，其中施工费里含有"设备采购金额"，合同约定所有内容分包方均按照9%向总包方开具增值税专用发票。分包方对外采购设备，均能取得税率为13%的进项发票，并按照建筑服务向总包方开具9%的建筑服务发票。分包方开具13%或9%的发票对总包企业有哪些利弊？

分析： 首先要注意上述业务应该如何开具发票。某建筑总承包工程将部分分项工程发包给具有相应资质的分包单位，分包单位属于包工包料。如果上述案例中的分包单位为建筑企业，不论分包单位自身取得的进项发票税率是多少，其应当向建筑总包单位开具9%的建筑服务发票，属于混合销售。如果该分包工程不需要资质，且分包单位为设备销售公司，销售设备并提供安装，应当分别核算设备销售和安装服务，开具13%设备销售发票和9%建筑安装发票，分别核算的建筑安装部分可以选择简易计税；未分别核算的，应当全部按照混合销售全部开具13%设备销售发票。

其次，搞清楚上述开票方式计税率对总包企业增值税负的影响。

假设该分部分项工程的不含税价1 000万元（其中，设备及其他材料造价700万元，安装服务300万元），如果分包单位为建筑企业，则含税总造价为1 090万元；如果分包单位为设备销售企业，则该分包含税总价有三种情况。

第一种情况：$7\ 000\ 000 \times (1+13\%) + 3\ 000\ 000 \times (1+9\%) = 11\ 180\ 000$（元）

第二种情况：7 000 000×（1＋13％）＋3 000 000×（1＋3％）＝11 000 000（元）

第三种情况：10 000 000×（1＋13％）＝11 300 000（元）

上述三种情况，总包方只要确保与分包方签订合同的不含税价固定不变，均为1 000万元，理论上总包方无须做任何筹划。但是分包方开具不同税率（征收率）发票对应的进项税额对总包方会产生实实在在的影响，即增值税税负将影响附加税费，最终将会影响总包企业的净利润。因此，上述三种分包造价，即开票税率对总包企业最有利的应当是第三种组价模式，具体如何比较，后续采购比较管理的内容将会详细阐述，在此暂不展开讨论。

（二）建立财税管理手册

全面"营改增"已经6年了，建筑企业对于增值税的了解已经与全面"营改增"初期不可同日而语，大部分企业已经掌握了增值税管理要义。笔者认为，不论企业规模大小，财务管理部门都应在总结过去经验的基础上，编写适用于本企业的财税管理手册（制度）。财税管理手册至少应该涵盖不同税种的税收政策、不同税种的会计核算、不同业务与不同阶段的税务管理三大板块内容。"工欲善其事，必先利其器"，建筑业企业只有完成最基本的财税管理手册，才有可能做到财税管理制度化、流程化、规范化，不用担心人员更迭给财务管理带来不利影响。

三、建筑企业采购比价管理

建筑企业的采购比价管理是成本管理中最重要的前置环节。采购项目主要包括大宗材料采购、零星材料、运输服务、设备采购与租赁、专业分包、劳务分包等。

（一）基础比价与供应商的选择

建筑企业在采购比价过程中，比价的总体原则应该是比较综合采购成本，而不是单纯的比较增值税税负。在这个总体原则下，除了报价信息以外，还要注意分供商能否正常提供合法有效的发票（票据）。如果不能提供合法有效的票据，即便在比价环节报价占优势，建筑企业支付的费用未来无法在企业所得税税前扣除，将会造成额外的损失。

1. 适用不同计税方式的工程项目考量供应商的差异

对于不同计税方式的工程项目来说，采购比价的考虑因素不一样。

【案例 2-5】 铁蛋建筑公司某个选择适用简易计税方法计税的工程项目需要某项建筑材料，现有三家材料供应商前来投标：第一家供应商表示，不提供发票，合同总价为 100 万元；第二家供应商属于小规模纳税人，能够开具征收率为 3% 的增值税专用发票，合同总价为 103 万元；第三家供应商属于一般纳税人，能够开具税率为 13% 的增值税专用发票，合同总价为 113 万元。

分析： 简易计税项目的采购比价以含税价最低为基础原则，上述前来投标的供应商，选择第二家小规模供应商最合适。第一家供应商无法提供发票，虽然总价最低，但是考虑企业所得税税前扣除等因素，对铁蛋建筑公司来说，综合采购成本却是最高的。第三家供应商含税总价为 113 万元，该项目选择适用简易计税方法计税，无法抵扣进项税额，113 万元全部计入合同成本中，相比较而言，不如选择第二家供应商，能够实现利润最大化。

【案例 2-6】 承上例，假设铁蛋建筑公司该项目适用一般计税方法计税，三家供应商报价及开票情况与上例一致，铁蛋建筑公司选择哪一家供应商最合适？

第一家供应商无法开具发票，不用比较，直接淘汰。第二家和第三家供应商分别属于小规模纳税人和一般纳税人，不含税价均为 100 万元，提供的进项税额不一致，对铁蛋建筑公司工程毛利没有影响，但影响了附加税费，最终必然影响利润。我们可以引入合同收入与销项税额假设数据，配合比较。假设铁蛋建筑公司该项目的当期的建造合同收入 150 万元，销项税额 13.5 万元。假设附加税费率为 12%（城市维护建设税 7%、教育费附加 3%、地方教育附加 2%）。暂不考虑其他因素，供应商的选择分析如下。

(1) 选择小规模纳税人供应商对利润的影响。

工程毛利＝1 500 000－1 000 000＝500 000（元）

应交增值税＝135 000－30 000＝105 000（元）

应交附加税费＝105 000×12%＝12 600（元）

应交企业所得税＝（500 000－12 600）×25%＝121 850（元）

净利润＝1 500 000－1 000 000－12 600－121 850＝365 550（元）

(2) 选择一般纳税人供应商对利润的影响。

工程毛利＝1 500 000－1 000 000＝500 000（元）

应交增值税＝135 000－130 000＝5 000（元）

应交附加税费＝5 000×12%＝600（元）

应交企业所得税＝（500 000－600）×25％＝124 850（元）

净利润＝1 500 000－1 000 000－600－124 850＝374 550（元）

通过上述案例比较可知，两家供应商在不含税报价一致的情况下，且两家供应商都能向铁蛋建筑公司开具增值税专用发票，无论选哪一家，铁蛋建筑公司的工程毛利均为50万元，对其工程毛利没有影响。对于建筑业一般计税项目来说，供应商不含税报价一致，但能够提供的进项税额存在差异，直接影响了应交的附加税费，最终也影响了净利润。选择增值税一般纳税人所创造的利润高于小规模纳税人。因此，可以得出一个基础结论：建筑业一般计税项目不考虑其他因素的情况下，单纯对供应商的不含税报价进行比较，只要不含税价一致，选择一般纳税人供应商比选择小规模供应商更合适。

2. 新冠肺炎疫情下供应商为小规模纳税人的采购比价

前述内容已经对建筑业适用一般计税方法，与简易计税方法计税的工程项目的采购比价进行分析，接下来将对特殊情况下的采购比价进行分析。新冠肺炎疫情下，在一定期间内增值税小规模纳税人适用3％征收的业务，可以减按1％缴纳增值税。据此，建筑企业的某项采购项目如果面临的供应商均为小规模供应商，则同样需要进行比价。

【**案例2-7**】　承上例，假设铁蛋建筑公司该项目适用简易计税方法计税，该项目需要某项建筑材料，现有四家小规模材料供应商前来投标。

第一家供应商表示，能够开具征收率为1％的增值税专用发票，合同总价为103万元。

第二家供应商表示，能够开具征收率为3％的增值税专用发票，合同总价为103万元。

第三家供应商表示，能够开具征收率为1％的增值税专用发票，合同总价为101万元。

第四家供应商表示，能够开具征收率为1％的增值税普通发票，合同总价为101万元。选择哪一家供应商对铁蛋建筑公司更合适？

分析：铁蛋建筑公司该项目适用简易计税方法，所有进项税额均不得抵扣，按照含税价计入合同成本。因此，不论材料供应商的纳税人身份是一般纳税人还是小规模纳税人，不论供应商开具的是增值税专用发票还是普通发票，只需要比较含税价格高低即可，上述四家供应商选择第三家或第四家供应商对铁蛋建筑公司来说均合适。

【案例2-8】 承上例，假设铁蛋建筑公司该项目适用一般计税方法计税，四家小规模供应商报价及开票情况与上例一致，铁蛋建筑公司选择哪一家供应商最合适？

分析： 铁蛋建筑公司该项目适用一般计税方法，供应商不含税报价一致的情况下，必须考虑进项税额对附加税费的影响。比较如下。

第一家小规模供应商的含税报价为103万元，开具1‰的增值税专用发票，即不含税价为101.98万元，增值税为1.02万元。

第二家小规模供应商的含税报价为103万元，开具3‰的增值税专用发票，即不含税价为100万元，增值税为3万元。

第三家小规模供应商的含税报价为101万元，开具1‰的增值税专用发票，即不含税价为100万元，增值税为1万元。

第四家小规模供应商的含税报价为101万元，开具1‰的增值税普通发票，增值税无法抵扣。

比较不含税价，第一家供应商101.98万元和第四家供应商101万元最先淘汰；第二家和第三家供应商的不含税报价均为100万元，但是开具的增值税专票对应的征收率有差别，即第二家供应商提供的进项税额大一些，对铁蛋建筑公司来说可以少交附加税费，第三家供应商淘汰，最终选择第二家供应商最合适。

比较含税价，首先，第一家和第二家供应商的含税总价均为103万元，即铁蛋建筑公司需要支付给对方的资金一致，支付同样的资金抵扣的进项税额却不一致，选择第一家比选择第二家少抵扣1.98万元（3－1.02），因此第一家供应商淘汰。用同样的方式比较第三家和第四家供应商，第四家供应商淘汰。最后，再比较第二家供应商和第三家供应商，两家供应商含税总价不一致，分别为103万元和101万元，两家都能开具增值税专用发票，因此转换成不含税报价进行比较，两家不含税报价均为100万元，但是第二家供应商提供的进项税额大于第三家供应商，因此还是选择第二家供应商最合适。

3. 小规模纳税人免税背景下的采购比价

根据《财政部 税务总局关于对增值税小规模纳税人免征增值税的公告》（财政部 税务总局公告2022年第15号）规定，自2022年4月1日至2022年12月31日，增值税小规模纳税人适用3‰征收率的应税销售收入，免征增值税；适用3‰预征率的预缴增值税项目，暂停预缴增值税。《国家税务总局关于小规模纳税人免征增值税等征收管理事项的公告》（国家税务总局公告2022年第6号）规定，增值税小规模纳税人适用3%征收率应税销售收入免征增值税的，应按规定开具免税普通发票。纳税人选择放弃免税并开具增值税专用发票的，应开具征收率为3%的增值税专用发票。

建筑业企业一般纳税人在小规模纳税人免税背景下的采购比价与前述采购比价的原则稍微有一些变化。我们来看一个实务案例：

【案例2-9】 2022年4月28日，铁蛋建筑公司（增值税一般纳税人）与钢蛋建材公司（增值税小规模纳税人）签订了一份管材采购合同，用于其某一般计税项目。该合同的业务预计发生在2022年5月至2022年10月之间。在合同价款双方作约定如下：

本合同暂定总价￥1 000 000元（大写：壹佰万元整）；暂定不含税总价1 000 000元；增值税税额0元（钢蛋建材公司按规定享受免征增值税政策）。若遇国家税收法规变化税率需要调整，本合同约定不含税综合单价金额不变，税率按国家政策调整后执行。

分析：假设上述案例中，铁蛋建筑公司在合同谈判中有两个选择：第一是如上合同条款约定钢蛋建材公司享受免税政策，按照不含税价100万元开具免税的增值税普通发票；第二是约定钢蛋建材公司不享受免税政策，按照103万元开具增值税专用发票，其中不含税价100万元，增值税额3万元。对于铁蛋建筑公司来说哪一个选择更合适？从表面上看，铁蛋建筑公司无论作何选择，都不会影响工程毛利，但增值税必然影响附加税费，进而影响其利润总额和净利润。假设铁蛋建筑公司所在地的增值税附加税费率为12%（城市维护建设税7%、教育附加费3%、地方教育附加2%），第二个选择将会让铁蛋建筑公司利润总额增加0.36万元（3×12%），净利润增加0.27万元[0.36×（1−25%）]。

▰ （二）采购比价临界点推导与模型应用

前述采购比价的内容，适用一般计税方法计税的项目主要比较不含税价；适用简易计税方法计税的项目比较含税总价。如果适用一般计税方法计税的工程项目前来投标的供应商不含税报价金额不一致，如何比较？是否存在报价临界点？

1. 不含税价不一致时的比价

【案例2-10】 假设铁蛋建筑公司当期的销售额为150万元，销项税额为

13.5 万元，附加税费率为 12%（城市维护建设税 7%、教育附加费 3%、地方教育附加 2%），一般纳税人供应商不含税报价为 100 万元，增值税 13 万元；小规模供应商的含税报价为多少时与铁蛋建筑公司选择一般纳税人供应商的效果一致？假定不考虑其他税收优惠。

分析：按照上述数据，使用净利润算法比较。一般纳税人供应商报价下，应交税费及净利润分析如下：

应交纳的增值税＝135 000－130 000＝5 000（元）

应交附加税费＝5 000×12%＝600（元）

应交企业所得税＝［（1 500 000－1 000 000－600）］×25%＝124 850（元）

净利润＝1 635 000－1 130 000－5 000－600－124 850＝374 550（元）

假设小规模供应商含税报价金额为 x，且开具征收率为 3% 的增值税专用发票，铁蛋建筑公司无论选择一般纳税人还是小规模纳税人供应商，其账面的资金余额（净利润）一致，小规模供应商含税报价的临界点推导如下：

（1 635 000－x）－｛135 000－［x÷（1＋3%）］×3%｝－｛135 000－［x÷（1＋3%）］×3%｝×12%－｛1 500 000－［x÷（1＋3%）］－［135 000－［x÷（1＋3%）×3%］×12%｝×25%＝374 550（元）

x＝1 017 600（元）

含税报价临界点＝1 017 600÷1 130 000＝90.05%

通过上述推导可知，假设一般纳税人供应商和小规模纳税人供应商都提供相应的增值税专用发票，铁蛋建筑公司通过现金余额（净利润）比较，小规模纳税人供应商含税报价的临界点为一般纳税人供应商的 90.05%。即当小规模纳税人的含税报价为一般纳税人供应商含税报价的 90.05% 时，选择二者中任何一方对铁蛋建筑公司的利润影响都一样；如果高于 90.05%，则选择一般纳税人供应商；低于 90.05% 时选择小规模供应商。

2. 采购比价模型的应用

根据以上思路，我们还能推导其他情况报价临界点。例如，小规模纳税人只能提供增值税普通发票、临界点应低于能开具增值税专用发票的小规模纳税人的报价。其他服务内容的供应商，增值税税率为 9%、6%，征收率为 5%、3% 的采购比价同样可以采用以上推导计算出报价临界点。

根据前述建筑业采购比价管理，不考虑付款周期等现金周期因素的影响，当所有投标的供应商的不含税报价一致时，选择纳税人身份为一般纳税人的供应商对建筑企业更有利。当供应商的不含税报价不一致时，存在理论临界点，见表2-2、表2-3、表2-4。

表 2-2　物资设备采购比价临界点

发票税率 （供应商增值税纳税人身份）	综合成本比价临界点
取得一般纳税人开具的专票（13%）	100%
取得小规模或一般纳税人选择简易计税开具的专票（3%）	90.05%
取得小规模或一般纳税人选择简易计税开具的普票（3%）	87.11%

表 2-3　建筑服务采购比价临界点

发票税率（征收率） （分包商增值税纳税人身份）	综合成本比价临界点
取得一般纳税人开具的专票（9%）	100%
取得小规模纳税人或一般纳税人选择简易计税开具的专票（3%）	93.81%
取得小规模纳税人或一般纳税人选择简易计税开具的普票（3%）	90.75%

表 2-4　其他服务采购比价临界点

发票税率（征收率） （服务商增值税纳税人身份）	综合成本比价临界点
取得一般纳税人开具的专票（6%）	100%
取得小规模纳税人或一般纳税人选择简易计税开具的专票（3%）	96.82%
取得小规模纳税人或一般纳税人选择简易计税开具的普票（3%）	93.66%

（三）选择供应商时比价以外的其他因素

暂且不论以前述投标报价的临界点计算结果是否百分之百精准，在实践中报价临界点仅仅是理论数据，在实践中建筑企业采购比价，归根结底是用会计利润思维和现金流思维相结合考虑，同时还需要比较建筑企业在整个上下游产业链中的江湖地位，也就是可选择的供应商数量空间、性价比空间是否够大。

另外，增值税是价外税，税种本身不影响企业的营业利润，但是如果涉及进项税额抵扣是否充分等因素，选择增值税小规模纳税人供应商还是一般纳税人供应商就会对建筑企业的资金成本产生影响，进而影响建筑企业的净利润。实务中，采购价格与付款条件之间的关系，往往表现为价格越低，付款周期就会相对缩短；价格越高，付款周期可能有所延长。因此赊欠周期也是建筑企业选择供应商时的重要考虑因素。除此之外，选择供应商时还应综合比较企业性质、信誉度、材料质量等因素。

第四节　计税方式的选择

增值税的计税方法，包括一般计税方法和简易计税方法。一般纳税人与小规模纳税人的计税方法有所不同。一般纳税人发生应税行为适用一般计税方法计税，一般纳税人发生财政部和国家税务总局规定的特定应税行为，可以选择适用简易计税方法计税，但一经选择 36 个月内不得变更；小规模纳税人发生应税行为适用简易计税。建筑服务选择适用一般计税的税率为 9%，简易计税征收率为 3%。

一、建筑服务的两类计税方式

建筑服务的增值税计税方法有两种，即一般计税与简易计税。一般纳税人发生的应税行为适用一般计税方法计税，发生财政部和国家税务总局规定的特定应税行为时可以选择适用或适用简易计税方法计税；小规模纳税人只能适用简易计税方法计税。

（一）一般计税与简易计税方式计税原则

1. 一般计税方法

应纳税额计算公式：

$$应纳税额＝当期销项税额－当期进项税额$$

当期销项税额小于当期进项税额不足抵扣时，其不足部分可以结转下期继续抵扣或者予以退还。

$$销项税额＝销售额×税率$$

销售额不包括销项税额，纳税人采用销售额和销项税额合并定价方法的，按照下列公式计算销售额：

$$销售额＝含税销售额÷（1＋税率）$$

2. 简易计税方法

应纳税额计算公式：

$$应纳税额 ＝ 销售额 × 征收率$$

适用简易计税方法计税的，应交增值税 ＝（全部价款和价外费用－支付的分包款）÷（1+3%）×3%

（二）建筑服务选择适用简易计税的条件

《财政部 国家税务总局关于全面推开营业税改征增值税试点的通知》（财税〔2016〕36 号）附件 2（以下简称"财税 2016 年 36 号文"）和《财政部 税务总局关于建筑服务等营改增试点政策的通知》（财税〔2017〕58 号）的有关规定（以下简称"财税 2017 年 58 号文"），建筑企业提供建筑服务符合以下三种情况的可以选择适用或适用简易计税。

1. 清包工工程

一般纳税人以清包工方式提供的建筑服务，可以选择适用简易计税方法计税。以清包工方式提供建筑服务，是指施工方不采购建筑工程所需的材料或只采购辅助材料，并收取人工费、管理费或者其他费用的建筑服务。

在实务中，对于清包工工程的理解存在一些争议，例如土方分包。部分观点认为土方工程需要使用机械设备、运输车辆等，而这些设备都需要燃料动力支持，且设备租赁和燃料成本比重较大，因此此类工程应当属于包工包料。笔者认为，清包工只是一种工程承包形态，清包工不等同于劳务分包，建筑总承包、专业承包同样有可能承揽清包工工程。例如，某房屋建筑施工总承包工程，所有材料和设备均由发包方提供，则该总承包工程虽然使用了部分机械设备，依然属于清包工工程。工程作业中使用的机械设备只是一种生产工具，无论是人工作业还是机械作业只是作业方式不同，并不影响工程形态的定义。如果土方分包必须由人工徒手挖掘才属于清包工工程，是对清包工的误解。

2. 甲供工程

（1）普通甲供。一般纳税人为甲供工程提供的建筑服务，可以选择适用简易计税方法计税。甲供工程，是指全部或部分设备、材料、动力由工程发包方自行采购的建筑工程。发包方仅提供电力和水资源也属于甲供工程，承包方可按照甲供工程选择适用简易计税。读者可参照江西、北京等地税务机关口径。

　　笔者提醒，业主甲供电力或者甲供电力和水资源属于甲供动力；若业主仅甲供水资源，未必属于甲供动力。

　　（2）特殊甲供。

　　相对于上述常规未明确甲供内容的普通甲供而言，还有一类甲供比较特殊，即"财税2017年58号文"规定的"建筑工程总承包单位为房屋建筑的地基与基础、主体结构提供工程服务，建设单位自行采购全部或部分钢材、混凝土、砌体材料、预制构件的，适用简易计税方法计税。"笔者之所以将其称之为"特殊甲供"，是因为必须满足四个特殊条件才适用简易计税：一是特殊承包单位，必须是建筑工程总承包单位，专业承包单位和劳务分包范围不适用上述规定；二是特定工程项目，必须是房屋建筑项目，如果是园林绿化、道路施工、桥梁隧道施工等其他工程不适用上述规定；三是特定工程阶段，必须是地基与基础、主体结构阶段；四是特定甲供材，必须是钢材、商品混凝土、砌体材料、预制构件四种材料中的任何一种或者全部，甲供数量没有明确限制。建筑企业在 2017 年 7 月 1 日以后签订相关承包合同，应当注意是否符合"特殊甲供"的规定，如果符合则不能选择一般计税方法，必须适用简易计税。

除了必须适用简易计税方法计税的"特殊甲供"对甲供内容有限制以外，"普通甲供"并没有限制相关比例和具体类别，只要符合文件规定的甲供材料、设备、动力的条件即可选择适用简易计税方法计税。在实务中，有部分建筑企业向笔者咨询建设工程甲供明细约定甲供的内容为"塔吊租赁、升降梯租赁、标示牌"是否属于"甲供材、甲供设备"，并据此选择适用简易计税。

笔者认为，塔吊等设备租赁属于"甲供服务"，不属于甲供设备；甲供标示牌也不属于甲供材，因为严格来说标示牌既不属于工程所需主材，也不属于辅材，应当属于安全文明措施费用。相关文件中的"甲供材、甲供设备"应当是指工程项目中所需的消耗性物资或最终留在建筑物、构筑物中的设备。例如，甲供钢筋、甲供混凝土、甲供电梯、甲供中央空调等。

3. "营改增"老项目

根据"财税〔2016〕36 号文"附件 2《营业税改征增值税试点有关事项的规定》第一条第七款规定，判断下辖工程是否属于老项目。

"一般纳税人为建筑工程老项目提供的建筑服务，可以选择适用简易计税方法计税。

（1）建筑工程施工许可证注明的合同开工日期为 2016 年 4 月 30 日前的建筑工程项目。

（2）未取得建筑工程施工许可证①，但建筑工程承包合同注明的开工日期在 2016 年 4 月 30 日前的建筑工程项目。

（3）取得了《建筑工程施工许可证》，但未注明合同开工日期，同时建筑工程承包合同注明的开工日期在 2016 年 4 月 30 日前的建筑工程项目。"

---

① 根据《建筑工程施工许可管理办法》有关规定，工程投资额在 30 万元以下或者建筑面积在 300 平方米以下的建筑工程，可以不申请办理施工许可证；省、自治区、直辖市人民政府住房和城乡建设主管部门可以根据当地的实际情况，对限额进行调整，并报国务院住房和城乡建设主管部门备案。

在实务中，关于老项目的认定还需要财税人员更加周密的思考。笔者在提供培训和咨询服务时有建筑企业的财务人员提出了此类问题。

问：全面"营改增"前已经施工的房地产开发项目，负责施工的建筑企业在全面"营改增"前夕突然破产，无法继续完成施工。房地产开发公司只能重新发包给其他建筑企业进行施工。请问后续承接该项目的建筑企业对于该项目的认定属于老项目还是新项目？

上述问题，笔者认为按照文件规定即可判断是否属于老项目。首先，如果该项目已经取得施工许可证，只需要看许可证上的开工时间是否为全面"营改增"之前，若标明的开工时间属于全面"营改增"之前，则不论新承包企业实际接手时间是何时，继续施工时间是何时，该项目依然属于老项目。其次，如果没有取得施工许可证，或者取得了施工许可证但没有注明开工时间，接手的新承包企业与该房地产开发企业签订工程承包合同时依然可以将开工时间约定为原承包方的开工时间，然后按照老项目选择简易计税方法计税。

前述问题，老项目的认定是否存在争议并不是关键，因为稍加分析就能判断。关键问题是同一个工程前后分属两个承包企业施工，且原总包企业已经破产，工程结算和建筑服务发票的开具可能存在一定问题。例如，如果该项目原总包在开工前预收了部分备料款，但尚未向发包方开具发票，且在破产前已经完成了部分产值、支付了部分合同费用并取得了相应发票，此后破产了，无法再开具相应发票。作为发包方可能会要求新总包企业向其开具整个工程产值对应的建筑服务发票，而作为新总包能否按照发包方的要求操作呢？笔者认为，该项目应该分段结算，新总包企业只能就自己接手后进行施工的产值向发包方开具建筑服务发票，此前原总包施工的内容不应由新总包开具发票，且此前已经支付的成本费用，新总包也无法取得对应的企业所得税税前扣除凭证。至于发包方已经向原总包企业支付的款项如何在企业所得税税前扣除，只能参照其他财税文件进行处理。

二、甲供因素对计税方式的软硬影响

前述建筑服务选择适用简易计税条件的有关内容中已经讲解了"普通甲供"和"特殊甲供"的主要区别。建筑企业一般纳税人提供建筑服务，符合"财税 2016 年 36 号文"规定的"普通甲供"内容，可以选择适用简易计税方法计税，也可以选择适用一般计税方法计税。甲供项目一经选择简易计税在36个月内不得变更，但是未限制选择一般计税后不得变更为简易计税。笔者提醒，一般纳税人在符合条件的前提下变更为简易计税的，应当注意变更后发生成本支出取得的进项税额不得抵扣，而且要做好在变更前后过渡期取得的增值税专用发票"切割"工作。属于变更为简易计税后的费用支出不允许抵扣，应当作进项税额转出。同时，还需要注意对变更前后业主确认的工程计价金额作"切割"，属于变更前完成的工程产值应当按照一般计税方法下的税率（9％）开具增值税发票，属于变更后完成的工程产值应当按照简易计税方法下的征收率（3％）开具增值税发票。

建筑企业一般纳税人提供建筑服务，符合"财税2017年58号文""特殊甲供"规定的，只能适用简易计税方法计税，纳税人不能随意选择。

【案例2-11】 2021年10月，上海铁蛋建筑公司承揽了某房屋建筑施工总承包工程，与业主签订的建设工程合同的合同金额及甲供内容约定如下：

本合同的含税总价为：（大写）壹亿零玖佰万元整（¥109 000 000元）。

其中：价款为（大写）壹亿元整（¥100 000 000元）；适用税率：9％，税金为（大写）玖佰万元整（¥9 000 000元）。

本合同价格形式为总价合同，除根据合同约定的在工程实施过程中需进行增减的款项外，合同价格不予调整，但合同当事人另有约定的除外。

本合同的甲供内容约定见表2-5。

表2-5 发包人供应材料设备一览表

序号	材料、设备品种	规格型号	单位	数量	单价	供应时间	送达时间	备注
1	预制墙	—	—	—	—	—	—	取费时，以0计入
2	预制梁	—	—	—	—	—	—	
3	防水卷材	—	—	—	—	—	—	

上述案例中甲供内容对计税方式影响较大，该工程属于2017年7月1日以后签订的房屋建筑项目施工总承包工程，甲供的内容属于预制构件，且该甲供材主要用于主体结构阶段，完全符合"财税2017年58号文"中有关"特殊甲供"适用简易计税方法计税的规定。因此，上述案例的工程项目应该适用简易计税方法计税，不能选择一般计税方法计税。建筑企业的财务管理

部门应当对签订的建设工程承包合同中甲供条款进行严格的审核，避免适用计税方式错误而产生重大涉税影响。

三、计税方式的临界点推导与运用

（一）材料费用占比对选择计税方式的影响

建筑企业承揽的各类项目中人工费、材料费、机械使用费等各类成本占合同收入的比例不尽相同，受工程类别、工程所处地域等因素影响较大。无论工程项目属于哪一类（清包工工程除外），材料费（物资、设备）占比都是所有成本中最大的，大致为50%至60%，且材料费比重大小对选择计税方式具有一定影响。

【案例 2-12】 上海铁蛋建筑公司承建了某工程项目，该工程不含税造价为 10 000 万元，合同造价中材料部分为 6 000 万元（其中甲供材 3 000 万元），安装部分 4 000 万元，即该合同的甲供比例为 30%，甲供材占合同全部材料的比例为 50%。假定，上述合同材料都能取得 13% 的增值税专用发票。据此推导该企业应该对该工程选择何种计税方式。

1. 临界点推导

假设合同含税总金额为 A，推导如下。

（1）一般计税方法下应缴纳的增值税 $= A \div (1 + 9\%) \times 9\% -$ 进项税额

$$= A \times 8.26\% - 进项税额$$

（2）简易计税方法下应缴纳的增值税 $= A \div (1 + 3\%) \times 3\%$

$$= A \times 2.91\%$$

（3）假设两种计税方法下缴纳的增值税一致，据此计算推导临界点：

$A \times 2.91\% = A \times 8.26\% -$ 进项税额

进项税额 $\div A = 5.35\%$

（4）材料的进项税额（前述假设都能取得 13% 的增值税专用发票）

应交增值税 $=$ 材料费含税价格 $\div (1 + 13\%) \times 13\% = 5.35\% \times A$

材料费含税价格 $\div A = 46.52\%$

2. 结论

当该项目的材料价格价税合计数占含税造价的比例大于 46.52% 时，选择一般计税方法对该建筑企业有利，反之选择简易计税方法对其有利；当材料价格价税合计数占含税造价的比例等于46.52%时，无论选择一般计税方法还是简易计税方法，对其无差别。

（二）进项税额占比对选择计税方式的影响

上述案例完全未考虑甲方因素，只单纯地从建筑企业自身符合简易计税条件，而推导计税方式的选择临界点。如果建筑企业的甲方属于小规模纳税人或者属于一般纳税人但是该项目属于不可抵扣进项税额的情况，那么建筑企业选择计税方式又得重新分析。

这类项目，暂时忽略其他因素，由于业主该项目适用简易计税，其只需要比较投标企业的含税报价即可。建筑企业在报价的过程中选择计税方式就尤为重要了。

选择简易计税方式报价计算公式为：

$$含税价格 = 税前工程造价 \times (1 + 3\%)$$

选择一般计税方式报计算公式为：

$$含税价格 = 税前工程造价 \times (1 + 9\%)$$

狭隘的比较，建筑企业比较的是无论选择哪一种计税方式报价，取得的含税收入扣除缴纳的增值税后，剩余资金一致，即最终的利润水平一致。

假设该工程的含税总价为R，不含税成本为C，无论选择哪种计税方式，其供应商结构不变，可以抵扣的进项税额为J。建筑企业选择一般计税方式报价计算公式为：

$$毛利 = R \div (1 + 9\%) - C$$

建筑企业选择简易计税方式报价计算公式为：

$$毛利 = R \div (1 + 3\%) - (C + J)$$

当两种计税方式毛利水平基本一致时，可以得出以下等式：

$$R \div (1 + 9\%) - C = R \div (1 + 3\%) - (C + J)$$

简化公式后，$J \div R = 5.35\%$

上述临界点代表的是：假设含税总价不变，建筑企业需要对供应商结构进行预测，即对该项目能取得的进项税额做测算。当可以取得的进项税额超过含税总价的5.35%时，选择一般计税方法报价比简易计税方法报价更有利；当可以取得的进项税额小于含税总价的5.35%时，选择简易计税方法报价对建筑企业更有利。

(三) 计税方式临界点在实务中的运用

1. 市场地位影响计税方式的选择

前述推导的临界点在实务中还需要结合实际情况再运用。建筑企业提供建筑服务可以选择适用简易计税方法的只有清包工、甲供工程、"营改增"老项目三个条件，除了"特殊甲供"必须适用简易计税以外，其他均为"可以选择"，最终能否选择适用简易计税方式很大程度上取决于甲方的财税管理需求。如果甲方为增值税一般纳税人且该项目的建安成本支出取得的进项税额能够抵扣，在不含税报价一致的前提下，甲方会选择按照一般计税方式报价的建筑企业；如果甲方不属于增值税一般纳税人或者虽为一般纳税人但该项目取得的进项税额不可抵扣，无论建筑企业采用哪种计税方式报价，甲方会选择含税价最低的投标方。市场地位在一定程度上，影响了计税方式的选择。

2. 投标前已明确计税方式，建筑企业基本没有选择权

一般情况下，某个工程项目在招标时即明确计税方式，先明确了计税方式才明确总造价。

增值税税制下的工程造价计算步骤：

第一步，确定计税方法。按照"财税 2016 年 36 号文""财税 2017 年 58 号文"的有关规定，结合工程项目的类别和招标文件的有关规定，准确选择适用的计税方法。

第二步，组价和取费。招标工程量清单，执行适用的预算定额和调整后的取费费率表标准，进行分部、分项工程综合单价、措施项目等的准确组价，并计算汇总得到人工费、材料费、机具费等单位工程汇总表。

第三步，询价和调价。根据工程信息价格载入，换价处理后根据缺少的材料、机械信息价格，进行市场询价，以市场询价不含税价格为基数，进行第二次换价处理。

第四步，计税与计价汇总。税金按照 9% 或 3% 计算，完成工程总造价的计算。

增值税计税方式不一样，建设工程承包合同的含税总价甚至不含税总价均不一样。不同计税方式的含税工程总造价计算基数差异见表 2-6。

表 2-6 不同计税方法下的工程造价计算表

计税方法	税率（征收率）	含税工程造价	计算基数
一般计税	9%	税前工程造价×(1+9%)	人工费、材料费、机械使用费、企业管理费、利润和规费之和。各项费用均以不含增值税（即不含税价）
简易计税	3%	税前工程造价×(1+3%)	人工费、材料费、机械使用费、企业管理费、利润和规费之和。各项费用均以含增值税的价格计算

在实务中，建筑业企业部分符合简易计税方法计税的项目，既可以选择适用简易计税方法计税，也可以选择适用一般计税方法计税。根据相关规定，符合条件的建筑工程项目一经选择适用简易计税方法计税的，36 个月内不得转变计税方式，通常情况下简易计税项目也不会在中途转成一般计税方法计税，但不排除部分符合条件的工程项目从一般计税转成简易计税方法计税。

一般计税转简易计税，涉及两个重要问题：第一是总成本总造价的调整；第二是进项税额抵扣"分割线"的控制。

【案例 2-13】 北京铁蛋建筑公司承揽了某地污水处理池项目，该项目属于清包工工程，但应甲方要求选择一般计税方法。该项目含税总造价为 1 090 万元（税率 9%），预计含税总成本为 940 万元（假设其中进项税额为 40 万元）。现在业主从自身增值税抵扣需求出发，要求铁蛋建筑公司该项目的计税方式改为简易计税方法，征收率为 3%，工程价款调减为 1 030 万元。假设含税成本仍然是 940 万元，对于铁蛋建筑公司该调整是否合适？

分析：上述案例关于工程总造价调整是否合适，要注意比较两种计税方法的含税工程造价的计算基数差异，即"税前工程总造价"的计算差异。通过表 2-6 不同计税方法下的工程造价计算表的比较分析可知，案例中的工程总造价调整对建筑企业不利。

3. 建筑企业选择的计税方式影响其对供应商的选择

成本组成复杂，进项税票取得的情况亦复杂，不可能都取得 13% 税率的发票。管理费用、间接费用，很多无法抵扣，甚至无法取得抵扣凭证。建筑企业的某个工程项目选择的计税方式会影响该项目对供应商的选择，例如工程项目选择简易计税方法，不考虑其他因素影响，其选择供应商的标准为供应商含税报价最低者。这与选择一般计税方法的工程项目选择供应商可能存在差异。且很多供应商是在工程项目施工过程中寻找到合适的，与提前预计的结果可能存在偏差。例如，一些偏远的山区隧道施工、道路施工项目需要的部分材料。

第五节　合同签订环节的涉税事项

建筑业涉及的合同种类较多，包含建筑工程总承包合同；专业分包合同；劳务分包合同；安装合同；物资采购合同；租赁合同；工程质量检测合同；电、水、气、热力等能源供应合同等。合同不能控税，但影响涉税事项，进而影响企业的经营事项。因此，在合同签订环节应该特别注意涉税条款的约定。本节内容，笔者仅以建筑业总承包企业的角度对涉及较多的经济合同，在订立环节应该注意哪些涉税事项展开阐述。

一、订立合同时涉税审核与风险防控

订立合同时要注意，合同条款涉税事项。

（一）合同条款涉税事项审核

在签订合同时，建筑企业具备主导性的应当使用本企业定式合同模板，并在合同模板中加入财税风险控制条款。如果不具备主导性，无法使用本企业合同模板的，应该按照相关风险控制条款逐一审核相关条款。例如，纳税人身份对开具发票的影响，涉及相关资质等级、营业执照中的营业范围对合同业务的影响，审核对方的信用与履约能力等。

1. 合同相对人资格审查

在签订合同时应该审查对方是否属于非正常户，通过企查查、爱企查、天眼查等渠道即可查询；确定对方的增值税纳税人身份属于一般纳税人还是小规模纳税人；确定合同相对人是否为独立法人，如属于分支机构应该由其总机构出具授权协议、授权执行相关业务的确认函等；如果合同相对方是专业分包、劳务分包等企业，应该注意对方是否具备相应资质、资格、许可证照。

2. 合同价款条款的涉税事项审核

签订合同时，合同价款是否进行价税分离，分别标明不含税金额和增值

税额，并且对于增值税税率的变化是否作预防性约定；合同价款未提及价外费用，但实务中可能会发生价外费用的，是否对价外费用及价外费用应开具发票作为补充约定；如果签订的是"裸价合同"除了增值税以外是否明确其他税金的承担事项；如果一份合同存在多个单项履约义务且涉及多个增值税税率的（不属于混合销售情形的），是否分别列明各单项履约义务对应的合同金额及增值税税率；涉及境内建筑企业在境外提供建筑服务的，合同是否明确约定价款对应的币种，涉及外汇的是否约定汇率。

3. 发票与付款条款的涉税事项审核

建筑企业在签订合同时，涉及开具发票条款的是否明确应该开具的发票类型；是否明确先开具发票再付款，或先付款再开具发票，明确发票开具时限、送达时限、交付程序；是否约定发票不合规、不标准的责任认定及作废、红冲发票事项；如对方开具的发票内容为建筑服务、运输服务、不动产销售等业务，是否约定发票应按照税收文件的规定在发票备注栏上进行备注相关内容；是否明确约定发票开具应与实际业务一致等事项，当实际发生的业务与合同约定不一致时，按照实际发生业务开具发票；应当约定在履约过程中，对方不得随意注销公司，涉及合同向对方在履约过程中注销、吊销无法开具发票的，应该明确约定扣下相应税费后再支付剩余款项。

合同约定付款条件时，应当约定付款方式包含哪些形式（银行转账、商业承兑汇票、银行承兑汇票、供应链融资、银行保理等），避免使用现金交易；涉及预付条款的，应当约定预付款时间、预付比例、预付款的扣回时间以及预付款是否需要开具发票；涉及专业分包、劳务分包等分供商需要在项目地预交增值税的，在提供发票时可附加要求其提供预交增值税完税凭证。

（二）合同不能控税，但影响涉税事项

笔者认为，决定纳税事项的是业务，这不是合同能够控制的。该项业务原本应该缴纳的税费不太可能通过签订某一类合同或约定了某一合同条款就能真正节约税费。涉及合同的纳税筹划应该深入业务实质为前提，在合同主体双方博弈的基础上，争取企业利益最大化，避免因对财税政策和其他政策理解不到位，未享受到本该享受的税收优惠而多交了冤枉钱。

1. 合同预收款与收款条款影响增值税纳税义务发生时间的判定

建设施工合同的预收款与收款条款影响建筑服务增值税纳税义务发生时

间的判定。例如，建筑业企业与业主签订某一份工程总承包合同，该工程存在预付款事项，合同对于预付款的付款时间约定不明。开工一个月后业主支付了部分预付款。这种情况，建筑企业在业务上可以认定该笔款项属于预收款，但在税务管理上恐怕就有争议了。主要在于付款时间不符合预收款的要求，即业主应当在合同签订一个月以内或开工前 7 天支付，只要属于预收款且业主不要求提前开具带税率的建筑服务发票，建筑业企业可以按规定预征率预缴增值税，暂不需要按照规定和适用的增值税税率缴纳销项税额；如果不属于税务管理中认定的预收款，则属于工程进度款，不论业主是否要求提前开具发票，建筑企业收到了进度款即产生增值税纳税义务，需要按照规定和适用的增值税税率缴纳销项税额。如果财务部门在审核相关合同时，了解建筑法规和财税政策中对于预付款的相关要求，就可以要求合同履约管理部门修改关于预付款时间的条款，明确约定付款时间，并在到达约定时间前提醒业主按规定时间支付款项，确保享受到相关财税政策。虽然预收款对最终缴纳的增值税金额没有影响，但是否能认定成预收款对建筑业企业的资金成本（资金占用）存在一定影响。关于预收款的财税政策在第三章中将详细阐述，这里暂不展开。

2. 合同价款是否就不同履约义务分别列明金额涉及的增值税问题

建筑业常见的门窗销售安装、钢结构销售安装以及其他设备销售并安装等业务的涉税问题，国家税务总局等相关部门已经发布相关文件进行明确。本质上，都是业务决定纳税事项，并不是如何签订合同决定了如何纳税。合同如何签订取决于双方协商的结果和业主的具体需求。例如，门窗销售并安装业务、空调设备销售并安装。如果是建筑业总承包企业承揽了某一项住宅精装修施工合同，其中包含了地基基础、主体结构、装饰装修等内容，那么建筑业总包企业按照混合销售向业主开具增值税税率为 9%（征收率为 3%）的建筑服务发票，并不需要将门窗与空调设备销售单独拆分出来开具增值税税率为 13%（征收率为 3%）的货物销售发票。除非业主有相关需求，例如，要求该工程中门窗和空调销售部分必须开具 13% 的货物销售发票，那么建筑企业在与业主签订合同时就需要注意，将工程总承包合同关于门窗和空调的销售及安装部分拆分出来，另行签订相关合同。

如果是某一家空调设备生产商承揽了某个工程项目的空调设备销售及安

装业务，根据相关规定，空调生产商如果为增值税一般纳税人，应当在签订合同时明确空调销售金额和安装金额。空调销售金额和安装金额分别进行核算的，可以适用不同的增值税税率，空调销售部分适用13%税率开具空调销售发票，安装部分可以选择适用简易计税方法计税开具3%的建筑服务发票；签订合同时未明确空调销售金额和安装金额，未分别核算的，则按照混合销售全部开具13%空调销售发票，安装部分款项未单独列示直接折算到销售款中进行核算及纳税。

上述涉税事项，归根结底并不是合同控制纳税，而是业务决定的。所有事项涉及的业务都可以在合同签订前进行商定和筹划，而不是到签订合同具体条款时才商定涉税事项。因此，笔者认为合同不能控税，合同只是业务表现的形式，但合同影响涉税事项。

关于建筑业涉及的兼营与混合销售问题在本书第五章将详细阐述。

二、合同涉及的印花税问题

印花税是对经济活动和经济交往中书立、领受具有法律效力的凭证的行为所征收的一种税。因采用在应税凭证上粘贴印花税票作为完税的标志而得名。印花税的纳税人包括在中国境内书立、领受规定的经济凭证的企业、行政单位、事业单位、军事单位、社会团体、其他单位、个体工商户和其他个人。

笔者仅就建筑业涉及的合同印花税问题进行简要分析，其他印花税问题暂不展开论述。

（一）建筑业需要缴纳印花税的经济合同及其他凭证

现行印花税只对《中华人民共和国印花税法》（以下简称《印花税法》）中列举的凭证征收印花税，没有列举的凭证不征收印花税。列举的凭证主要分为四类：经济合同、产权转移书据、营业账簿、证券交易。

现行印花税税率分为比例税率和定额税率。比例税率一共四档，分别为1‰（千分之一）、0.5‰（万分之五）、0.3‰（万分之三）、0.05‰（万分之零点五），主要以凭证载明的金额为计征基数；定额税率主要适用于权利、许可证照、营业账簿中的其他账簿，因为这类凭证没有金额记载，采取按件规定固定税额，单位税额均为每件5元。具体税目、税率见表2-7。

表 2-7　印花税税目税率表

税目		税率	备　注
合同（指书面合同）	借款合同	借款金额的万分之零点五	指银行业金融机构、经国务院银行业监督管理机构批准设立的其他金融机构与借款人（不包括同业拆借）的借款合同
	融资租赁合同	租金的万分之零点五	—
	买卖合同	价款的万分之三	指动产买卖合同（不包括个人书立的动产买卖合同）
	承揽合同	报酬的万分之三	
	建设工程合同	价款的万分之三	
	运输合同	运输费用的万分之三	指货运合同和多式联运合同（不包括管道运输合同）
	技术合同	价款、报酬或者使用费的万分之三	不包括专利权、专有技术使用权转让书据
	租赁合同	租金的千分之一	—
	保管合同	保管费的千分之一	—
	仓储合同	仓储费的千分之一	—
	财产保险合同	保险费的千分之一	不包括再保险合同
产权转移书据	土地使用权出让书据	价款的万分之五	转让包括买卖（出售）、继承、赠与、互换、分割
	土地使用权、房屋等建筑物和构筑物所有权转让（不包括土地承包经营权和土地经营权转移）	价款的万分之五	
	股权转让书据（不包括应缴纳证券交易印花税的）	价款的万分之五	
	商标专用权、著作权、专利权、专有技术使用权转让书据	价款的万分之三	
营业账簿		实收资本（股本）、资本公积合计金额的万分之二点五	—
证券交易		成交金额的千分之一	—

（二）建筑业无须缴纳印花税的经济合同及其他凭证

建筑企业涉及的经济合同大部分都需要缴纳印花税，当然也有部分合同和相关凭证不属于《印花税法》中所列举的印花税目，不需要缴纳印花税。具体见表 2-8。

表 2-8　部分无须缴纳印花税的经济合同凭证

序号	合同类别	文 件 依 据
1	与国家电网单位签订的电力供应合同	根据《财政部 国家税务总局关于印花税若干政策的通知》（财税 2006 年 162 号）的有关规定，对发电厂与电网之间、电网与电网之间（国家电网公司系统、南方电网公司系统内部各级电网互供电量除外）签订的购售电合同按购销合同征收印花税。电网与用户之间签订的供用电合同不属于印花税列举征税的凭证，不征收印花税
2	工程监理合同	部分地区税务机关发函明确工程监理合同不需要征收印花税，例如深圳市 《深圳市地方税务局关于工程监理合同是否征收印花税问题的批复》（深地税发〔2 000〕91 号）： 你分局《关于工程监理合同是否征收印花税问题的请示》（深地税宝发〔1999〕378 号）收悉。经请示总局地方税司，"工程监理合同"不属于"技术合同"，也不属于印花税税法中列举的征税范围。因此，工程监理单位承接监理业务而与建筑商签订的合同不征印花税
3	财税咨询合同	根据《国家税务总局关于对技术合同征收印花税问题的通知》（国税地字〔1989〕34 号）的有关规定，技术咨询合同是当事人就有关项目的分析、论证、评价、预测和调查订立的技术合同。有关项目包括：①有关科学技术与经济、社会协调发展的软科学研究项目；②促进科技进步和管理现代化，提高经济效益和社会效益的技术项目；③其他专业项目。对属于这些内容的合同，均应按照"技术合同"税目的规定计税贴花。至于一般的法律、法规、会计、审计等方面的咨询不属于技术咨询，其所立合同不贴印花
4	其他不需要缴纳印花税的合同凭证	与非金融机构签订的借款合同；委托代理合同；土地租赁合同；保安服务合同；物业管理服务合同；翻译服务合同；日常清洁绿化服务合同；质量认证合同等均不需要缴纳印花税

（三）最终结算金额与合同金额存在差异时如何缴纳印花税

在建筑企业施工过程中经常发生签订的合同金额小于实际供应金额或者合同金额大于实际供应金额的情形。

根据《印花税法》和《财政部 税务总局关于印花税若干事项政策执行口径的公告》（财政部 税务总局公告 2022 年第 22 号）的规定，应税合同、应税产权转移书据所列的金额与实际结算金额不一致，不变更应税凭证所列金额的，以所列金额为计税依据；变更应税凭证所列金额的，以变更后的所列金额为计税依据。已缴纳印花税的应税凭证，变更后所列金额增加的，纳税人应当就增加部分的金额补缴印花税；变更后所列金额减少的，纳税人可以就减少部分的金额向税务机关申请退还或者抵缴印花税。

（四）建筑企业合同印花税的计税基础

根据《印花税法》的有关规定，应税合同的计税依据，为合同所列的金额，不包括列明的增值税税款。因此，在签订合同时约定的合同金额应当分别载明价款和增值税款，如果笼统地约定一个含税总价未价税分离的，则应当按照含税总价计算缴纳印花税。

【案例 2-14】 2021 年 3 月，福建铁蛋建筑公司与闽中钢蛋地产公司签订了一份《南溪书苑住宅项目工程总承包合同》，总包合同对价款的约定分别载明了价款 10 000 万元，增值税 900 万元，则按照 10 000 万元缴纳印花；如果该合同直接约定合同金额为 10 900 万元，则不能人为进行价税分离，只能按照 10 900 万元为计税依据缴纳印花税，如果约定不清晰，例如"合同金额 10 900 万元（税率 9％）"则不能按照"分别载明"来定义，因为该合同金额是否含增值税存在歧义。

（五）勘察设计合同是否需要缴纳合同印花税

在《中华人民共和国印花税暂行条例》中勘察、设计合同作为应税税目单独列示并要求按照万分之五税率缴纳印花税，而在《印花税法税目税率》中工程勘察、设计合同虽然未单独列示，但在《中华人民共和国民法典》（以下简称《民法典》）第七百八十八条中明确规定工程勘察、设计合同属于建设工程合同，因此工程勘察、设计合同应当按照"建设工程合同"缴纳印花税。

（六）建设工程合同印花税在哪里缴纳

2022年7月1日之前，建筑企业涉及应税经济合同在公司所在地和项目所在地缴纳印花税均可，《中华人民共和国印花税暂行条例》并无明确规定。但是，按照合同印花税纳税义务发生时间判定，签订合同即产生纳税义务，应该在合同签订地点缴纳印花税。在实务中，笔者一直建议为了避免争议，建筑企业在签订合同时应当在公司注册地一次性缴纳印花税，而不是跟随流转税分次在项目地缴纳。当然还是以建筑企业公司所在地主管税务机关的意见为准。

2022年7月1日以后，建设工程合同印花税的缴纳地点已无争议。《印花税法》第十三条规定，纳税人为单位的，应当向其机构所在地的主管税务机关申报缴纳印花税；纳税人为个人的，应当向应税凭证书立地或者纳税人居住地的主管税务机关申报缴纳印花税。

三、合同的债权债务转让

债权转让，是指合同债权人将其债权全部或者部分转让给第三人的行为。债权转让分为全部转让和部分转让。

债务转让，是指合同债务人通过协商，将合同债务全部或者部分转让给第三人承担的行为。债务转让分为全部转让和部分转让。

（一）债权债务转让应注意的事项

1. 债权转让条件

《民法典》的有关规定，债权人可以将债权的全部或者部分转让给第三人，但是有下列情形之一的除外：

（1）根据债权性质不得转让；

（2）按照当事人约定不得转让；

（3）依照法律规定不得转让。

当事人约定非金钱债权不得转让的，不得对抗善意第三人。当事人约定金钱债权不得转让的，不得对抗第三人。

债权人转让债权，未通知债务人的，该转让对债务人不发生效力。债权转让的通知不得撤销，但是经受让人同意的除外。债权人转让债权的，受让人取得与债权有关的从权利，但是该从权利专属于债权人自身的除外。受让人取得从权利不应该从权利未办理转移登记手续或者未转移占有而受到影响。

结合《民法典》第四百七十条第一款的相关内容及笔者在实务当中的相关经验总结，债权债务转让合同的基本条款应当包括：

（1）债权转让方和受让方的名称、纳税人识别号等相关信息；

（2）标的债权的有关情况及转让方和受让方之间的法律关系及合同目的；

（3）标的债权的可转让性及债权数额、履行期限、担保措施；

（4）转让债权的对价及所产生的税费由谁来承担；

（5）债权凭证的交接时间、交接方式、交接明细；

（6）债权转让通知条款；

（7）转让方对债权转让有关事项的声明与保证，受让方对于受让债权的有关事项的声明与保证；

（8）双方发生争议后如何解决。

【案例2-15】 上海铁蛋建筑公司（以下简称"甲方"）与钢蛋混凝土公司（以下简称"乙方"）就尚欠的某一笔混凝土款项500万元，以北京二蛋地产公司（业主方，以下简称"丙方"）欠付铁蛋公司的工程款直接抵偿所欠钢蛋公司的混凝土款项。铁蛋公司和钢蛋公司在债权转让合同中作出如下约定：甲乙方协商一致，以本协议约定的甲方对丙方享有的债权，抵偿甲方应付乙方的债务。

上述债权转让合同应当注意两个问题。

第一，铁蛋公司用自己的债权抵消对钢蛋公司的债务，应当分别签订《债权转让协议》和《债务转让协议》，或者应当在与钢蛋公司签订债权转让协议之前通知二蛋地产公司，即债权转让通知。

第二，如果以债权抵偿的债务金额不对等，假设甲方的债权金额略高于应支付给乙方的债务金额，则双方需要对债权债务、权利义务消灭作补充约定。例如，作出这类约定：本协议生效以后，乙方有权向丙方主张债权，且不论乙方实现的债权金额为多少，均归乙方所有，甲方债务不可逆转地归于消灭。

【范本 2-3】 债权转让通知如下。

债权转让通知

北京二蛋地产公司：

我公司与贵公司签订了《××××施工合同》，截至 2021 年 12 月 31 日累计工程计价金额 10 900 万元（含税），累计已开发票 10 900 万元，贵公司累计支付 8 720 万元，尚有 2 180 万元进度款未支付。根据我公司与上海钢蛋混凝土公司在 2022 年 2 月 17 日签订的《债权转让协议》，贵单位所欠我公司 2 180 万元债务中 1 130 万元转给上海钢蛋混凝土公司，请贵单位将该款项直接支付给上海钢蛋混凝土公司。如贵单位对此债权转让有异议，请在 7 个工作日内书面告知我公司，如无异议或未在约定时间内告知具体意见，则视同贵公司同意本次债权转让。

特此通知。

上海铁蛋建筑公司

2022 年 2 月 18 日

关于债权转让通知，笔者认为一定要注意是否通知到位。如果是当面签订债权转让通知的收取单据，或者三方签订了《债权债务抵消协议》尚可；如果通过快递的形式向债务方发送债权转让通知，应当约定快递被债务方相关人员签收即视为完成通知义务。

2. 债务转让条件

根据《民法典》有关规定，债务人将债务的全部或者部分转移给第三人的，应当经债权人同意。债务人或者第三人可以催告债权人在合理期限内予以同意，债权人未作表示的，视为不同意。第三人与债务人约定加入债务并通知债权人，或者第三人向债权人表示愿意加入债务，债权人未在合理期限内明确拒绝的，债权人可以请求第三人在其愿意承担的债务范围内和债务人承担连带债务。

债务人转移债务的，新债务人可以主张原债务人对债权人的抗辩；原债务人对债权人享有债权的，新债务人不得向债权人主张抵销。债务人转移债务的，新债务人应当承担与主债务有关的从债务，但是该从债务专属于原债务人自身的除外。

当事人一方经对方同意，可以将自己在合同中的权利和义务一并转让给第三人。合同的权利和义务一并转让的，适用债权转让、债务转移的有关规定。

笔者认为，转让债权、转让债务，如果不涉及四方，只涉及三方，可以直接签订《三方债权债务抵偿协议》。例如前述案例中，尔丹地产公司（丙方）尚欠铁蛋公司（甲方）工程款，铁蛋公司尚钢蛋公司（乙方）混凝土款，铁蛋公司以对尔丹公司的债权抵偿对钢蛋公司的债务，三方可以签订《三方债权债务抵偿协议》。协议中把甲方与乙方之间的债务关系、甲方与丙方之间的债权关系列明，最后三方达成一致，甲方以债权抵债务，就抵偿部分的债权债务、权利义务归于消灭。

【范本 2-4】　债权债务抵消协议

债权债务抵消协议

甲方：×××铁蛋建筑公司

乙方：×××钢蛋商砼公司

丙方：×××尔丹地产公司

丙方为甲方所承接××项目的业主，乙方为甲方所承接××项目的材料供应商，现为妥善解决甲、乙双方的材料款问题，甲、乙、丙三方经协商，依法达成如下转让协议，以资信守：

一、甲、乙、丙三方一致确认：截至本协议签署之日，丙方欠付甲方工程款，共计人民币_____元（其中价款____元，增值税____元）。

二、甲、乙、丙三方一致确认：截至本协议签署之日，甲方欠付乙方材料款，共计人民币_____元（其中价款____元，增值税____元）。

三、甲、乙、丙三方一致同意，甲方将针对应付乙方的材料款共计：人民币____元（含税）全部转让给丙方履行，由丙方按照本协议直接付款给乙方；由丙方于__年__月__日前向乙方支付共计：人民币_____元。

四、乙方在申请丙方支付材料款前，向甲方开具合法有效的应税交易发票。

五、甲方根据当月完成的工程量或应付工程款金额，向丙方开具相应合法有效的"建筑服务"发票。

六、丙方收到甲方开具的合法有效"建筑服务"发票后，根据实际应付工程进度款，代甲方向乙方支付材料款，同时将支付凭证（银行流水复印件加盖公章）返还给甲方。

七、丙方承诺按合同和债务转让协议及时向乙方支付材料款，不得拖欠；甲方承诺不得就上述转让金额再向丙方索要工程进度款；乙方承诺不得再向甲方索要上述材料款。

八、甲、乙、丙三方均承诺该协议需加盖单位公章方可生效；甲、乙、丙三方均承诺该协议为共同友好协商形成，真实有效，是甲方和乙方、甲和丙方原业务合同的补充，且与原合同具有同等法律效力。

本协议一式三份，甲、乙、丙三方各执一份，自三方签字盖章后生效，至合同履行完成后自动失效。

甲方（盖章）　　　　　　　　　　　　乙方（盖章）

委托代理人（签字）：　　　　　　　　委托代理人（签字）：

日期：　　　　　　　　　　　　　　　日期：

丙方（盖章）

委托代理人（签字）：

日期：

（二）债权转让是否等于发票转开

1. 供应商注销了，剩余未付款项可否拒付

在实务中，经常出现材料设备供应商向建筑企业供应完相关物资后，只收取了部分款项、开具了部分发票，双方未履约完毕即把公司注销了。这一情况导致了建筑企业无法取得完整的企业所得税前扣除凭证以及增值税抵扣

凭证。如果作为销售方的材料设备商，在未开完发票、未通知购买方的情况下，注销了企业，导致无法开具剩余发票，作为购买方的建筑企业可否拒付剩余款项？

根据《民法典》第五百五十七条的规定，有下列情形之一的，债权债务终止。

（1）债务已经履行。

（2）债务相互抵销。

（3）债务人依法将标的物提存。

（4）债权人免除债务。

（5）债权债务同归于一人。

（6）法律规定或者当事人约定终止的其他情形。

（7）合同解除的，该合同的权利义务关系终止。

只有符合上述条件，债权债务才能终止。正常情况下，作为销售方的材料供应商在注销公司前应该告知购买方建筑企业，并将已经供完货尚未开发票的金额，全部开具完毕。销售方在注销前应该开具已经提供服务（货物）等价金额的发票，这样无论是列入成本费用，还是支付款项都合法合规。分供商注销后，建筑企业依然可以按合同约定的银行账户支付款项。

2. 供应商注销了，可否由其关联公司或其他公司开具发票

笔者提醒，供应商可以将尚未履行的供应义务转让给其他第三方，即由其他第三方向建筑企业供应相应物资并开具发票，但是不能将其已经供完部分尚未开具发票的义务转让给其他第三方。

销售方注销后如果以其他公司的名义向购买方开具相关发票，购买方凭此列入成本并支付款项，有可能涉嫌虚开增值税发票。部分地区税务机关答疑部门给出了不同意见。

【宁波税务口径】

留言时间：2019－11－08

问题内容：我们公司和一家建材商行签署了合同，支付了一部分款项后，这家注销。现在要支付剩余部分款项，这家商行因为注销无法开具发票，应该怎么处理？

答复机构：宁波市税务局

答复时间：2019-11-08

宁波市 12366 呼叫中心答复：企业已经注销了，还要支付款项吗？如果需要支付，收款人为何人，如果是个人，建议以收取款项的个人到税务部门代开发票予以解决。

笔者认为这个问题建筑企业还需谨慎对待，如果提供服务的为个体工商户或以个人独资企业，注销后由投资人个人去税务机关代开发票存在涉税风险。

3. 没有取得相应发票，支出可否在所得税前扣除

如果供应商注销，作为购买方要防止销售方"假注销"和"真虚开"。如果销售方真注销，导致无法开具应税发票，建筑业企业在补开、换开发票、其他外部凭证过程中，因对方注销、撤销、依法被吊销营业执照、被税务机关认定为非正常户等特殊原因无法补开、换开发票、其他外部凭证的，可凭以下资料证实支出真实性后，其支出允许税前扣除：

（1）无法补开、换开发票、其他外部凭证原因的证明资料（包括工商注销、机构撤销、列入非正常经营户、破产公告等证明资料）；

（2）相关业务活动的合同或者协议；

（3）采用非现金方式支付的付款凭证；

（4）货物运输的证明资料；

（5）货物入库、出库内部凭证；

（6）企业会计核算记录以及其他资料。

注意前款第一项至第三项为必备资料。

如果销售方因注销、吊销等原因无法开具应税发票，建筑业企业的一般计税项目支付的资金即便凭借有关资料符合上述企业所得税税前扣除条件，也应当扣下相应的增值税款，因为对方无法提供增值税专用发票，作为购买方无法抵扣相应税额，应按照不含税金额进行结算。

四、承包合同的涉税管理

建设工程总承包合同的涉税管理，除了与物资采购、专业分包、劳务分包、设备租赁等其他经济合同存在共性涉税问题外，还有其独特之处。本节仅就建筑工程总承包合同特有的经营与涉税管理进行阐述，其余共性问题在后续其他经济合同中陆续讲述。

（一）建筑企业承包合同的造价困境

在实务中经常出现一种现象，建筑业企业为了抢占施工市场份额，通常以低价中标，长此以往，饮鸩止渴。这并不能完全归咎于建筑企业，因为建筑施工市场买方话语权较重，建筑企业为了生存和发展做了一些妥协，在造价管理中遇到许多困境。

1. 合同涉及价款条款不完备，发包方进行风险转移

建筑企业承揽的部分工程项目，有可能属于应当分别适用货物销售和安装服务税率的情形。例如，建筑企业签订的钢结构分包合同，若钢结构为其自产，则不属于《营业税改征增值税试点实施办法》（财税〔2016〕36 号文件印发）第四十条规定的混合销售，应分别核算货物和建筑服务的销售额，分别适用不同的税率或者征收率，即该建筑企业应向业主分别开具 13% 钢结构销售发票和 9% 建筑服务发票。而在实务中，笔者发现业主经常在合同中只约定了一个税率（即 9%），按照 9% 计算含税总价。若此，建筑企业在总造价上就吃亏了。

2. 最高投标价格被人为压低，利润空间小

发包人利用有利的市场地位，不公布招标控制价的组成明细，利用清单计价规范中"经复核原招标控制价误差在正负 3% 以内的，原招标控制价有效"的规定，故意压低招标控制价格。例如，在组成综合单价过程中使用的部分定额子目人工工日含量、材料消耗量以及企业管理费费率等低于定额标准，未正确使用工程造价信息编制材料价格，使得招标控制价低于正常水平。同时，又通过合同约定由承包人承担的风险范围过大。

3. 工程量计价与进度款支付不及时

工程计价与进度款的支付条款是建设工程合同的关键条款，在实务中发承包双方经常由于合同约定不明而产生纠纷。工程计价周期影响建筑业的资

金循环周期，部分发包方又出现支付进度款不及时的现象，直接影响建筑企业的资金成本。

4. 工程签证不及时

工程现场签证是指施工过程中出现与合同规定的情况、条件不符的事件时，针对施工图纸、设计变更所确定的工程内容以外，施工图预算或预算定额取费中未包含，而施工过程中确需发生费用的施工内容所办理的签证。工程签证不及时，建筑企业容易形成资金占用，也易影响最终结算价款的谈判。

（二）合同价款的约定及调整事项

建筑企业签订的建设工程承包合同，关于合同价款的约定除了常规的"价税分离"，分别约定不含税价款和增值税额外，还应当注意在合同履约过程中，如遇国家税收政策发生变化，总价款应该如何调整，这部分应该做出补充约定。

【案例 2-16】　铁蛋建筑公司与钢蛋地产公司签订了一份工程总承包合同，在合同中关于价款约定如下：本工程暂定合同含税价款为 10 900 万元（人民币金额大写：壹亿零玖佰万元整），其中不含税价为 10 000 万元，增值税 900 万元，增值税税率为 9%。本合同在履行期间，如乙方增值税纳税人身份由一般纳税人转成小规模纳税人，即乙方所开具的增值税专用发票税率与本合同约定不一致时，本合同约定的不含税总价不变，仅根据增值税税金的变动调整合同含税总价。

调整后的合同含税总价＝已按合同约定的增值税税率开具的发票总额＋合同中未开发票部分的不含税金额＋合同中未开发票部分按实际开票税率计算的增值税金额

若因乙方原因，造成实际开票时的增值税税率大于合同约定的增值税税率的，对本合同的原含税总价不做调整。

分析： 上述工程承包合同对于合同价款的约定比较清晰，也不容易因税率（征收率）变化产生纠纷。案例中针对价款的补充约定明显是甲方占主导地位，条款对甲方更有利。笔者提醒建筑企业财务部门在审核工程承包合同时，如遇到上述合同价款补充约定条款的，一定要注意与企业经营部门沟通，两种不同计税方式在工程总造价上的差异。

【案例 2-17】　铁蛋建筑公司与业主于 2018 年 6 月签订了某指挥中心设

备采购及安装合同。合同约定工程类型为"交钥匙"工程（即 EPC 工程），并约定"投标报价为固定单价。凡影响投标报价的所有相关费用应列入本次报价中。中标后不得以不完全了解招标文件、施工图纸、施工现场环境为借口提出额外补偿或延长供货时限等要求。"合同中另外约定各部分内容的税金：设备部分税金为 16%，管线及安装部分税金 10%，调试税金 6%。截至 2019 年 4 月 1 日，尚有部分款项未支付。未付款的金额是否应当以新的税率计算？

分析： 上述案例，双方签订的是总价包干合同，即固定总价合同，因此增值税税率下调并不影响该合同的工程总价款。而剩余未支付的款项是否应该按照新税率开具建筑服务发票，要结合这部分工程产值对应的增值税纳税义务发生时间进行判断。

(三) 合同暂估价对建筑企业（承包人）的不利影响

暂估价，是指总承包招标时不能确定价格而由招标人在招标文件中暂时估定的工程、货物、服务的金额。在实务中，发包人经常将暂估价占总造价比重控制在 10% 至 20% 之间，暂估价占比越大意味着不确定性越大，双方的风险也越大。暂估价，属于造价管理中的模糊区域，市场主体各方都很难界定的事项，极易引起合同结算价格纠纷。

在实务中，是否适用暂估价及适用暂估价的材料、工程设备或专业工程的范围以及所给定的暂估价的金额，完全由发包人决定。在造价管理中，暂定价构成签约合同价的组成部分，发包人和承包人应根据发包人所给定的暂估价签订合同。在合同履行过程中，对发包人给定暂估价的材料、工程设备和专业工程，需要招标的，通过招标确定供应商或分包人，中标金额与暂估价之间的差额以及相应的税金等其他费用列入合同价格；不需要招标的，由承包人负责提供，给定暂估价的材料和工程设备的价格由监理人确认，监理人确认的价格与暂估价之间的差额以及相应的税金等其他费用列入合同价格。

材料设备暂估价项目如果采用公开招标的，承包人有可能失去取得与发包人签署合同中的材料、设备价格与实际采购价格之间的价差。专业工程项目如果采用公开招标的，发包人在结算时以中标价代替暂估价，承包人不仅无法赚取价差，以目前的计价方式承包人还无法得到相应的管理费和利润。

五、物资采购合同的涉税管理

在建筑工程项目中，除了清包工工程以外，其他包工包料工程的材料设备成本占总成本的比例最大。材料买卖合同的内容一般包括标的物的名称、数量、质量、价款、履行期限、履行地点和方式、包装方式、检验标准和方法、结算方式、合同使用的文字及其效力等条款。在上述合同包含的内容中应当适当加入部分涉税风险控制条款。

（一）物资采购合同涉税条款

1. 合同金额及税额条款

【案例 2-18】 本合同金额为人民币：1 130 000 元，上述金额为含税价格。其中，不含税金额为 1 000 000 元，增值税率为 13%，增值税税款为130 000元。

分析：上述合同金额的约定方式及条款格式是实务中比较常见的，也是相对比较规范的形式之一。笔者建议，可以增加合同金额解释条款，例如："上述合同金额包含运输费用、装卸费用、人工搬运费等费用，本合同所约定的不含税单价固定不变，增值税率及增值税额根据国家税务政策而调整。"

2. 纳税人身份约定

【案例 2-19】 本合同中乙方的增值税纳税人身份为（①一般纳税人；②小规模纳税人），所销售的应税货物、应税服务应当按照税率（货物销售征收率3%、税率13%）开具增值税专用发票（或普通发票）。

分析：上述条款中已经明确了供应商的纳税身份以及因开具的发票类型和税率。建筑企业可以对其纳税身份的变化作补充约定，例如：乙方如必须改变纳税人身份应提前告知甲方，对含税合同总价进行相应调整，因乙方自身纳税人身份变化带来的适用增值税税率的变化，导致对甲方的损失应由乙方承担。

3. 货物明细及单价

【案例 2-20】 2022 年 3 月，上海铁蛋建筑公司与钢蛋商砼公司签订了一份商品混凝土供应合同，关于供应内容约定，见表 2-9（双方均为增值税一般纳税人）。

表 2-9　货物明细及单价表（金额单位：元）

产品名称	规格型号	单位	数量	单价	总计
商品混凝土	C30	立方米	1 000	515	515 000
商品混凝土	C40	立方米	1 000	566.5	566 500
商品混凝土	C45	立方米	1 000	618	618 000
合计			3 000		1 699 500

分析：上述案例，双方在合同中只填列了供应的材料明细、数量、含税总价，没有明确约定具体某一项材料的不含税价格与增值税额。一般情况下建筑企业向供应商采购的物资种类较多，其中可能包含一部分设备，而销售设备通常情况下包含安装服务，有可能适用不同税率。例如上述案例，若商品混凝土的原料为水泥，钢蛋公司为一般纳税人，既可以选择适用简易计税方法计税（3%），也可以选择适用一般计税（13%）。供应明细中的"泵送费"则属于设备租赁，如果该供应商为一般纳税人，则应该按照"经营租赁"开具租赁服务发票，税率为13%；若提供设备租赁的同时，配备操作人员，则按照"建筑服务"开具建筑服务发票，税率为9%。也就是说，除非钢蛋公司为小规模纳税人，销售商品混凝土的征收率和出租车载泵的征收率均为3%，不存在差异，否则上述案例的合同总价、含税单价均存在歧义。

因此，可以将货物明细、单价及适用的税率列表约定，见表 2-10。

表 2-10　货物明细及单价表（金额单位：元）

产品名称	规格型号	含税单价	不含税单价	数量（吨）	增值税率	增值税额	价税合计数
商品混凝土	C30	515	500	1 000	3%	15 000	515 000
商品混凝土	C40	566.5	550	1 000	3%	16 500	566 500
商品混凝土	C45	618	600	1 000	3%	18 000	618 000
泵送费	车载泵	20	18.35		9%		
合计				3 000			1 699 500

上述案例也可以将泵送费直接折算到商品混凝土的单价中，不单独列示。

笔者提醒，在实务中如果双方签订完合同后，购买方增加采购量的，双方应当签订补充协议；未签订补充协议的，以购买方实际验收确认的货物数量为准，并按照合同约定的单价执行。

4. 交付地点及运输费用

在实务中，笔者发现部分建筑企业与材料供应商签订物资采购合同时经常做如下约定："乙方负责将货物运送到甲方指定地点"。这类条款，事实上是存在一定的风险。部分建筑企业采购货物时是由公司统一采购，再由公司采购部门根据项目部的需用计划进行二次分配。如果属于这类模式，且建筑企业又没有存放物资的仓库，在签订合同时是无法在合同中标明具体的交付地点，只能在供应商发货时口头要求其运送到哪一个项目，对于购买方来说是存在一定的转移风险的。因此，笔者建议，上述条款可做如下完善："乙方负责将货物运送到甲方指定项目部，甲方每次向乙方提交物资需用计划时，同时以电话、传真、邮件等形式告知项目部具体地址，乙方按照甲方要求将货物运送到指定地点"。

物资买卖合同除了明确约定标的物送达地点外，还应该明确物资的运输费用由哪一方承担。在合同当中应当约定采购的物资价款是否包含运输费用是否约定运输费用由哪一方来承担。

（二）款项支付与发票合规管理

1. 供应商收款账户约定

【案例 2-21】 铁蛋建筑公司（以下简称"甲方"）与钢蛋商砼公司（以下简称"乙方"）签订了一份混凝土采购合同，关于收款账户的约定如下：

收款方名称：钢蛋商砼公司

社会信用代码：×××××××××××

银行账号：×××××××××××

银行名称：××银行股份有限公司×××支行

银行行号：××××××

分析：除了上述简单的收款信息约定以外，还需要注意供应商可能会变更收款账户，甚至要求向其他无关的第三方支付款项。因此，需要增加部分涉税风险防范条款。例如："乙方在本合同中载明的收款账户必须是在主管税务机关备案的账户，若收款账户变更应及时书面通知甲方，并签订变更协议或补充合同；如乙方随意改变账户，甲方将暂停支付相关款项，由此引起的延期付款责任及相关的损失由乙方承担。如果乙方转让债权的，应当提前通知甲方，或签订三方债权转让协议，否则甲方拒绝向其他任何第三方支付本合同对应的款项。"

关于付款问题，如果建筑业企业属于大型企业，应当注意 2020 年 9 月 1 日开始施行的《保障中小企业款项支付条例》（国务院令第728号）的有关规定，机关、事业单位和大型企业不得要求中小企业接受不合理的付款期限、方式、条件和违约责任等交易条件，不得违约拖欠中小企业的货物、工程、服务款项。大型企业从中小企业采购货物、工程、服务，应当按照行业规范、交易习惯合理约定付款期限并及时支付款项。合同约定采取履行进度结算、定期结算等方式的，付款期限应当自双方确认结算金额之日起计算。大型企业不得以法定代表人或者主要负责人变更、履行内部付款流程，或者在合同未作约定的情况下以等待竣工验收批复、决算审计等为由，拒绝或者迟延支付中小企业款项。

大型企业不得强制中小企业接受商业汇票等非现金支付方式，或者利用商业汇票等非现金支付方式变相延长付款期限。如果大型企业迟延支付中小企业款项的，应当支付逾期利息。双方对逾期利息的利率有约定的，约定利率不得低于合同订立时1年期贷款市场报价利率；未作约定的，按照每日利率万分之五支付逾期利息。

2. 发票开具要求及责任

（1）发票合规性约定。

【案例2-22】 2022年5月，铁蛋建筑公司与钢蛋材料公司签订了一份材料供应合同，在合同中关于发票合规性进行了如下约定：

乙方向甲方开具的发票必须合法合规，税率为13%的增值税专用发票。

分析： 上述条款中虽然笼统地约定了乙方必须提供合法合规的发票，且约定了税率和专用发票，但是依然不够完善。上述条款中，没有约定乙方提供发票的时间；没有约定如果乙方未及时提供发票，甲方该如何处理；没有约定乙方提供的发票若出现一些错误甲方如何处置。

上述合同条款关于开具发票的约定，可以增加如下内容：

乙方供应的每批货物经甲方验收合格，在申请付款前，乙方应按甲方要求出具合法有效的增值税发票。乙方开具的发票不合格的[①]，甲方有权延迟支付款项，乙方不得以此为由暂停合同约定的各项服务；若乙方单方面停止

---

① 不合格发票包括但不限于以下情形：①发票上填写的信息错误；②发票盖章有误或不合规；③开具发票的编码名称有误；④开具发票的税率与合同约定不符，或开具的税率有误；⑤因乙方迟延送达、开具错误等原因造成发票勾选确认失败等。

相关服务给甲方带来损失的，乙方需赔偿甲方的全部经济损失。

同时，还应该在合同中约定，如果乙方选用清单开票方式，应提供其防伪税控系统开具的销售货物或者提供应税劳务清单，并加盖发票专用章。清单中所列内容必须与实际供应内容一致。重点防范防伪税控系统开具的销货清单与实际供应的内容不一致，引发的发票涉税风险。

（2）损失赔偿约定。

【案例2-23】 2021年6月，铁蛋建筑公司与钢蛋材料公司签订了一份材料供应合同，在合同中关于乙方转变纳税人身份对甲方取得发票带来的影响进行了如下约定：

乙方不得由一般纳税人转登记成小规模纳税人，乙方未按合同约定开具增值税专用发票或实际开具的增值税专用发票税率低于合同中约定税率的，乙方除应向甲方支付无法抵扣部分的税款金额外，乙方还应向甲方支付合同总价一定比例的违约金，违约金不足以弥补甲方损失的，乙方应予赔偿。

分析：上述合同条款中关于纳税人身份转换的约定，需要注意不能违背法律法规的相关规定。税收法规如果允许符合条件的一般纳税人在规定的时限内转登记成小规模纳税人，则上述条款中关于限制乙方转登记成小规模纳税人的约定有可能无效。但可以约定，如果乙方纳税人身份由一般纳税人转登记成小规模纳税人，甲方有权对合同尚未履约部分的含税单价、含税总价进行调整。同时，乙方若未通知甲方即进行纳税身份转变，导致甲方进项税款流失的，甲方可以要求乙方对其进行补偿，并有权终止合同。

（3）虚开发票、单方面作废发票约定。

【案例2-24】 2022年2月，铁蛋建筑公司与钢蛋材料公司签订了一份材料供应合同。在合同中关于乙方开具虚假发票，无故作废发票进行了如下约定：

乙方开具虚假发票、无故作废发票的，乙方应自行承担相应法律责任，并应向甲方支付合同总价10%的违约金；以上违约金或履约保证金不足以弥补甲方损失的，乙方应予赔偿。

分析：上述合同条款关于乙方虚开发票，无故作废发票给甲方带来的损失如何弥补约定的相对清晰。但还应当约定乙方在何时补开合法合规的发票，如果补开的发票仍存在问题，甲方可以采取何种措施。

3. 供应商履约期间注销的约定。

【案例 2-25】 2022 年 3 月，铁蛋建筑公司与钢蛋材料公司签订了一份材料供应合同，在合同中关于乙方开具虚假发票、当面作废发票进行了如下约定：

乙方在向甲方销售货物、服务期间，合同履约尚未完成之前不得注销公司。

分析： 在合同履约尚未完成之前，但乙方供完的货物已经开具相应发票，且收取了相应款项的，如其被吊销、注销的，甲方也无法强制其不得注销。因此，甲方除了按照上述案例中的条款进行约定外，还可以做如下补充约定：

乙方如确需注销的，应提前告知甲方，并根据已销售货物金额（已提供服务金额）100% 开具相应合规发票。如未提前告知即将公司注销，造成甲方无法取得相应合法合规发票，无法抵扣增值税及在企业所得税前扣除的情况，甲方将有权暂停支付相关款项，以法院的判决或仲裁机构的裁定结果作为付款依据，同时将扣除无法抵扣的增值税款和无法扣除的企业所得税款后向乙方支付剩余款项。甲方不接受乙方委托的任何第三方开具的发票。

（三）违约金与赔偿金

根据《民法典》第五百八十五条规定，当事人可以约定一方违约时应当根据违约情况向对方支付一定数额的违约金，也可以约定因违约产生的损失赔偿额的计算方法。约定的违约金低于造成的损失的，人民法院或者仲裁机构可以根据当事人的请求予以增加；约定的违约金过分高于造成的损失的，人民法院或者仲裁机构可以根据当事人的请求予以适当减少。当事人就迟延履行约定违约金的，违约方支付违约金后，还应当履行债务。

【案例 2-26】 建筑企业与某供应商签订了一份材料定制采购合同，含税总金额 339 万元；由于该项材料需要定制生产，一旦毁约有可能无法销售给其他企业。因此，在合同中约定建筑企业首次向供应商提供材料需用明细之前需要向其支付 20 万元定金。如果建筑企业中途违约不采购该项材料，将用 20 万元定金抵冲损失，定金不足以弥补损失的，将额外按照合同金额的 20%

收取违约金。

请问上述供应商可否同时收取定金及违约金？

分析：根据《民法典》第五百八十八条规定，当事人既约定违约金，又约定定金的，一方违约时，对方可以选择适用违约金或者定金条款。定金不足以弥补一方违约造成的损失的，对方可以请求赔偿超过定金数额的损失。因此，上述案例中的焦点是定金若不足以弥补损失，可以要求违约方赔偿相应的损失，而约定的赔偿金额为合同金额的 20%，有可能高于实际损失，也有可能低于实际损失。因此，双方应该修订该条款，应赔偿的损失应该按照实际损失确定，不应该直接按照合同金额的一定比例确定。

六、分包合同的涉税管理

总承包人或者勘察、设计、施工承包人经发包人同意，可以将自己承包的部分工作交由第三人完成。第三人就其完成的工作成果与总承包人或者勘察、设计、施工承包人向发包人承担连带责任。承包人不得将其承包的全部建设工程转包给第三人或者将其承包的全部建设工程肢解以后以分包的名义分别转包给第三人。

（一）分包合同基础涉税条款

1. 合同价格与适用税率

建筑业总包企业与分包企业签订的分包合同，应该明确约定分包企业提供的增值税发票是专用发票还是普通发票。对于合同价格的约定与其他经济合同一样，应当价税分离，明确约定分包企业开具发票对应的税率（征收率）。如果分包企业在该合同的履约过程中涉及自产自销钢结构、彩钢房等设备并提供安装服务或提供建筑服务的过程中销售自产货物等特殊业务，按照有关规定需要分别计税的，应该根据销售货物和销售建筑服务分别开具增值税发票。

如涉及建筑业总包企业向分包企业供应材料、设备、动力等内容，对计税方式产生影响的，双方应该在投标和签订合同环节明确该份合同分包方选择何种计税方式，以免在施工和结算环节产生争议。笔者提醒，如果分包企业因甲供因素选择适用简易计税方法计税的，一经选择 36 个月内不得变换计税方式。

2. 分包方享受新冠肺炎疫情下减免政策对总包方的影响

根据《财政部 国家税务总局关于支持个体工商户复工复业增值税政策的公告》（财税 2020 年 13 号）、《国家税务总局关于支持个体工商户复工复业等税收征收管理事项的公告》（国家税务总局公告 2020 年第 5 号）、《财政部 税务总局关于延续实施应对疫情部分税费优惠政策的公告》（财税 2021 年第 7 号）等文件规定，增值税小规模纳税人适用征收率为 3% 的业务，纳税义务发生时间在 2020 年 3 月 1 日至 2022 年 3 月 31 日期间的，征收率由 3% 降至 1%。

根据《财政部 税务总局关于对增值税小规模纳税人免征增值税的公告》（财政部 税务总局公告 2022 年第 15 号）规定，自 2022 年 4 月 1 日至 2022 年 12 月 31 日，增值税小规模纳税人适用 3% 征收率的应税销售收入，免征增值税；适用 3% 预征率的预缴增值税项目，暂停预缴增值税。《财政部 税务总局关于延续实施应对疫情部分税费优惠政策的公告》（财政部 税务总局公告 2021 年第 7 号）第一条规定的税收优惠政策，执行期限延长至 2022 年 3 月 31 日。

在实务，建筑业企业适用一般计税方法计税的工程项目可否要求纳税人身份为小规模纳税人的分包方弃减免税优惠，按原征收率 3% 开具增值税专用发票？这是商业谈判范畴，小规模分包企业可以根据实际发展需求和不同客户要求就不同项目开具征收率为 3% 的增值税专用发票和免税发票。上述文件并未规定小规模纳税人相关业务放弃享受减税优惠后 36 个月内不能再享受。

笔者提醒，建筑业增值税一般纳税人适用或选择适用简易计税方法计税的项目，虽然征收率为 3%，但无法享受上述增值税减税政策。上述文件中涉及的减税政策的前提条件是小规模纳税人适用征收率为 3% 的业务。

3. 分包发票合规性约定

分包发票和建筑业总包企业应当在分包合同中，明确要求分包企业提供的建筑服务发票如属于在税控新系统中开具的，应当选择正确的编码简称。如分包方填写的编码简称有误则属于不合规的发票，建筑业总包企业在企业所得税前列支成本费用存在涉税风险，总包企业有权拒收并要求更换。同时，必须要求分包企业开具分包发票时在备注栏中填写该分包合同载明的工程名称和工程地址，不分工程项目计税方式（简易计税和一般计税）、不分增值税发票类型（专用发票和普通发票），均应当按照规定备注工程名称和工程地址。

在实务中，笔者发现有部分建筑业总包企业要求分包企业开具分包发票时，在备注栏中填写的工程名称和工程地址，必须与总包企业向业主开具的总包发票的备注栏内容一致。国家税务总局发布的相关文件只要求从分包方取得的2016年5月1日后开具的增值税发票，应当在备注栏注明建筑服务发生地所在县（市、区）、项目名称，并未对工程名称做具体要求。因此，笔者认为建筑业总包企业向业主开具总包发票时，在备注栏上注明的工程地址和工程名称按照其与业主签订的总承包合同约定的内容填写；而取得的分包发票工程名称和地址，则按照建筑业总包企业与分包企业签订的分包合同约定的内容填写即可。

4. 价外费用的约定

如果建筑业总包企业与分包企业在分包合同中约定的付款方式包含了ABS供应链融资、非现金支付方式等，向分包方给予部分补偿的，即存在价外费用，应当约定所有价款和价外费用，分包方均应按照本合同相应业务对应的税目向建筑业总包企业开具增值税发票。上述的"价外费用"不仅针对供应链融资和非现金支付方式补偿，还包含了建筑业总包企业向分包企业支付的其他价外费用，例如支付的违约金、赔偿金等。

5. 总包企业向分包企业转售电力

"转售电力"一般发生在建设方与建筑业总包企业之间，也经常出现在总包企业与分包企业之间。建筑总包方向分包方转售电力有两种处理方案。

第一种方案，总包方不向分包方收取水电费，这部分电费结算时在分包结算款中直接扣除，分包方的合同收入和合同成本中均不含电费，即总包方向其甲供电力，这种模式下总包方需要做电费支出会计处理，分包方不需要做会计处理。这种方式只需要施工过程中双方留好签字确认的电费使用清单等相关凭证，结算时在分包结算额中扣除即可。

第二种方案，总包方按照向分包方收取的电费金额开具适用税率的转售电力发票，同时，总包方取得电力供应单位开具的增值税专用发票可以用于抵扣进项税额。

建筑总包方取得电力供应公司或建设方开具的电费发票，记入"合同履约成本——工程施工"科目，平价向分包方收取的转售电力收入，其中不含税收入部分应当冲减"合同履约成本——工程施工"科目，税金部分则在确认应税收入时计算并确认销项税额。

借：其他应收款、银行存款等

合同履约成本——工程施工——其他直接费用（红字）

贷：应交税费——应交增值税（销项税额）

【案例 2-27】 北京铁蛋建筑总包公司（以下简称铁蛋总包公司）将某住宅工程的保温工程分包给上海钢蛋建筑分包公司（以下简称钢蛋分包公司）。在施工过程中，钢蛋分包公司使用了铁蛋总包公司的电力，并支付了电费 113 万元（含税，税率 13%）。铁蛋总包公司取得电力供应公司开具的 113 万元（含税）增值税专用发票，并向钢蛋分包公司开具了等额增值税专用发票。

（1）铁蛋总包公司取得电力供应公司开具电费发票时的会计处理。

借：合同履约成本——工程施工——其他直接费 1 000 000

  应交税费——应交增值税（进项税额）   130 000

  贷：银行存款   1 130 000

（2）铁蛋总包公司向钢蛋分包公司转售电力并开具相应发票时的会计处理。

铁蛋总包公司转售电费收入＝1 130 000÷（1＋13%）＝1 000 000（元）

借：银行存款   1 130 000

   合同履约成本——工程施工——其他直接费

            －1 000 000（红字）

   贷：应交税费——应交增值税（销项税额）   130 000

或者不冲减"合同履约成本"，直接确认为"其他业务收入"。

借：银行存款   1 130 000

  贷：其他业务收入——转售电力   1 000 000

   应交税费——应交增值税（销项税额）   130 000

总包方向分包方转售电力，作为分包方如果未取得合法合规的发票，将电费计入合同成本中，将不得在企业所得税税前列支扣除；作为总包方的建筑企业向分包方转售电力时，如果收取电费未缴纳销项税额，也存在涉税风险。

（二）劳务分包合同应注意的农民工工资条款

1. 农民工实名制管理

施工总承包单位或者分包单位应当依法与所招用的农民工订立劳动合同并进行用工实名登记，具备条件的行业应当通过相应的管理服务信息平台进行用工实名登记、管理。未与施工总承包单位或者分包单位订立劳动合同并进行用工实名登记的人员，不得进入项目现场施工。

施工总承包单位应当在工程项目部配备劳资专管员，对分包单位劳动用工实施监督管理，掌握施工现场用工、考勤、工资支付等情况，审核分包单位编制的农民工工资支付表，分包单位应当予以配合。施工总承包单位、分包单位应当建立用工管理台账，并保存至工程完工且工资全部结清后至少3年。

2. 农民工工资专用账户与工资发放周期约定

（1）农民工工资专用账户。

施工总承包单位应当按照有关规定开设农民工工资专用账户，专项用于支付该工程建设项目农民工工资。开设、使用农民工工资专用账户有关资料应当由施工总承包单位妥善保存备查。开户银行不得将专用账户资金转入除本项目农民工本人银行账户以外的账户，不得为专用账户提供现金支取和其他转账结算服务。一般情况下，专用账户资金不得因支付为本项目提供劳动的农民工工资之外的原因被查封、冻结或者划拨。

工程建设项目存在以下情况，总包单位不得向开户银行申请撤销专用账户：

①尚有拖欠农民工工资案件正在处理的；

②农民工因工资支付问题正在申请劳动争议仲裁或者向人民法院提起诉讼的；

③其他拖欠农民工工资的情形。

（2）农民工资发放周期。

根据《保障农民工工资支付条例》相关规定，建设单位与施工总承包单位依法订立书面工程施工合同，应当约定工程款计量周期、工程款进度结算办法以及人工费用拨付周期，并按照保障农民工工资按时足额支付的要求约定人工费用。人工费用拨付周期不得超过1个月。施工总承包单位与分包单位依法订立书面分包合同，应当约定工程款计量周期、工程款进度结算办法。

3. 农民工工资的清偿与追偿

根据《保障农民工工资支付条例》相关规定，用工单位使用个人、不具备合法经营资格的单位或者未依法取得劳务派遣许可证的单位派遣的农民工，拖欠农民工工资的，由用工单位清偿，并可以依法进行追偿。用人单位将工作任务发包给个人或者不具备合法经营资格的单位，导致拖欠所招用农民工工资的，依照有关法律规定执行。

用人单位允许个人、不具备合法经营资格或者未取得相应资质的单位以用人单位的名义对外经营，导致拖欠所招用农民工工资的，由用人单位清偿，并可以依法进行追偿。

七、设备租赁合同的涉税管理

建筑企业在施工生产中可能会使用到的机械设备主要有：塔吊、打桩机、起重机、升降梯、挖掘机、管桩静压机、锤击机、打夯机、钢筋调直机、钢筋切断机、钢筋弯曲机、切割机、物料提升机等。考虑到成本和资金压力，大部分建筑企业可能采取租赁而不是购买这些机械设备。

租赁合同是出租人将租赁物交付承租人使用、收益，承租人支付租金的合同。租赁合同的内容一般包括租赁物的名称、数量、用途、租赁期限、租金及其支付期限和方式、租赁物维修等条款。一般情况下，租赁期限不得超过二十年，超过二十年的，超过部分无效。

（一）租赁合同的基础约定

1. 基础约定

根据《民法典》第七百零四条规定，租赁合同的内容一般包括如下条款。

（1）租赁物的名称。合同应当对租赁物应以明确的语言加以确定，例如约定租赁车辆时应明确是小轿车还是货车或是其他车辆，应当约定清楚。

（2）租赁物的数量。合同中应当明确租赁物的数量，出租人才能准确地履行交付租赁物的义务，同时也是租赁期限届满时承租人返还租赁物时的依据。

（3）租赁物的用途。租赁物的用途关系到承租人如何使用该租赁物，因为承租人负有按照约定使用租赁物的义务。租赁物的用途如果未约定清楚，当租赁物损坏时出租人难以行使其请求权。

（4）租赁期限。租赁期限关系到承租人使用租赁物的时间长短，支付租赁租金的时间以及交还租赁物的时间。

（5）租金及其支付期限和方式。租赁合同应当明确租金的金额是多少，是以人民币支付还是以外汇支付；是现金支付还是转账支付；是按月支付还是按年支付；是一次性支付还是分次支付；是预先支付还是事后支付等。

（6）租赁物维修等条款。对租赁物的维修义务应当由出租人承担，这是出租人在租赁合同当中的主要义务，但并不排除有些租赁合同中承租人负有维修义务。

2. 转租约定

承租人可否对租赁物进行转租呢？根据《民法典》第七百一十六条的有关规定，承租人经过出租人同意的可以将租赁物转租给第三人。承租人转租的，承租人与出租人之间的租赁合同继续有效。第三人造成租赁物损失的，承租人应当赔偿损失。承租人未经出租人同意转租的，出租人可以解除合同。

根据《民法典》第七百一十七条、第七百一十八条的有关规定，承租人经出租人同意将租赁物转租给第三人，转租期限超过承租人剩余租赁期限的，超过部分的约定对出租人不具有法律约束力，但是出租人与承租人另有约定的除外。出租人知道或者应当知道承租人转租，但是 6 个月内未提出异议的，视为出租人同意转租。

根据《民法典》第七百一十九条的有关规定，承租人拖欠租金的，次承租人可以代承租人支付其欠付的租金和违约金，但是转租合同对出租人不具有法律约束力的除外。次承租人代为支付的租金和违约金可以充抵次承租人应当向承租人支付的租金，超过其应负的租金数额的可以向承租人追偿。

（二）融资租赁

根据《民法典》第七百三十五条规定，融资租赁合同是指出租人根据承租人对出卖人租赁物的选择，向出卖人购买租赁物的，提供给承租人使用，承租人支付租金的合同。

《民法典》第七百三十六条规定，融资租赁合同只能采用书面形式。融资租赁合同一般包括如下条款。

（1）有关租赁物的条款。融资租赁合同的标的物是承租人要求出租人购买的设备，是合同当事人双方权利和义务指向的对象，因此，融资租赁合同首先应就租赁物做出明确约定。此条款写明租赁物的名称、数量、规格、技术性能、检验方法等。

（2）有关租金的条款。租金是合同的主要内容之一，合同对租金的规定包括租金总额、租金构成、租金支付方式、支付地点和次数、租金支付期限、每期租金金额、租金计算方法、租金币种等。

（3）有关租赁期限的条款。租赁期限一般根据租赁物的经济寿命使用及利用设备所产生的效益，双方当事人商定。此条款应当明确租赁起止日期。

（4）有关租赁期限届满租赁物的归属的条款。租赁期届满，租赁物的所有权归出租人享有。租赁期限届满承租人一般有三种选择权：留购、续租或退租。在留购情况下，承租人取得租赁物的所有权。在续租和退租情况下，租赁物仍归出租人所有。

除上述条款以外，融资租赁合同一般还包括租赁物的交付、使用、保养、维修和保险、担保、违约责任、合同发生争议时的解决方法、合同签订日期和地点等条款。

（三）施工设备租赁的涉税问题

施工设备租赁涉及干租与湿租不同的税收政策。

1. 干租与湿租的税收政策差异

干租和湿租这两个术语，最初起源于航空工业，其他租赁业务也是由这两种业务扩展而来的。干租指由出租人（可能是航空运营人、银行或租机公司）向承租人（航空运营人）仅提供航空器而不提供飞行机组的租赁；湿租指出租人（航空运营人）向承租人（航空运营人）提供航空器并且至少提供一名飞行机组的租赁。

纳税人提供建筑施工设备出租，如果属于干租，纳税人按照有形动产出租服务缴纳增值税（现行增值税税率为13%）；属于湿租的，即《财政部 税务总局关于明确金融房地产开发教育辅助服务等增值税政策的通知》（财税〔2016〕140号）（以下简称财税〔2016〕140号）规定的，纳税人将建筑施工设备出租给他人使用并配备操作人员的，按照"建筑服务"缴纳增值税（现行增值税税率为 9%）。

笔者提醒，出租方出租的建筑施工设备如果属于"财税〔2016〕140 号"规定的"湿租"，纳税义务发生时应当在服务发生地预缴增值税及其附加税费。一般计税方法预征率为 2%，简易计税方法计税预征率为 3%。开具发票时应当选择"建筑服务"编码简称，并按照"国家税务总局 2016 年第 23 号公告"的要求，在备注栏注明建筑服务发生地县（市、区）名称及项目名称。

2. 湿租发票可否用于差额扣除

在《财政部 国家税务总局关于全面推开营业税改征增值税试点的通知》（财税〔2016〕36 号）文件附件 2 中关于差额扣除的规定是这么描述的："试点纳税人提供建筑服务适用简易计税方法的，以取得的全部价款和价外费用扣除支付的分包款后的余额为销售额。"这里并没有强调什么是"分包"，也没有列举分包内容，因此在政策执行上部分地区存在税企争议。例如，在 2019 年 9 月 16 日之前，部分地区不允许建筑总承包企业的简易计税项目差额扣除钢结构分包发票中的金属制品销售部分金额，只允许差额扣除建筑安装劳务部分。

2019 年 9 月 16 日，国家税务总局发布《关于国内旅客运输服务进项税抵扣等增值税征管问题的公告》（国家税务总局 2019 年第 31 号）关于建筑服务分包款差额扣除的有关规定，"纳税人提供建筑服务，按照规定允许从其取得的全部价款和价外费用中扣除的分包款，是指支付给分包方的全部价款和价外费用"。上述规定是对"财税 2016 年 36 号文"的"分包款"做了补充解释，明确了可差额扣除的分包发票不仅是"建筑服务"注释中的内容，只要属于"分包"，支付给分包方的全部价款和价外费用都可以用于差额扣除。

部分观点认为建筑企业与设备租赁方签订的如果是分包合同，按照扣除原则可以在预缴增值税时进行差额扣除；如果签订的是设备租赁合同，则可能因设备租赁合同无法备案，而不能进行差额扣除的。但是笔者认为该观点不一定会得到建筑企业机构所在地和项目所在地的主管税务机关认可，因为差额扣除的前提条件须是"分包"，普通的机械租赁显然不是分包。不论是否签成"分包合同"，它都不是分包，只是在税目上按照建筑服务缴纳增值税，税收法规并没有改变也没有权限改变这类租赁业务的业务属性。

因此，笔者认为承租方不能把此类业务定义为建筑分包，"湿租"发票不得在简易计税项目预缴增值税时进行差额扣除。当然部分地区的税务机关如果允许建筑企业将"湿租"发票按照分包款进行差额扣除，对于该地区建筑企业是利好消息。

【福建省纳税服务中心答疑口径】

留言时间：2020-07-23

问题内容：您好，配备操作人员的建筑施工设备租赁业务，合同签订为设备租赁合同，按照"建筑服务"缴纳增值税：

（1）是否需要办理外出经营许可证到工程所在地预缴增值税？

（2）甲方支付给出租方的款项，甲方能否作为施工方支付的分包款扣减预缴税款（甲方取得出租方开具的"建筑服务"发票）？

（3）合同约定设备燃油由甲方提供的，出租方能否以"甲方提供全部或部分动力"按甲供工程选择简易计税？

答复时间：2020-07-24

国家税务总局福建省12366纳税服务中心答复：

您好，您的问题已收悉，现答复如下：

（1）如属于异地提供建筑服务，需要办理跨区域涉税事项。纳税人不在同一地级行政区范围内跨县（市、区）提供建筑服务的，需要预缴增值税。

（2）可以。

（3）可以。

文件依据：

一、根据《国家税务总局关于进一步明确营改增有关征管问题的公告》（国家税务总局公告2017年第11号）第三条规定："纳税人在同一地级行政区范围内跨县（市、区）提供建筑服务，不适用《纳税人跨县（市、区）提供建筑服务增值税征收管理暂行办法》（国家税务总局公告2016年第17号印发）。"

二、根据《财政部 国家税务总局关于全面推开营业税改征增值税试点的通知》（财税〔2016〕36号）附件2《营业税改征增值税试点有关事项的规定》规定：……"（七）建筑服务。

…………

9. 试点纳税人提供建筑服务适用简易计税方法的，以取得的全部价款和价外费用扣除支付的分包款后的余额为销售额。"

…………

三、根据《财政部 国家税务总局关于明确金融房地产开发教育辅助服务等增值税政策的通知》（财税〔2016〕140号）规定：……"十六、纳税人将建筑施工设备出租给他人使用并配备操作人员的，按照'建筑服务'缴纳增值税。"

上述回复仅供参考，具体以国家相关政策规定为准！感谢您的咨询！

除了上述论述外，有一种情况比较特殊，即建设工程企业资质改革后，专业承包资质中有一类为"模板脚手架专业承包"，且不分等级。笔者认为如果是符合资质条件的专业承包企业向总承包企业提供"模板脚手架专业承包"服务，建筑总承包单位取得"建筑服务"发票可以将其用在预缴环节或申报缴纳环节差额扣除。因为这不是"干租"与"湿租"之争，而是属于建筑业分包的范畴。

第三章　合同履约环节的财税处理

本章主要介绍建筑业在合同履约环节涉及的各类主要业务及财税处理。从投标签约到工程计价环节的财税处理，从收取预收款到工程进度款结算的涉税处理，全方位剖析合同履约环节的各项财税问题，并分析建筑业常见的混合销售与兼营业务的财税问题。

第一节　建设工程领域的保证金制度与会计处理

曾经的建设领域保证金名目繁多，包含招投标保证金、履约保证金、农民工工资保证金、工程质量保证金、诚信保证金、安全文明施工保证金、安全生产保证金、登记备案保证金、信誉保证金、劳动统筹保证金、廉洁保证金等，共计二十多种。经过数次规范，目前建设领域只剩下四类保证金：投标保证金、履约保证金、工程质量保证金、农民工工资保证金。

一、履约过程中的各类保证金

根据《国务院办公厅关于清理规范工程建设领域保证金的通知》（国办发〔2016〕49号）和《建设工程质量保证金管理办法》的有关规定，对保留的投标保证金、履约保证金、工程质量保证金、农民工工资保证金，推行银行保函制度，建筑业企业可以银行保函方式缴纳。未经国务院批准，各地区、各部门一律不得以任何形式在工程建设领域新设保证金项目。第二章的有关内容已经详细介绍了投标保证金相关政策及会计处理，本节着重阐述合同履约环节涉及的保证金，不再赘述投标保证金的有关内容。

（一）履约保证金

履约担保是工程发包人为防止承包人在合同执行过程中违反合同规定或违约，以弥补给发包人造成的经济损失。履约担保主要形式有履约保证金、履约银行保函和履约担保书三种。履约保证金可用履约担保、保兑支票、银行汇票或现金支票，履约保证金的比例以工程总造价的5％至10％，不得超过工程总造价的10％为准。

在实务中，建设工程的招标单位必须在招标文件中明确规定中标单位提交履约保证金，如果在招标书中没有明确规定，在中标后不得追加。中标单位需要注意，履约保证金是一种定金。如果合同顺利履行完毕，招标单位必须返还中标单位，应当约定履约保证金的退还期限和退还条件。如果中标违约，将丧失收回的权利，履约保证金作为招标单位损失的补偿。

(二) 工程质量保证金

工程质量保证金是指发包人与承包人在建设工程承包合同中约定，从应付的工程款中预留，用以保证承包人在缺陷责任期内对建设工程出现的缺陷进行维修的资金。工程质量保证金的预留比例上限不得高于工程价款结算总额的3％。在工程项目竣工前，已经缴纳履约保证金的，建设单位不得同时预留工程质量保证金。

工程质量保证金与工程质量保修金经常被认为是同一种保证金。事实上，二者虽然都是承包人为保证施工合同的履行而进行的一种担保，但质量保证金是承包人根据建设单位的要求，在建设工程承包合同履行前，交付给建设单位，用以保证施工质量的资金，一般是担保竣工验收前出现的质量问题；而质量保修金是指建设单位与承包人在建设工程承包合同中约定，在建筑工程竣工验收交付使用后，从应付的建设工程款中预留一定的金额用以维修建筑工程在保修期限内和保修范围内出现的质量缺陷，主要担保竣工验收后保修期限内的质量问题。从保证的时间区间看，二者还是有区别的。在实务中，工程质量保证金即为工程质量保修金。关于工程质量保修金的财税处理在第四章将详细讲解。

(三) 农民工工资保证金

农民工工资保证金，是指工程建设领域施工总承包单位（包括直接承包建设单位发包工程的专业承包企业）在银行设立账户并按照工程施工合同额的一定比例存储，专项用于支付为所承包工程提供劳动的农民工被拖欠工资的专项资金。笔者注意到，人力资源和社会保障部等相关部门的文件鼓励各地区实行银行类金融机构出具的银行保函替代建筑企业以现金方式支付农民工工资保证金，倘若如此，建筑企业可以减少一部分资金占用问题。

一般情况下，施工总承包单位应当自工程取得施工许可证（开工报告批复）之日起20个工作日内（依法不需要办理施工许可证或批准开工报告的工程自签订施工合同之日起20个工作日之内），持营业执照副本与建设单位签订的施工合同在经办银行开立工资保证金专门账户存储工资保证金。按照《人力资源社会保障部 住房和城乡建设部 交通运输部 水利部 银保监会 铁路局 民航局 关于印发〈工程建设领域农民工工资保证金规定〉的通知》（人社部发〔2021〕65号）的有关规定，农民工工资保证金实行差异化缴存办法，按工程施工合同额（或年度合同额）的一定比例存储，原则上不低于1%，不超过3%，具体比例根据工程项目地的有关部门文件要求为准定。施工总承包单位在同一工资保证金管理地区有多个在建工程，存储比例可适当下浮但不得低于施工合同额（或年度合同额）的0.5%。施工合同额低于300万元的工程，且该工程的施工总承包单位在签订施工合同前一年内承建的工程未发生工资拖欠的，各地区可结合行业保障农民工工资支付实际情况，免除该工程存储工资保证金。对一定时期内未发生工资拖欠的企业，实行减免措施；对发生工资拖欠的企业，适当提高缴存比例。

农民工工资保证金的使用有着严格的限制，实行专款专用，除用于清偿或先行清偿施工总承包单位所承包工程拖欠农民工工资外，不得用于其他用途。施工总承包单位所承包工程发生拖欠农民工工资的，经人力资源和社会保障行政部门依法作出责令限期清偿或先行清偿的行政处理决定，施工总承包单位到期拒不履行的，属地人力资源和社会保障行政部门可以向经办银行出具《农民工工资保证金支付通知书》（以下简称《支付通知书》），书面通知有关施工总承包单位和经办银行。经办银行应在收到支付通知书5个工作日内，从工资保证金账户中将相应数额的款项以银行转账方式支付给属地人力资源和社会保障行政部门指定的被拖欠工资农民工本人。工资保证金使用后，施工总承包单位应当自使用之日起10个工作日内将工资保证金补足。

农民工工资保证金账户内的利息，建筑企业可自由提取和使用。

二、保证金的财税处理

（一）支付和回收保证金的会计处理

建筑企业向发包方支付履约保证金时，借记"其他应收款——履约保证金"等科目，贷记"银行存款"科目，等到收回履约保证金时，做相反会计分录即可。

向人力资源和社会保障行政部门指定银行账户或其他指定第三方支付农民工工资保证金时，借记"其他应收款——农民工工资保证金"科目，贷记"银行存款"科目。项目竣工时，竣工手续办理完毕后，按规定支付完农民工资后即可收回这笔保证金，在收回款项时冲减"其他应收款——农民工工资保证金"科目即可。自 2021 年 11 月 1 日起，建筑业总承包企业不再向人力资源和社会保障单位或其他第三方支付农民工工资保证金，而是由总承包企业根据相关规定自行开立专用账户，并向专用账户存入规定比例的工资保证金。因此，在会计处理上，除了企业内部银行间转账的账务处理以外，还要借记"其他应收款——农民工工资保证金"科目，贷记"其他货币资金"科目。

如果采用银行保函方式支付上述保证金，对于建筑企业来说实际并未支付资金，则通过"其他货币资金"科目进行核算。在支付保证金时，借记"其他应收款——履约保证金""其他应收款——农民工工资保证金"科目，贷记"其他货币资金"科目，保证金到期后作相反的会计分录。支付的银行保函手续费记入"财务费用"科目。

（二）从第三方收回保证金时取得利息的涉税问题

建筑企业向发包方或其他第三方支付的各类保证金，在收回保证金时取得了一定比例的利息，是否需要向支付方开具增值税发票呢？事实上建筑企业在支付保证金时只是为了履行某项法定义务，并没有提供任何服务。收取的利息不属于其销售额，因为既不属于价款，也不属于价外费用。部分观点认为，建筑企业支付各类保证金后，收取保证金的一方等于可以拥有了这笔资金的使用权，事实上建筑企业等于变相提供了一笔"贷款服务"。贷款，是指将资金贷与他人使用而取得利息收入的业务活动。各种占用、拆借资金取得的收入，包括金融商品持有期间（含到期）利息（保本收益、报酬、资金占用费、补偿金等）收入、信用卡透支利息收入、买入返售金融商品利息收入、融资融券收取的利息收入，以及融资性售后回租、押汇、罚息、票据贴现、转贷等业务取得的利息及利息性质的收入，按照贷款服务缴纳增值税。按照上述论述，建筑企业从第三方收回保证金时收取的利息，属于资金占用行为取得的利息，应按照贷款服务缴纳增值税。

如果保证金利息来自建筑企业以自己的名义开设的农民工工资保证金账户，则视同存款利息，无须缴纳增值税。

三、诚意金

诚意金，即意向金，在不动产买卖双方签订的合同中多有体现。但是，"诚意金"不具有合同效力及法律保护的性质。"诚意金"不属于建设领域现行的四大保证金，也不是法律意义上的违约金、定金、订金。

【案例 3-1】 上海铁蛋建筑公司（以下简称"乙方"）与某地城市建设投资公司（以下简称"甲方"）签订了《××××工程合作协议》，该协议并不是正式的施工承包合同，仅仅是一份合作意向协议，在协议中大致介绍了工程投资情况，包含投资金额、施工面积等内容，同时约定了一笔"合作诚意金"。

在本协议签署 3 个工作日内，乙方向甲方指定账户交纳人民币壹仟万元（¥10 000 000.00 元）作为合作诚意金（甲方指定款账户名：××市城市建设投资公司，开户行：××××银行××支行，银行账号：××××××××××××××）。项目整体投资金额达到人民币壹仟万元（¥10 000 000.00 元）后，甲方向乙方全额退还合作诚意金，若乙方未能中标，在项目中标结果公示后，甲方需及时退还乙方合作诚意金。

上述案例中，甲方向乙方收取的"合作诚意金"事实上具备"履约保证金"的性质，如果在合同履约过程中甲方已经向乙方收取了"履约保证金"，则不应当重复收取。

四、定金与违约金

（一）定金

定金是指当事人双方为了保证债务的履行，约定由当事人先行支付给对方一定数额的货币作为担保。根据《民法典》有关规定，定金的数额由当事人约定，但不得超过主合同标的额的百分之二十，超过部分不产生定金的效力。定金合同要采用书面形式，并在合同中约定交付定金的期限，定金合同从实际交付定金之日起生效。债务人履行债务后，定金应当抵作价款或者收回。给付定金的一方不履行约定债务的，无权要求返还定金；收受定金的一方不履行约定的债务的，应当双倍返还定金。

（二）违约金

违约金是指按照当事人的约定或者法律直接规定，一方当事人违约的，应向另一方支付金钱。根据《民法典》有关规定，当事人可以约定一方违约时应当根据违约情况，向对方支付一定数额的违约金，也可以约定因违约产生的损失赔偿额的计算方法。当事人约定的违约金低于造成损失的，人民法院或者仲裁机构可以根据当事人的请求予以增加；约定的违约金过分高于造成的损失的，人民法院或者仲裁机构可以根据当事人的请求予以适当减少。当事人就延迟履行约定违约金的，违约方支付违约金后，还应当履行债务。

【案例 3-2】 上海铁蛋建筑公司与上海钢蛋地产公司签订了一份商品住宅施工总承包合同，该项目适用一般计税方法计税，税率 9%。合同中约定如果铁蛋建筑公司应该在每月 10 日之前，按照月初工程计价金额 80% 开具增值税专用发票，否则暂不予以支付相应款项，且给钢蛋地产公司带来的无法及时取得进项税额用于抵扣的损失，铁蛋建筑公司需按照暂无法抵扣的进项税额的 10% 支付赔偿金。2021 年 8 月 3 日，铁蛋建筑公司取得钢蛋地产公司返回的工程计价单，当期含税计价金额 1 090 万元。按约定铁蛋建筑公司应该在 8 月 10 日之前开具增值税专用发票 872 万元，由于钢蛋地产公司资金紧张前期已经出现未按规定足额支付进度款，铁蛋建筑公司担心无法及时收取进度款，因此未按约定时间开具发票。钢蛋地产公司要求铁蛋建筑公司支付 7.2 万元违约金，铁蛋建筑公司觉得钢蛋建筑公司并没有损失什么，收的违约金过高了，要求减免一部分。双方协商不成，欲走法律程序。

分析： 上述案例中，关于未按规定时间提供发票造成损失而收取赔偿金的约定，并不违反任何法律，且在合同签约时铁蛋建筑公司已经接受该约定，并未提出任何异议。笔者认为该约定合法有效，但收取赔偿金比例应当商榷。因为现行政策中已经取消了增值税专用发票认证期限的限制，铁蛋建筑公司未及时提供专用发票，只是造成钢蛋地产公司进项税额抵扣滞后，并不会造成最终无法抵扣。但铁蛋建筑公司的行为，有可能会造成钢蛋地产公司当期少抵扣税金而形成资金占用。在实务中，钢蛋地产公司支付成本费用取得的进项发票如果较多，事实上当月可能不需要缴纳增值税，或者缴纳金额较少，铁蛋建筑公司未及时提供的进项发票的行为有可能并未增加其当期资金成本。

因此，如果铁蛋建筑公司能够提供证据表明其行为并未给钢蛋地产公司造成过多损失，而钢蛋地产公司要求其支付的违约金过分高于造成的损失的，可以向人民法院或者仲裁机构请求在判决或裁定时予以适当减少。

【案例 3-3】 上海铁蛋建筑公司与钢蛋材料科技公司签订了一份材料订制采购合同，含税总金额 339 万元；由于该项材料需要定制生产，一旦毁约有可能无法销售给其他企业，因此在合同中约定上海铁蛋建筑公司首次向钢蛋材料科技公司提供材料需用明细之前需要向其支付 20 万元定金，如果上海铁蛋建筑公司中途取消该项材料的采购，材料商将使用 20 万元定金抵冲损失，定金不足以弥补损失的，将额外按照合同金额的 20% 收取违约金，若定金和违约金均不能弥补损失，则按照实际损失支付相应补偿。

上述案例中，钢蛋材料科技公司可否同时收取定金及违约金？

分析：根据《民法典》第五百八十八条规定：当事人既约定违约金，又约定定金的，一方违约时，对方可以选择适用违约金或者定金条款。定金不足以弥补一方违约造成损失的，对方可以请求赔偿超过定金数额的损失。上述案例中由于材料需要定制生产，一旦生产了购买方违约就会给销售方带来较大的损失，损失金额很有可能远大于定金。因此，约定了定金不足弥补损失的，再按照约定收取一定比例违约金符合规定。

第二节　建筑业预收款的财税处理

建筑服务预收款涉及增值税预缴义务与纳税义务发生时间的认定等涉税问题。在实务中，部分建筑企业对建筑服务预收款的理解存在一定偏差，本节将全面分析预收款的认定标准及相关财税处理。

一、预收款的基本政策

工程预付款，又称为材料备料款或材料预付款。发包方（付款方）称之为"预付款"，而承包方称为"预收款"（本节主要以承包方的角度论述，以下均称之为"预收款"）。在付款时间上，简单说就是承包方开工前收到的款项；在资金用途上，明确了是承包方用于备料或预付该工程的有关款项，狭隘地说该预收款不得用于其他工程，当然在实务中业主方也无法精准监督施工方对该资金的使用。

（一）确认预收款的条件及相关政策

建筑业企业（承包方）收到建设方（发包方）支付的预付款应当专用于为该合同工程的设计和工程实施购置材料、工程设备、施工设备、修建临时设施以及组织施工队伍进场等合同工作。预付款的额度和预付办法一般在建设工程合同的专用合同条款中进行约定。除此以外，根据《建设工程价款结算暂行办法》的有关规定，建筑企业确认预收款还需要注意以下四个问题。

1. 付款比例限制

建筑企业（承包方）承揽的包工包料工程，发包方的预付比例原则上不得低于合同金额的10%，不得高于合同金额的30%，对于重大项目应该按照年度工程计划逐年预付。计价执行《建设工程工程量清单计价规范》（GB 50500—2003）的工程，实体性消耗和非实体性消耗部分应在合同中分别约定预付款比例。

2. 付款的时间限制

具备施工条件的前提下，发包人应该在双方签订合同施工后的第一个月内或者不迟于约定的开工日期前的7天内预付工程款。在实务中，如果发包人未按规定预付的，承包人可以在预付期到期后10天内向发包人发出预付要求通知；发包人还未付的，承包人可以在发出预付要求通知14天后暂停施工，发包人应该从约定预付之日起按照银行同期贷款利率支付应付款的利息，并承担违约责任。

3. 扣回方式约定

发包方预付的工程款应当在建设工程承包合同中约定扣回方式，并在进度款中进行扣回，扣回办法在专用合同条款中约定。一般情况下，发包方支付的预付款应在此后支付的进度付款中同比例扣回，合同另有约定的除外。在颁发工程接收证书前，由于不可抗力或其他原因解除合同时，预付款尚未扣清的，尚未扣清的预付款余额应作为承包人的到期应付款。

如果发包人指示承包人提供预付款担保的，承包人应在发包人支付预付款7天前提供预付款担保，承包合同另有约定除外。预付款担保可采用银行保函、担保公司担保等形式，具体由合同当事人在合同中约定。在预付款完全扣回之前，承包人应保证预付款担保持续有效。发包人在工程款中逐期扣回预付款后，预付款担保额度应相应减少，但剩余的预付款担保金额不得低于未被扣回的预付款金额。

4. 施工条件限制

凡是没有签订合同或者不具备施工条件的工程，发包人不得预付工程款，不得以预付款为名转移资金。

在实务中，建筑企业确认的预收款需要注意上述四个常见的条件限制，如果不满足相关条件就确认为预收款，在增值税纳税义务发生时间的判定上恐引发争议。

【案例3-4】 2022年3月15日，上海铁蛋建筑公司与发包方签订了一份商业中心大厦施工总承包合同，合同总造价为3亿元，合同工期750天。双方就预付款条款约定为"本工程无预付款，乙方需在进场7日内提供合同金额10%的履约保函（履约保函必须为银行保函，已合作单位不需提供）。"工程正式开工两个月以后，由于铁蛋建筑公司资金紧张，无法按规定时间完成工程进度，在未达到工程进度款付款节点时发包方向其预付了1 000万元。铁蛋建筑公司财务管理部门在会计处理时，将该笔收款确认为预收款，并按预收款的相关要求预缴了增值税及附加税费。

分析：笔者认为铁蛋建筑公司收到的1 000万元款项应当属于进度款，而不属于预收款。第一，该合同明确约定了无预付款，后期也未签订任何关于预付款的补充协议；第二，发包方付款的时间为正式开工两个月之后，不符合"双方签订合同施工后的第一个月内或者不迟于约定的开工日期前的7天内"的要求。综述，该工程已经开工了两个月，已经发生了履约行为，存在履约进度，应当按照履约进度确认相应的合同收入。同时，在收到1 000万元款项时即产生增值税纳税义务。

（二）预收款的财税政策

根据《财政部 税务总局关于建筑服务等营改增试点政策的通知》（财税2017年58号，以下简称"财税2017年58号文"）的有关规定，建筑企业提供建筑服务取得预收款，应在收到预收款时，以取得的预收款扣除支付的分包款后的余额预缴增值税。按照现行规定无须在建筑服务发生地预缴增值税的项目，收到预收款时在机构所在地预缴增值税。适用一般计税方法计税的项目预征率为2%，适用简易计税方法计税的项目预征率为3%。

1. 预收款预缴税款的计算

【案例3-5】 2022年4月18日，上海铁蛋建筑公司与发包方签订了一份办公大楼精装修合同，合同总价为 1.09 亿元（适用一般计税方法）。该项目为异地施工项目，计划开工时间为 2022 年 6 月 1 日，总工期为 380 天。合同约定了预付款比例为合同金额的 30%，同时约定了在第一次支付进度款时 100% 扣回预付款，不足扣除的在以后支付进度款期间逐次扣回，直至 100% 扣完为止。铁蛋建筑公司在签订合同 30 天后（2022 年 5 月 18 日）收到了发包方支付的 4 000 万元款项，收款当日向发包方开具了同等金额的预收款财务收据。假设收到预收款当期未取得分包发票（未支付分包款项），该笔款项可否按照预收款进行财税处理？

分析：上述案例的预付比例已经超过了合同金额的 30%，在增值税管理上是否属于"预收款"范畴呢？根据《建设工程价款结算暂行办法》的规定，虽然预付比例超过了最高限制，但并没有明确规定若超过了最高比例限制就不属于预收款，同时财税法规中也并未对"财税 2017 年 58 号"文件中的"预收款"做过解释说明。因此，笔者认为上述案例中合同明确约定了预收款事项，且支付的时间在正式开工之前，该笔款项显然不属于进度款。虽然预付比例不符合结算文件的规定，但在财税处理上依然可以认定为"预收款"，应当按照"财税 2017 年 58 号"文件的规定预缴增值税。

上述案例中，假设不考虑是否将收到的预收款进行价税分离，则在项目所在地应预缴的增值税为 80 万元（4 000 万元×2%）。

2. 预收款的增值税预缴期限

笔者提醒，纳税人跨地级行政区提供建筑服务预缴增值税的时间期限应当为预缴之月起 6 个月内，而"财税 2017 年 58 号"文件中对于收到预收款应预缴增值税的最晚期限未做明确要求，但不代表没有限制，建筑企业需要谨慎对待。读者可以参照以下文件对预缴增值税的期限要求执行。

根据《国家税务总局关于发布〈纳税人跨县（市、区）提供建筑服务增值税征收管理暂行办法〉的公告》（国家税务总局公告 2016 年第 17 号）和《国家税务总局关于进一步明确营改增有关征管问题的公告》（国家税务总局公告 2017 年第 11 号）的有关规定，建筑业纳税人跨地级行政区提供建筑服务，应向建筑服务发生地主管税务机关预缴税款而自应当预缴之月起超过 6 个月没有预缴税款的，由机构所在地主管税务机关按照《中华人民共和国税收征收管理法》及相关规定进行处理。

【案例 3-6】 2022 年 1 月 3 日，上海铁蛋建筑公司在华东某省承揽的某个工程项目，收到了发包方支付的工程进度款 1 090 万元，该项目适用一般计税方法计税。假设铁蛋建筑公司在收到进度款的当期没有支付任何分包款，则该公司应当在 1 月 31 日之前向机构所在地主管税务机关预缴增值税 20 万元（1 090÷1.09×2％）。预缴时间最迟不超过 2022 年 6 月 30 日。

【案例 3-7】 2022 年 3 月 15 日，上海铁蛋建筑公司在公司注册地同一区内的某个工程项目，根据合同约定在开工前 7 天内收到了一笔预收账款 1 090 万元，该项目适用一般计税方法计税。假设铁蛋建筑公司在收到预收款的当期没有支付任何分包款，则该公司应当于 3 月 15 日向机构所在地主管税务机关预缴增值税 20 万元［（1 090÷1.09）×2％］。比照前述预缴时间的有关规定，预缴时间最迟不超过 2022 年 9 月 15 日。

笔者建议，建筑企业提供建筑服务在收到预收款的当期及时预缴增值税。同时建筑服务预收款在何时转为进度款，对应的增值税纳税义务发生时间判定也需要财务人员在实际工作中特别关注。

二、建筑服务预收款的票据开具

"财税 2017 年 58 号"文件明确了建筑企业提供建筑服务收到的预收款只有增值税预缴义务，暂时不发生增值税纳税义务。建筑企业收到预收款应该开具什么凭证，关键看发包方（业主方）认可哪一类凭证。第一，建筑企业可以开具普通收据，待增值税纳税义务产生时再开具工程进度款应税发票；第二，可以开具编码为"612 建筑企业预收款"的不征税增值税普通发票，待增值税纳税义务发生时再开具相应税率的工程进度款发票；第三，直接开具相应税率的增值税发票，但增值税纳税义务随即产生。开具第一类、第二类凭证的关键前提是发包方（业主方）认可且必须按规定预缴增值税。

对于建筑企业部分选择适用或者适用简易计税方法计税的工程项目，在收到预收款的当期需要按照预缴率 3％预缴增值税，预缴率与征收率一致，无论开具哪一类收款凭证对资金的影响都一样。因此，选择适用或者适用简易计税方法的工程项目在收到预收款的当期可按照征收率开具增值税发票，没必要开具收据或者开具编码为"612 建筑企业预收款"不征税发票。

国家税务总局没有发布文件明确规定建筑企业可以按照"612 建筑企业预收款"开具不征税发票，只是在税控系统中有此税目，结合"财税 2017 年 58"文件修改建筑企业预收款的增值税纳税义务为预缴义务的动机判断，建筑企业开具"不征税"发票并无不妥。

【案例 3-8】　2022 年 5 月 18 日，上海铁蛋建筑公司与发包方签订了一份公建混合住宅施工总承包合同，合同金额 3 亿元，合同工期为 780 天，关于预付账款的约定如下：

（1）分部、分项工程部分的预付款额度为分部、分项工程总额的 30%；

（2）措施项目部分预付款额度为措施项目总额的 30%；

（3）预付时间及办法为发包人在收到承包人提交的正式发票后（不得开具"不征税"发票），发包人一次性向承包人支付预付款。预付款的支付时间不迟于本项目约定的开工日期前 7 天内。

（4）预付款的扣回方式为在每次支付进度应付款中等额扣回，直至全部扣清为止。

铁蛋建筑公司在合同约定的开工日前 5 天，向发包方开具税率为 9% 的增值税专用发票，发票价税合计为 3 000 万元，并在合同约定的开工日前 3 天收到了发包方支付的 3 000 万元，铁蛋建筑公司按照预收款做了处理。

分析：上述案例，铁蛋建筑公司收到的款项从"预收比例""预收的时间""合同中约定的扣回条件"上分析，都符合确认预收款的条件。但是，发包方的预付要求是铁蛋建筑公司向其开具正式发票，即带税率的增值税发票，且铁蛋建筑公司开具了正式发票，则在开具正式发票的当日即产生了增值税纳税义务，无法再按照预收款进行相关操作。在会计核算上，由于该工程还没有正式开工，不存在履约进度，无须确认合同收入，可以按照预收款进行会计处理。

三、预收款的会计处理与纳税申报

◤ （一）建筑服务预收款的会计处理

建筑企业收到符合条件的预收款，可以开具普通财务收据或"不征税"发票，暂不确认合同收入。收到预收款时借记"银行存款"科目，贷记"合同负债"等科目；预缴增值税及附加时，借记"应交税费——预缴增值税""应交税费——简易计税（预缴税额）""税金及附加"等科目，贷记"银行存款"等科目。

发包方凭承包方开具的收据，"不征税"发票可以作为账款往来的结算凭证，不记入建安成本，应该记入"预付账款"中，待建安成本正式发生以后再从"预付账款"中转入相应的成本科目中，届时建筑企业将开具相应税率增值税发票。

【案例 3-9】 上海铁蛋建筑公司在公司注册地同一区内的某个工程项目，在双方签订施工总承包合同中明确约定了预付款比例、预付时间、扣回时间等内容。根据合同约定，铁蛋建筑公司在开工前 7 天内收到了符合条件的预收款 1 090 万元，该项目适用一般计税方法计税。假设铁蛋建筑公司在收到预收款的当期没有支付分包款，铁蛋建筑公司在收到预收款的当期向机构所在地主管税务机关预缴增值税 20 万元（1 090÷1.09×2%）。会计处理如下（附加税费的会计处理暂略）：

（1）收到预收款。

借：银行存款 10 900 000

　　贷：合同负债 10 000 000

　　　　应交税费——待转销项税额 900 000

（2）预缴增值税。

借：应交税费——预交增值税 200 000

　　银行存款 200 000

在实务中，"合同负债"科目是否含增值税存在争议。根据合同负债的定义，《财政部关于修订印发〈企业会计准则第 14 号——收入〉的通知》（财会〔2017〕22 号）第四十一条规定："合同负债，是指企业已收或应收客户对价而应向客户转让商品的义务。如企业在转让承诺的商品之前已收取的款项"。根据上述规定，建筑企业收取的预收款中包含了部分应交的增值税，并不都是应向发包方提供的建筑服务的对价，因此预收款中的增值税部分不符合合同负债中的定义，应当从其中分离出来记入"应交税费——待转销项税额"科目中，待产生增值税纳税义务时再从"应交税费——待转销项税额"科目转入"应交税费——应交增值税（销项税额）""应交税费——简易计税（计提总包税额）"科目中。但事实上，笔者认为前述案例中增值税部分从预收款中分离出来，记入"应交税费——待转销项税额"的会计处理并不严谨，因为合同尚未履约，尚未完成任何工程量，业主方也尚未进行工程计价，因此并不应该记入"应交税费——待转销项税额"科目，记入"其他应付款"科目似乎更合适。

关于"合同负债"等新增会计科目的运用，在后续合同收入与合同成本核算的章节将详细阐述。

（二）建筑服务预收款的纳税申报

建筑企业在收到预收款时，如按照建筑服务的增值税税率或征收率开具发票，即产生增值税纳税义务，需要正常进行纳税申报。

建筑企业在收到预收款的纳税期内，如果未开具相应发票，只开具了普通财务收据，或按照"602"编码开具了"不征税"发票的，当期只需要对预缴增值税事项进行会计处理即可，无须申报"不征税"发票中的销售额，待增值税纳税义务发生时，开具相应税率的进度款发票时再进行纳税申报。

第三节　合同收入与合同成本的会计核算

根据《中华人民共和国会计法》（以下简称《会计法》）的规定，国家统一的会计制度，由国务院所属财政部制定；各省、自治区、直辖市以及国务院业务主管部门，在与《会计法》和国家统一会计制度不相抵触的前提下，可以制定本地区、本部门的会计制度或者补充规定。

一、建筑业企业可执行的会计制度

企业会计制度是企业的一项重大制度，既受国家法令和制度的约束，又要适应专业的条件。

（一）我国现行的会计制度

我国现行的国家统一的会计制度包括三类：分别是《企业会计制度》《企业会计准则》以及《小企业会计准则》。曾经分行业颁布施行的会计制度、核算办法均已废止。

1.《企业会计制度》

《企业会计制度》（财会〔2 000〕25 号），于 2001 年 1 月 1 日起暂在股份有限公司范围内执行。《企业会计制度》是现行会计制度中发布最早的一个制度，自 2001 年开始实施至 2006 年《企业会计准则》发布以后，所有上市企业均不再执行该制度，转而执行《企业会计准则》。《企业会计制度》关于建安企业收入和成本的确认模式与原《企业会计准则第 15 号——建造合同》没有实质性区别，建造合同的结果能够可靠地估计，企业应当根据完工百分比法在资产负债表日确认合同收入和费用。完工百分比法，是指根据合同完工进度确认收入与费用的方法。

执行《企业会计制度》的建筑业企业，建造合同的结果能够可靠地估计的，当期完成的建造合同，应按实际合同总收入减去以前会计年度累计已确认的收入后的余额作为当期收入，同时按累计实际发生的合同成本减去以前会计年度累计已确认的费用后的余额作为当期费用。如果建造合同的结果不能可靠地估计，但已发生的合同成本能够收回的，合同收入根据能够收回的实际合同成本加以确认，合同成本在其发生的当期作为费用；已发生的合同成本不可能收回的，应当在发生时立即作为费用，不确认收入。

2. 《企业会计准则》

我国现行的会计准则自 2007 年 1 月 1 日起在上市公司范围内实施，鼓励其他企业执行。在《企业会计准则第 14 号——收入》（以下简称"新收入准则"）修订之前，大中型建筑业企业都在执行《企业会计制度》和《企业会计准则第 15 号——建造合同》（以下简称《建造合同准则》）。

新收入准则的具体适用范围和适用时间：在境内外同时上市的企业以及在境外上市并采用国际财务报告准则或企业会计准则编制财务报表的企业，自 2018 年 1 月 1 日起实行；其他境内上市企业，自 2020 年 1 月 1 日起实行；执行企业会计准则的非上市企业自 2021 年 1 月 1 日起实行。同时允许企业提前执行；执行新收入准则的企业不再执行《企业会计准则第 14 号——收入》和《企业会计准则第 15 号——建造合同》。

新收入准则下履约进度的测算与原建造合同准则下完工百分比的测算原则基本一致。

3. 《小企业会计准则》

2011 年 10 月 18 日，财政部发布了《小企业会计准则》，自 2013 年 1 月 1 日起在小企业范围内实行。根据《中小企业划型标准规定》（工信部联企业〔2011〕300 号）和《关于印发〈统计上大中小微型企业划分办法（2017）〉的通知》（国统字〔2017〕213 号）的有关规定，建筑业企业营业收入在 300 万元以上 6 000 万元以下，且资产总额在 300 万元以上 5 000 万元以下的为小型企业；营业收入在 300 万元以下或资产总额 300 万元以下的为微型企业。

根据 2021 年 4 月工业和信息化部中小企业局发布的《关于公开征求〈中小企业划型标准规定（修订征求意见稿）〉意见的通知》的有关内容显示，建筑业小企业的标准有可能改为：营业收入 8 000 万元以下且资产总额 1 亿元以下的为小型企业；营业收入 800 万元以下且资产总额 1 000 万元以下的为微型企业。

建筑业小企业提供建筑安装服务，工程项目在同一会计年度内开始并完成的，应当在提供劳务交易完成且收到款项或取得收款权利时确认提供劳务收入。提供劳务收入的金额为从接受劳务方已收或应收的合同协议价款。工程项目建筑安装服务的开始和完成分属不同会计年度的，应当按照完工进度确认提供建安服务收入。如果建筑业小企业的工程项目属于跨年项目，虽然执行《小企业会计准则》，但与执行《企业会计制度》和新收入准则的建筑业企业，在确认合同收入和合同费用的方法上并无实质差异，只是会计分录有所差别。

本书中关于建筑业企业确认合同收入与合同成本的描述及案例解析，除特别标注了执行某一项会计制度的除外，其余均默认执行新收入准则。

◣ （二）执行《企业会计准则第 14 号——收入》

企业应当在履行了合同中的履约义务，即在客户取得相关商品控制权时确认收入。取得相关商品控制权，是指能够主导该商品的使用并从中获得几乎全部的经济利益，也包括有能力阻止其他方主导该商品的使用并从中获得经济利益。企业在判断商品的控制权是否发生转移时，应当从客户的角度进行分析，即客户是否取得了相关商品的控制权以及何时取得该控制权。取得商品控制权同时包括下列三项要素。

一是能力。企业只有在客户拥有现时权利，能够主导该商品的使用并从中获得几乎全部经济利益时，才能确认收入。

二是主导该商品的使用。客户有能力主导该商品的使用，是指客户在其活动中有权使用该商品，或者能够允许或阻止其他方使用该商品。

三是能够获得几乎全部的经济利益。客户必须拥有获得商品几乎全部经济利益的能力，才能被视为获得了对该商品的控制。

新收入准则下收入确认和计量的五个步骤：识别与客户订立的合同；识别合同单项履约义务；确认交易价格；将交易价格分摊至各单项履约义务；履行单项履约义务时确认收入。

图 3-1 为新收入准则下收入确认和计量的五个步骤。

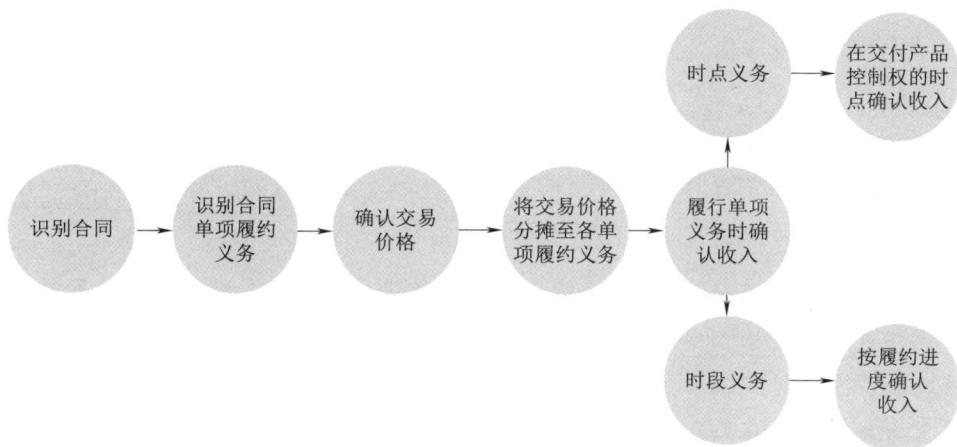

图 3-1 新收入准则下收入确认和计量的五个步骤

1. 识别与客户订立的合同

（1）合同的含义。

新收入准则所称合同，是指双方或多方之间订立有法律约束力的权利义务的协议。合同包括书面形式、口头形式以及其他形式（如隐含于商业惯例或企业以往的习惯做法中等）。企业与客户之间的合同同时满足下列五项条件的，企业应当在履行了合同中的履约义务，即在客户取得相关商品控制权时确认收入：

①合同各方已批准该合同并承诺将履行各自义务；

②该合同明确了合同各方与所转让商品相关的权利和义务；

③该合同有明确的与所转让商品相关的支付条款；

④该合同具有商业实质，即履行该合同将改变企业未来现金流量的风险、时间分布或金额；

⑤企业因向客户转让商品而有权取得的对价很可能收回。

例如，建筑业企业经常会与合作关系较为密切的合作业主签订"框架协议"，协议中并未明确约定相关项目的对价及支付条款，双方就某些项目达成打包合作意向，并不符合新收入准则下的合同实质，无法作为确认收入的依据。

（2）合同合并。

企业与同一客户（或该客户的关联方）同时订立或在相近时间内先后订

立的两份或多份合同，在满足下列条件之一时，应当合并为一份合同进行会计处理。

①该两份或多份合同基于同一商业目的而订立并构成一揽子交易，如一份合同在不考虑另一份合同的对价的情况下将会发生亏损；②该两份或多份合同中的一份合同的对价金额取决于其他合同的定价或履行情况，如一份合同如果发生违约，将会影响另一份合同的对价金额；③该两份或多份合同中所承诺的商品（或每份合同中所承诺的部分商品）构成单项履约义务。

【案例 3-10】 铁蛋门窗安装分包公司与业主就同一工程项目分别签订门窗销售合同与安装合同，实质上应当将两份合同合并进行会计处理。虽然这两份合同合并为一份合同进行会计处理的，但是仍需区分该一份合同中包含的各单项履约义务。

（3）合同变更。

合同变更，是指经合同各方批准对原合同范围或价格作出的变更。合同变更既可能形成新的具有法律约束力的权利和义务，也可能是变更了合同各方现有的具有法律约束力的权利和义务。企业应当区分下列三种情形，对合同变更分别进行会计处理。

①合同变更部分作为单独合同。合同变更增加了可明确区分的商品及合同价款，且新增合同价款反映了新增商品单独售价的，应当将该合同变更部分作为一份单独的合同进行会计处理。此类合同变更不影响原合同的会计处理。

【案例 3-11】 铁蛋建筑公司与业主签订的合同为某住宅工程施工总承包工程，合同施工范围仅包含主体结构工程施工，不含精装修。业主原本打算将精装修直接发包给其他装饰装修企业进行施工，后由于双方在前面施工合作过程较为愉快，业主决定将该工程的精装部分也交给铁蛋建筑公司施工。双方就精装修部分签订了一份补充协议，将合同施工范围变更为包含精装修内容。本例中，铁蛋建筑公司原总承包合同中单项履约义务并不包含装修义务，增加了精装修内容使得合同变成两项履约义务，笔者认为精装修部分作为单独合同更合理一些。

②合同变更作为原合同终止及新合同订立。合同变更不属于上述第①种情形，且在合同变更日已转让的商品或已提供的服务与未转让的商品或未提供的服务之间可明确区分的，应当视为原合同终止，同时，将原合同未履约

部分与合同变更部分合并为新合同进行会计处理。

【案例 3-12】 铁蛋建筑公司与业主签订某高速公路项目一标段施工总承包合同，合同含税总造价为 10 900 万元，后业主将该项目的二标段也交由铁蛋建筑公司施工，重新签订了一份高速公路项目施工合同，原合同终止。

③合同变更部分作为原合同的组成部分。应当将该合同变更部分作为原合同的组成部分，在合同变更日重新计算履约进度，并调整当期收入和相应成本等。

【案例 3-13】 铁蛋建筑公司与业主签订某房屋住宅施工总承包合同，合同含税总造价为 10 900 万元，后由于部分图纸发生变更增加了 327 万元工程造价（含税）。调整增加的造价 327 万元并没有改变本例中的单项履约义务，属于原合同的组成部分，因此铁蛋建筑公司应当调整合同预计总收入，重新测算合同履约进度，在增加造价的当期调整已确认的合同收入与合同成本。

2. 识别合同单项履约义务

履约义务，是指合同中企业向客户转让可明确区分商品的承诺。下列情况下，企业应当将向客户转让商品的承诺作为单项履约义务：一是企业向客户转让可明确区分商品（或者商品的组合）的承诺；二是企业向客户转让一系列实质相同且转让模式相同的、可明确区分商品的承诺。

【案例 3-14】 2022 年 1 月 15 日，铁蛋建筑公司和客户签订了一项商业中心大厦施工总承包合同。铁蛋公司向客户提供的单项商品可能包括钢筋、混凝土、人工等，虽然这些单项商品本身都能够使客户获益（如客户可将这些建筑材料以高于残值的价格出售，也可以将其与其他建筑商提供的材料或人工等资源一起使用），但是，在该合同下，铁蛋公司向客户承诺的是为其建造一栋商业中心大厦，而并非单纯的销售这些材料和人工等。铁蛋公司需提供重大的服务将这些单项商品进行整合，以形成合同约定的一项组合产出（即写字楼）转让给客户。因此，在该合同中，材料和人工等商品彼此之间不能单独区分，属于一项履约义务。

3. 交易价格

交易价格，是指企业因向客户转让商品而预期有权收取的对价金额。建筑业工程合同的交易价格，是指建筑企业因向客户转让其分阶段完成的建筑服务而预期有权收取的对价金额。建筑企业分阶段进行的工程计价一般都包含增值税，而增值税实质上属于建筑企业代第三方收取的款项，应当按纳税期规定的申报纳税时间缴纳税款，销项税额在会计处理时应当作为负债进行会计处理（"应交税费"科目），而不应该计入交易价格（"主营业务收入""其他业务收入"等科目）。

在建筑业的建设工程合同中的合同标价并不一定代表交易价格，在确定交易价格时，应当考虑可变对价（工程奖励、索赔等）、合同中存在的重大融资成分、非现金对价（以物抵债）、应付客户对价（甲供材）等因素的影响，并应当假定将按照现有合同的约定向客户转移商品，且该合同不会被取消、续约或变更。

【案例 3-15】 铁蛋建筑公司承揽了某一工业园区钢结构厂房建造工程，合同约定的总价款为 10 000 万元，但是，如果铁蛋建筑公司不能在合同签订之日起的 180 天内竣工，则须支付 50 万元罚款，该罚款从合同价款中扣除。上述金额均不含增值税。该合同的对价金额实际由两部分组成，即 9 950 万元的固定价格以及 50 万元的可变对价。

4. 履行各单项履约义务时确认收入

执行新收入准则的企业，应当在履行了合同中的履约义务，即客户取得相关商品控制权时确认收入。企业将商品的控制权转移给客户，该转移可能在某一时段内（即履行履约义务的过程中）发生，也可能在某一时点（即履约义务完成时）发生。企业应当根据实际情况，首先应当按照新收入准则第十一条判断履约义务是否满足在某一时段内履行的条件，如不满足，则该履约义务属于在某一时点履行的履约义务。对于在某一时段内履行的履约义务，企业应当选取恰当的方法来确定履约进度；对于在某一时点履行的履约义务，企业应当综合分析控制权转移的迹象，判断其转移时点。

（1）某一时段内履行履约义务。

根据建筑业产品特点判断，其工程承包合同履约义务应当属于在某一时段内履行的履约义务。建筑企业建设承包合同满足下列条件之一的，属于在某一时段内履行履约义务，合同收入应当在该履约义务履行的期间内确认。

①客户在企业履约的同时即取得并消耗企业履约所带来的经济利益。

②客户能够控制企业履约过程中在建的商品。

③企业履约过程中所产出的商品具有不可替代用途，且该企业在整个合同期间内有权就累计至今已完成的履约部分收取款项。

（2）在某一时段内履行的履约义务的收入确认。

对于在某一时段内履行的履约义务，建筑企业应当按照履约进度确认收入，履约进度不能够合理确定时除外。例如，当建筑业的建造合同结果不能可靠估计时，不得使用履约进度确认合同收入和合同费用。企业如果无法获得确定履约进度所需的可靠信息，则无法合理地确定其履行履约义务的进度。在会计处理上，当履约进度不能合理确定时，企业已经发生的成本预计能够得到补偿的，应当按照已经发生的成本金额确认收入，直到履约进度能够合理确定为止。即当建造合同结果不能可靠估计时，若已经发生的合同成本能够收回的，在会计处理上合同收入根据能够收回的实际合同成本予以确认，合同成本在其发生的当期结转为合同费用。若合同成本不可能收回的，不确认合同收入，合同成本在发生时立即确认为合同费用。

建造合同结果能可靠估计时，建筑业应当采用产出法或投入法确定合同履约进度，并且在确定履约进度时，应当扣除那些控制权尚未转移给客户的商品和服务。建筑企业按照履约进度确认收入时，通常应当在资产负债表日按照合同的交易价格总额乘以履约进度扣除以前会计期间累计已确认的收入后的金额，确认为当期收入。

（3）使用"产出法"确定履约进度。

产出法是根据已转移给客户的商品对于客户的价值确定履约进度的方法，通常可采用实际测量的完工进度、评估已实现的结果、已达到的里程碑、时间进度、已完工或交付的产品等产出指标确定履约进度。建筑企业采用产出法确定履约进度，类似于《企业会计制度》和原《建造合同准则》中"已经完成的合同工作量占合同预计总工作量的比例"和"已完合同工作的测量"，其中"已经完成的工作量""已完合同工作的测量"通俗地理解，相当于业主或项目监理机构对建筑企业已完成工程量的计量与计价。产出法确定的履约进度用公式表示为：

产出法履约进度＝验工计价金额÷合同交易价格总额

笔者提醒，建筑企业如果采用产出法确定履约进度，需要业主参与测量或评估已实现的结果，确定履约进度的时效可能无法完全满足会计信息质量的及时性，因此在实务中建筑业企业大多采用"投入法"确定履约进度。建筑企业在评估是否采用产出法确定履约进度时，应当考虑具体的事实和情况，并选择能够如实反映企业履约进度和向客户转移商品控制权的产出指标。当选择的产出指标无法计量控制权已转移给客户的商品时，不应采用产出法。

【案例 3-16】 2021 年 10 月，铁蛋建筑公司与钢蛋制造公司签订了某设备安装合同，为钢蛋制造公司安装相关设备 1 000 台，合同价格为 103 万元（其中价款 100 万元，增值税额 3 万元），该工程选择适用简易计税方法计税。截至 2021 年 12 月 31 日，铁蛋建筑公司已经安装 500 台设备，剩余部分预计在 2022 年 3 月 31 日之前完成。假设该合同仅包含一项履约义务，且该履约义务满足在某一时段内履行的条件。假定不考虑其他情况。

上述案例中，铁蛋公司提供的设备安装服务属于在某一时段内履行的履约义务，可以按照已完成的工作量确定履约进度。截至 2021 年 12 月 31 日，该合同的履约进度为 50%（500÷1 000），铁蛋建筑公司该项目应确认的合同收入为 50 万元（100×50%）。

（4）使用"投入法"确定履约进度。

前述的产出法是根据能够代表向客户转移商品控制权的产出指标直接计算履约进度的，因此通常能够客观地反映履约进度。但是，产出法下有关产出指标的信息有时可能无法直接观察获得，或者获取信息的时间比较滞后，因此大部分建筑企业采用投入法来确定履约进度。

投入法是根据企业履行履约义务的投入确定履约进度的方法，通常可采用投入的材料数量、花费的人工工时或机器工时、发生的成本和时间进度等投入指标确定履约进度。当企业从事的工作或发生的投入是在整个履约期间内平均发生时，企业也可以按照直线法确认收入。

【案例 3-17】 2022 年 1 月 1 日，铁蛋建筑公司承接的 CBD 中心工程，该合同的不含税金额为 23 000 万元。截至 2022 年 5 月 31 日已累计发生成本 1 000 万元，假设该工程的合同预计总成本为 20 000 万元。

截至 2022 年 5 月，按照投入法测算的履约进度为 1 000÷20 000＝5%。

累计应确认的合同收入＝23 000×5%＝1 150（万元）

（5）履约进度的重新估计。

在每个一资产负债表日，建筑企业应当对履约进度进行重新估计。当客观环境发生变化时，建筑企业也需要重新评估履约进度是否发生变化，该变化应当作为会计估计变更进行会计处理。对于每一项履约义务，企业只能采用一种方法来确定其履约进度。对于类似情况下的类似履约义务，企业应当采用相同的方法确定履约进度。

二、新收入准则下建筑企业部分新增会计科目介绍

企业应当正确记录和反映与客户之间的合同产生的收入及相关成本费用。本部分仅涉及适用于"新收入准则"的建筑企业新增的主要会计科目、新增会计科目的主要核算内容以及通常情况下的账务处理。

（一）合同资产

合同资产是指企业已向客户转让商品而有权收取对价的权利，且该权利取决于时间流逝之外的其他因素。如企业向客户销售两项可明确区分的商品，企业因已交付其中一项商品而有权收取款项，但收取该款项还取决于企业交付另一项商品的，企业应当将该收款权利作为合同资产。企业拥有的、无条件（即仅取决于时间流逝）向客户收取对价的权利应当作为应收款项单独列示。例如，建筑设备销售企业负责某项住宅工程的电梯安装，如果合同包含电梯销售和安装两项履约义务，一般合同金额需要分别载明电梯销售金额和安装金额，如果约定销售的电梯必须全部安装调试完毕，业主再对相关内容进行计量，销售电梯时虽然商品的控制权已经转移给了业主，但是需要安装调试且验收合同才履约完毕，因此在销售电梯时确认合同收入的当期只能确认"合同资产"而不能确认"应收账款"。

建筑企业的"合同资产"主要包括：已完工未结算的部分、计提的应收质保金、BT项目建设支出未计价部分、金融资产模式下PPP项目在建设期确认的金融资产。

（二）合同负债

合同负债是指企业已收或应收客户对价而向客户转让商品的义务。如企业在转让承诺的商品之前已收取的款项。本科目应按合同进行明细核算，企业在向客户转让商品之前，客户已经支付了合同对价或企业已经取得了无条件收取合同对价的权利的，企业应当在客户实际支付款项与到期应支付款项孰早时点，按照该已收和应收的金额，借记"银行存款""应收账款""应收票据"等科目，贷记本科目；企业向客户转让相关商品时，借记本科目，贷记"主营业务收入""其他业务收入"等科目，涉及增值税的，还应当进行相应的税费处理。

建筑企业的"合同负债"主要包括：提供建筑服务前预收的工程款、销

售材料之前预收材料款、已经结算尚未完工的部分。可以设置"合同负债——预收工程款""合同负债——已结算未完工"等二级明细科目。已经使用新收入准则（《企业会计准则第 14 号——收入》）的建筑企业，在收到工程预收款时，不再使用"预收账款"和"递延收益"科目。

(三) 合同履约成本

"合同履约成本"科目，是用于核算企业为履行当前或逾期取得的合同所发生的、不应属于其他企业会计准则规范范围且按照《企业会计准则第 14 号——收入》应当确认为一项资产的成本。建筑安装企业根据建设工程设计文件的要求，对建设工程进行新建、扩建、改建的活动所发生的施工成本通过"合同履约成本"科目进行核算，"合同履约成本"科目下设"工程施工"二级明细科目，"工程施工"科目可以根据直接成本和间接费用相关明细内容设置三级科目。期末，按照履约进度结转合同履约成本，将"合同履约成本"科目当期发生额结转到"主营业务成本"科目中，采用投入法测算履约进度的建筑企业，当期"合同履约成本"科目在结转以后一般无余额。

(四) 合同履约成本减值准备

"合同履约成本减值准备"科目，用于核算与合同履约成本有关的资产的减值准备，可按合同进行明细核算。与合同履约成本有关的资产发生减值的，按应减记的金额，借记"资产减值损失"科目，贷记本科目；转回已计提的资产减值准备时，做相反的会计分录。本科目期末贷方余额，反映企业已计提但尚未转销的合同履约成本减值准备。

(五) 合同结算

"合同结算"主要用于核算同一合同下属于在某一个时段内履约义务涉及与客户结算对价的合同资产或合同负债，并在此科目下设置"合同结算——价款结算"科目、"合同结算——收入结转"明细科目，前者反映阶段性与客户（建设方）进行结算的金额，后者核算按履约进度确认的收入金额。合同完工时，将"合同结算——价款结算"科目与"合同结算——收入结转"科目对冲结平。

"合同结算"科目的处理方式与《企业会计制度》《建造合同准则》下的"工程结算"科目的使用存在差异。在《企业会计制度》《建造合同准则》下，建筑企业在与业主办理工程计价时，按照当期计价金额，借记"应收账款"等科目，贷记"工程结算"科目。合同完工时，将"工程结算"科目余额与相关工程项目的"工程施工"科目对冲，借记"工程结算"科目，贷记"工程施工"科目。"工程结算"科目期末贷方余额反映企业尚未完工建造合同已办理结算的累计金额。

（六）合同取得成本

合同取得成本，企业为取得合同发生的增量成本预期能够收回的，应当作为合同取得成本确认为一项资产。增量成本，是指企业不取得合同就不会发生的成本，如建筑企业的中标奖金等。为简化实务操作，该资产摊销期限不超过一年的，可以在发生时计入当期损益。企业采用该简化处理方法的，应当对所有类似合同一致采用。企业为取得合同发生的、除预期能够收回的增量成本之外的其他支出，例如，无论是否取得合同均会发生的差旅费、投标费、为准备投标资料发生的相关费用等，应当在发生时计入当期损益，除非这些支出明确由客户承担。

（七）合同取得成本减值准备

"合同取得成本减值准备"科目，核算与合同取得成本有关的资产减值准备，可按合同进行明细核算。与合同取得成本有关的资产发生减值的，按应减记的金额，借记"资产减值损失"科目，贷记本科目；转回已计提的资产减值准备时，做相反的会计分录。本科目期末贷方余额，反映企业已计提但尚未转销的合同取得成本减值准备。

三、合同履约过程中成本费用的归集

合同履约过程中发生的直接相关的成本包括直接人工（例如，支付给直接为客户提供所承诺服务的人员的工资、奖金等）、直接材料（例如，为履行合同耗用的原材料、辅助材料、构配件、零件、半成品的成本和周转材料的摊销及租赁费用等）、制造费用（或类似费用。例如，组织和管理相关生产、施工、服务等活动发生的费用，包括管理人员的职工薪酬、劳动保护费、固定资产折旧费及修理费、物料消耗、取暖费、水电费、办公费、差旅费、财产保险费、工程保修费、排污费、临时设施摊销费等）；明确由客户承担的成本以及仅因该合同而发生的其他成本（例如，支付给分包商的成本、机械使用费、设计和技术援助费用、施工现场二次搬运费、生产工具和用具使用费、检验试验费、工程定位复测费、工程点交费用、场地清理费等）。

建筑企业在合同履约过程中发生的成本按照权责发生制进行会计核算，即建筑企业在施工生产中所发生的成本、费用应当在合理的期间予以确认，不以该成本、费用是否已经支付为判断标准。通过"合同履约成本"科目进行归集合同成本，"合同履约成本"科目下设"工程施工"二级科目，可以根据实际需要在"工程施工"科目下再设置"人工费""材料费""机械使用费""分包费""其他直接费""间接费用"等三级明细科目。

(一) 人工费

"人工费"明细科目，主要用于归集施工一线作业人员的各项费用，用于核算建筑企业自有劳务队（内部劳务队）的工人工资和奖金，以及分包给劳务分包公司所产生的劳务分包费。财务管理部门核算的人工费，来源于工程项目或成本管理部门提供的人员考勤、劳务分包结算单及相关业务发票为凭据。除了内部劳务队和劳务分包模式，部分建筑企业的用工模式采用劳务派遣形式，但劳务派遣涉及用工数量比例限制的问题，笔者不建议建筑企业采用此方式。

1. 内部劳务队

部分建筑企业为了节省人工成本，通常建立一支或多支内部劳务队。内部劳务队工人与建筑企业签订劳动合同，每月由内部劳务队长对工人进行考勤，财务管理部门以考勤表、工资发放表作为凭证进行会计处理。

【案例 3-18】 铁蛋建筑公司所属虔州文苑项目 2021 年 7 月应发农民工工资 100 万元，铁蛋建筑公司按照表 3-1 相关比例计算缴纳社保。

表 3-1 铁蛋建筑公司社保缴纳比例

适用区间	险种	比例	
2021.6－2021.7	养老保险	单位	16%
		个人	8%
	失业保险	单位	0.8%
		个人	0.2%
	工伤保险	单位	0.8%
		个人	0.0%

适用区间	险种	比例	
2021.6－2021.7	医疗保险	单位	10%
		个人	2.0%
	生育保险	单位	0.8%
		个人	0

铁蛋建筑公司应计入人工费的职工薪酬为：$100＋100×（16\%＋0.8\%＋0.8\%＋10\%＋0.8\%）＝128.4$（万元）。

铁蛋建筑公司农民工个人应承担的社保为：$100×（8\%＋0.2\%＋2\%）＝10.2$（万元）。假设农民工工资应缴个税合计 10 万元，会计处理如下。

（1）铁蛋建筑公司计提工资社保。

借：合同履约成本——工程施工——人工费　　　　1 284 000
　　贷：应付职工薪酬——工资　　　　　　　　　　1 000 000
　　　　　　　　——养老保险　　　　　　　　　　　160 000
　　　　　　　　——失业保险　　　　　　　　　　　　8 000
　　　　　　　　——工伤保险　　　　　　　　　　　　8 000
　　　　　　　　——医疗保险　　　　　　　　　　　100 000
　　　　　　　　——生育保险　　　　　　　　　　　　8 000

（2）铁蛋建筑公司发放工资。

借：应付职工薪酬——工资　　　　　　　　　　　1 000 000
　　贷：其他应付款——代扣养老保险　　　　　　　　80 000
　　　　　　　　——代扣失业保险　　　　　　　　　　2 000
　　　　　　　　——代扣医疗保险　　　　　　　　　20 000
　　　　应交税费——应交个人所得税　　　　　　　　100 000
　　　　银行存款　　　　　　　　　　　　　　　　　798 000

（3）铁蛋建筑公司实际缴纳社保。

借：应付职工薪酬——养老保险　　　　　　　　　　160 000
　　　　　　　　——失业保险　　　　　　　　　　　　8 000
　　　　　　　　——工伤保险　　　　　　　　　　　　8 000
　　　　　　　　——医疗保险　　　　　　　　　　　100 000
　　　　　　　　——生育保险　　　　　　　　　　　　8 000

其他应付款——代扣养老保险	80 000
—— 代扣失业保险	2 000
—— 代扣医疗保险	20 000
贷：银行存款	386 000

（4）铁蛋建筑公司代扣代缴个人所得税。

| 借：应交税费——应交个人所得税 | 100 000 |
| 贷：银行存款 | 100 000 |

2. 劳务分包模式

建筑劳务分包是建筑施工总承包将工程中的劳务作业分包给具有相应劳务资质的建筑劳务分包企业施工。建筑企业成本预算部门每月根据劳务分包企业完成的工程量，确认工程计价金额，劳务分包企业根据工程价金额或合同约定的付款条件开具劳务分包发票。建筑总承包企业的财务管理部门，根据项目成本预算部门提供工程量计价单（结算单）以及劳务分包发票进行会计处理。

【案例 3-19】 铁蛋建筑公司为增值税一般纳税人。2022 年 1 月，该公司在西虹市承揽了某总承包项目，属于清包工工程，选择简易计税方法计税。2022 年 3 月，铁蛋建筑公司开具总包发票 103 万元，其中不含税金额 100 万元，增值税 3 万元；同时取得劳务分包发票 72.1 万元，其中不含税金额 70 万元，增值税 2.1 万元；假设上述款项都已收付。假设铁蛋建筑公司适用《小企业会计准则》，会计处理如下：

借：银行存款	1 030 000
贷：主营业务收入	1 000 000
应交税费——简易计税（总包计提）	30 000
借：工程施工——合同成本——人工费	700 000
应交税费——简易计税（分包扣除）	21 000
贷：银行存款	721 000

（二）材料费

"材料费"明细科目，主要用于核算工程实体所消耗的原材料、辅助材料、构配件、零件、半成品及成品、工程设备费用。材料费用包括材料原价、运杂费、运输过程中正常损耗等。

1. 公司总部与项目部分级核算

部分建筑企业采用"分级核算"模式，项目部单独设置账套核算，公司内部不同会计主体通过"内部往来"进行核算。如果公司总部统一采购原材料，再将原材料调拨给各工程项目使用，项目部从公司领取原材料时，根据内部自制的材料结算单、到货点验单的凭据，借记"原材料"科目，贷记"内部往来""银行存款"等科目；项目部在材料消耗时，根据自制的领料单、出库单等凭证。借记"合同履约成本——工程施工——材料费"等科目，贷记"原材料"科目。

【**案例 3-20**】　上海铁蛋建筑公司采用分级核算模式，所有物资均由公司总部统一招标采购，再根据各工程项目提交的材料需用计划向各项目调拨材料。2022 年 1 月，公司一共向上海钢蛋水泥公司采购了 565 万元水泥，取得一张增值税专用发票，其中增值税额 65 万元，款项尚未支付。A 项目领用了 300 万元水泥，B 项目领用了 200 万元水泥，A、B 项目领用的水泥在当月已全部用于工程实体，两个项目均适用一般计税方法计税。铁蛋建筑公司适用《企业会计准则》，公司总部和项目部会计处理如下：

①公司总部的会计处理。

借：原材料——水泥　　　　　　　　　　　　　5 000 000

　　应交税费——应交增值税（进项税额）　　　　650 000

　　　贷：应付账款——材料款（上海钢蛋水泥公司）　5 650 000

借：内部往来——A 项目　　　　　　　　　　　3 000 000

　　内部往来——B 项目　　　　　　　　　　　2 000 000

　　　贷：原材料——水泥　　　　　　　　　　　5 000 000

②A 项目部的会计处理。

借：原材料——水泥　　　　　　　　　　　　　3 000 000

　　　贷：内部往来——公司　　　　　　　　　　3 000 000

借：合同履约成本——工程施工——材料费　　　3 000 000

　　　贷：原材料——水泥　　　　　　　　　　　3 000 000

③B 项目部的会计处理。

借：原材料——水泥　　　　　　　　　　　　　2 000 000

　　　贷：内部往来——公司　　　　　　　　　　2 000 000

借：合同履约成本——工程施工——材料费　　　2 000 000

贷：原材料——水泥　　　　　　　　　　　　　　　2 000 000

2. 公司总部与项目部统一核算

【案例 3-21】 　　承上例，假设上述案例铁蛋建筑公司采用统一核算模式，即项目部不单独设置账套进行会计核算，各项物资由公司总部统一招标采购。各项目自公司领用材料、消耗材料时，公司总部在进行会计处理需要通过"原材料""合同履约成本——工程施工——材料费"等科目设置项目辅助项，以区分不同项目所消耗的各类材料。

　　①采购水泥时，铁蛋公司总部的会计处理。

借：原材料——水泥　　　　　　　　　　　　　　5 000 000

　　应交税费——应交增值税（进项税额）　　　　650 000

　　贷：应付账款——材料款（上海钢蛋水泥公司）　5 650 000

　　②各项目领用水泥时，铁蛋公司总部的会计处理。

借：合同履约成本——工程施工——材料费（A 项目）

　　　　　　　　　　　　　　　　　　　　　　3 000 000

　　　　　　　　——工程施工——材料费（B 项目）

　　　　　　　　　　　　　　　　　　　　　　2 000 000

　　贷：原材料——水泥　　　　　　　　　　　　5 000 000

（三）机械使用费

　　"机械使用费"明细科目，主要核算建筑企业自有机械设备的折旧费、动力消耗费用以及租赁的机械设备租赁费。如果建筑企业自行采购了机械设备，作为固定资产进行管理，由机械设备管理部门负责调配，用于本企业的工程项目施工作业的，可以设置"合同履约成本——机械作业"进行核算。期末，根据实际使用该设备的工程项目应承担的设备折旧费和油料消耗、操作人员工资等费用，分配记入该工程项目"合同履约成本——工程施工——机械费"科目中。

　　【案例 3-22】 　　2022 年 1 月 1 日，铁蛋建筑公司（增值税一般纳税人）向钢蛋设备公司（增值税一般纳税人）租入一台挖掘机供某适用一般计税方法计税的工程项目使用，租期为 3 个月，每月租金 10 000 元（不含税），租金在每月 3 日支付上一月租金。假设该设备属于"干租"，如何进行会计处理？

分析： 上述案例中铁蛋建筑公司租赁设备的租赁期不超过 12 个月，属于短期租赁。根据《企业会计准则第 21 号——租赁》规定，对于短期租赁和低价值资产租赁，承租人可以选择不确认使用权资产和租赁负债。即铁蛋建筑公司可以选择简化处理方法，与原租赁的经营租赁处理相同，将租赁付款额直接计入资产成本或当期损益。

①2022 年 1 月，租入设备、使用设备时的会计处理。

借：合同履约成本——工程施工——机械费　　　　　10 000

　　其他应付款——待取得进项税额　　　　　　　　 1 300

　　贷：应付账款——钢蛋设备公司　　　　　　　　　　　　11 300

②2022 年 2 月 3 日，取得相应发票（已勾选确认）并支付租金时会计处理。

借：应付账款——钢蛋设备公司　　　　　　　　　　11 300

　　贷：银行存款　　　　　　　　　　　　　　　　　　　　11 300

借：应交税费——应交增值税（进项税额）　　　　　 1 300

　　贷：其他应付款——待取得进项税额　　　　　　　　　　 1 300

③以后各月的成本归集与其他相关会计处理同上。

如果上述铁蛋建筑公司租赁设备租赁期超过 12 个月，且符合新租赁准则所规定的适用情形的应当执行新租赁准则。新租赁准则下，承租人不再将租赁区分为经营租赁或融资租赁，而是采用统一的会计处理模型，对短期租赁和低价值资产租赁以外的其他所有租赁均确认使用权资产和租赁负债，并分别计提折旧和利息费用。新租赁准则的运用与会计处理本书暂不展开。

（四）分包费

"分包费"明细科目，核算专业分包成本。建筑工程总承包单位根据总承包合同的约定或者经建设单位的允许，将承包工程中的专业性较强的专业工程发包给具有相应资质的其他建筑企业施工。建筑企业成本预算部门一般根据专业分包单位报送的工程量进行审定计价，财务管理部门凭公司内部相关部门编制计价单（结算单据）和分包企业开具的建筑服务分包发票作为会计处理的凭据。

一般计税方法计税的项目，月末计量分包成本时按照计量的不含税分包成本，借记"合同履约成本——工程施工——分包费"科目，根据当期取得的分包专用发票上的税额，借记"应交税费——应交增值税（进项税额）"科目；若当期取得的分包专用发票尚未勾选认证，则记入"应交税费——待认证进项税额"科目，贷记"应付账款""银行存款"等科目。如果计量分包成本的当期，并未取得相应发票，按照分包合同中约定的适用税率对计量的分包成本进行价税分离，增值税额暂时记入"其他应付款——待取得进项税额"科目进行核算，待取得分包发票时，再根据实际勾选情况从此科目中结转至"应交税费"下相应的明细科目中。

简易计税方法计税的项目[①]，月末计量分包成本时，按照扣除分包成本允许差额的税额之后借记"合同履约成本——工程施工——分包费"科目，根据当期取得的分包发票允许扣除的税额记入"应交税费——简易计税（扣除分包税额）"科目；贷记"应付账款""银行存款"等科目。如果计量分包成本的当期，并未取得相应发票，将允许差额扣除的分包税额暂时记入"其他应付款——待取得进项税额"科目进行核算，待取得分包发票时，再根据实际情况从此科目中结转至"应交税费"下相应的明细科目中。

【案例 3-23】　上海铁蛋建筑公司为增值税一般纳税人，适用《企业会计准则》。2021 年 9 月，该公司承揽了某个工程项目，适用一般计税方法计税，2021 年 10 月进场施工。2022 年 1 月，业主对该工程进行计价，计价金额 1 199 万元（含税），铁蛋建筑公司开具了 959.2 万元建筑服务发票，进度款尚未收到；2022 年 1 月，铁蛋公司对该工程分包业务进行工程计价，计价金额为 327 万元（含税，增值税税率为 9%），当期按照合同约定向分包方支付 218 万元并取得相应金额的增值税专用发票。将上述业务进行会计处理（当期合同收入的会计处理暂略）。

（1）铁蛋建筑公司确认工程计价金额。

借：应收账款——工程进度款　　　　　　　　11 990 000

　　贷：合同结算——价款结算　　　　　　　　11 000 000

　　　　应交税费——待转销项税额　　　　　　　990 000

（2）铁蛋建筑公司向业主开具 959.2 万元建筑服务发票，税额 79.2 万元。

借：应交税费——待转销项税额　　　　　　　　792 000

　　贷：应交税费——应交增值税（销项税额）　　792 000

---

① 此会计处理方式并非官方要求，为笔者个人观点。

（3）铁蛋建筑公司对分包业务进行计价。

借：合同履约成本——工程施工（分包费）　　　　3 000 000

　　其他应付款——待取得进项税额　　　　　　　270 000

　　贷：应付账款——分包费　　　　　　　　　　　　　3 270 000

（4）支付分包款并取得对应的分包发票，税额18万元。

借：应付账款——分包费　　　　　　　　　　　　2 180 000

　　贷：银行存款　　　　　　　　　　　　　　　　　　2 180 000

借：应交税费——应交增值税（进项税额）　　　　180 000

　　贷：其他应付款——待取得进项税额　　　　　　　　180 000

（五）其他直接费用

"其他直接费"明细科目，核算施工过程中发生的材料搬运费、材料装卸保管费、燃料动力费（包含直接耗用的水、电、气等费用）、临时设施摊销、生产工具用具使用费、检验试验费、工程定位复测费、工程点交费、场地清理费，能够单独区分和可靠计量的为订立建造承包合同而发生的差旅费、投标费等费用，以及直接人工费、直接材料费、直接机械费、分包费之外的其他直接成本。

【案例3-24】　上海铁蛋建筑公司属于增值税一般纳税人，为一般计税项目购买了一批多层板，取得一张增值税专用发票113万元，其中价款100万元，增值税13万元，款项已支付；假设铁蛋建筑公司对该多层板采用"五五摊销法"，当期摊销50%。铁蛋建筑公司适用企业会计准则，会计处理如下：

①采购部门采购多层板。

借：周转材料——在库　　　　　　　　　　　　　1 000 000

　　应交税费——应交增值税（进项税额）　　　　　130 000

　　贷：银行存款　　　　　　　　　　　　　　　　　　1 130 000

②项目部领用多层板。

借：周转材料——在用　　　　　　　　　　　　　1 000 000

　　贷：周转材料——在库　　　　　　　　　　　　　　1 000 000

③摊销多层板。

借：合同履约成本——工程施工——其他直接费用（措施费）

　　　　　　　　　　　　　　　　　　　　　　　　500 000

　　贷：周转材料——摊销　　　　　　　　　　　　　　500 000

【案例 3-25】　　上海铁蛋建筑公司为增值税一般纳税人，该公司的虔州文苑项目为一般计税项目，在施工过程中取得电力供应公司开具的 11.3 万元增值税专用发票，其中价款 10 万元，增值税 1.3 万元；上述款项已支付，发票已勾选确认。假设铁蛋建筑公司适用企业会计准则，会计处理如下：

借：合同履约成本——工程施工——其他直接费（水电费）

　　　　　　　　　　　　　　　　　　　　　　　　100 000

　　应交税费——应交增值税（进项税额）　　13 000

　　贷：银行存款　　　　　　　　　　　　　113 000

（六）间接费用

间接费用是指为完成工程所发生的，不易直接归属于工程成本核算对象而应分配计入有关工程成本核算对象的支出。"间接费用"明细科目主要用于核算建筑企业为组织和管理施工生产所发生的各种费用，主要包括在工程项目从事管理工作的人员工资、职工福利费（含五险一金）、办公费、差旅交通费、会议费、劳动保护费、固定资产使用费、财产保险、特殊工种保险费、低值易耗品摊销、机物料消耗、机器设备的折旧费、修理费、其他。间接费用的会计核算与其他直接费用并没有什么特殊之处，在此不再罗列会计处理分录。

四、哪些费用不能列入合同履约成本

企业发生下列支出时，不得计入合同履约成本，应将其计入当期损益：一是管理费用，除非这些费用明确由客户承担；二是非正常消耗的直接材料、直接人工和制造费用（或类似费用），这些支出为履行合同发生，但未反映在合同价格中；三是与履约义务中已履行（包括已全部履行或部分履行）部分相关的支出，即该支出与企业过去的履约活动相关；四是无法在尚未履行的与已履行（或已部分履行）的履约义务之间区分的相关支出。

五、合同取得成本的会计处理

企业为取得合同发生的增量成本预期能够收回的，应当作为合同取得成本确认为一项资产。增量成本，是指企业不取得合同就不会发生的成本，如销售佣金等。为简化实务操作，该资产摊销期限不超过一年的，可以在发生时计入当期损益。企业采用该简化处理方法的，应当对所有类似合同一致采用。

企业为取得合同发生的，除预期能够收回的增量成本之外的其他支出。例如，无论是否取得合同均会发生的差旅费、投标费、为准备投标资料发生的相关费用等，应当在发生时计入当期损益，除非这些支出明确由客户承担。

【案例 3-26】 上海铁蛋建筑公司为了精准投标，专门成立了投标中心。2022 年 3 月，该投标中心参与工程总造价为 5 亿元的"090 国际企业中心"项目投标，其间为了该项目的投标工作支付了市场调查和项目可行性评估费 5 万元，标书制作及其他费用 5 万元、差旅费 10 万元。铁蛋建筑公司承诺投标中心若投中该工程，按照工程造价的 0.05%（25 万元）对相关参与投标的人员予以奖励。后铁蛋建筑公司成功中标"090 国际企业中心"项目，铁蛋建筑公司为取得合同共计支出 45 万元。

分析： 铁蛋建筑公司无论是否能够中标该工程，市场调查和项目可行性评估费、标书制作费、差旅费都已经发生，不属于中标才会发生、不中标就不会发生的费用。因此，上述案例中为投标工作所发生的 20 万元应当全部确认为当期费用。后该工程中标，铁蛋建筑公司兑现了 25 万元奖励承诺，这笔费用与该工程的取得有关，因此在中标后可先记入"合同取得成本"科目。因此，铁蛋建筑公司支付的 45 万元，一部分无论该工程中标与否都应费用化（20 万元），另一部分则有可能发生也有可能不发生（25 万元）。

①发生项目可行性评估费、标书制作、差旅费等费用时。

借：管理费用——评估费、差旅费等　　　　　　200 000
　　贷：银行存款　　　　　　　　　　　　　　　　200 000

②中标时，计提参与投标人员的中标奖励。

借：合同取得成本　　　　　　　　　　　　　　250 000
　　贷：应付职工薪酬　　　　　　　　　　　　　　250 000

③向参与投标的人员分期发放奖励时。

借：合同履约成本——工程施工——间接费用　　250 000
　　贷：合同取得成本　　　　　　　　　　　　　　250 000

借：应付职工薪酬　　　　　　　　　　　　　　250 000
　　贷：银行存款　　　　　　　　　　　　　　　　250 000

六、确认合同收入与合同费用

(一) 合同履约进度能够合理确定时的会计处理

根据新收入准则第十二条的规定，对于在某一时段内履行的履约义务，企业应当在该段时间内按照履约进度确认收入，但是履约进度不能合理确定的除外。履约进度能够合理确定的判定标准，新收入准则中并未明确规定。笔者认为，对于建筑业一般工程建设合同的履约进度能否合理确定的判定标准，与原建造合同准则下建造合同结果能否可靠估计的判定标准类似，即满足下列四个条件：

(1) 合同总收入能够可靠地计量；

(2) 与合同相关的经济利益很可能流入企业；

(3) 实际发生的合同成本能够清楚地区分和可靠地计量；

(4) 合同履约进度和未完成合同尚需发生的成本能够可靠地确定。

【案例 3-27】　2022 年 1 月 1 日，铁蛋建筑公司与钢蛋置业公司签订一项大型设备建造工程合同，工程的税前造价为 6 300 万元，工期为一年半，钢蛋置业公司按照第三方工程监理公司确认的工程完工量每半年与铁蛋建筑公司结算一次；预计 2023 年 6 月 30 日竣工；预计可能发生的总成本为 4 000 万元。假定该建造工程整体构成单项履约义务，并属于在某一时段履行的履约义务，铁蛋建筑公司采用成本法确定履约进度，增值税税率为 9%，不考虑其他相关因素。

2022 年 1 月 1 日至 6 月 30 日，工程累计实际发生成本 1 500 万元，铁蛋建筑公司与钢蛋置业公司结算合同价款 2 725 万元（含税），铁蛋建筑公司实际收到价款 2 180 万元（含税）；2022 年 12 月 31 日，工程累计实际发生成本 3 000 万元，铁蛋建筑公司与钢蛋置业公司结算合同价款 1 199 万元（含税），铁蛋公司实际收到价款 1 090 万元（含税）；2023 年 6 月 30 日，工程累计实际发生成本 4 000 万元，铁蛋建筑公司与钢蛋置业公司结算合同竣工价款 2 943 万元（含税），并支付剩余工程款 3 597 万元（含税）；上述数据除工程结算款和进度款以外其余均不含增值税额，见表 3-2。假定铁蛋建筑公司与钢蛋置业公司结算时即发生增值税纳税义务，钢蛋置业公司在实际支付工程价款的同时支付其对应的增值税款。（注：本案例暂略进项税额、质保金等因素的影响，本章第六节将专门对建筑业增值税的会计核算展开论述）。

表 3-2 工程进度表 金额单位：万元

合同收入计量要素	2022 年 6 月	2022 年 12 月	2023 年 6 月
合同预计总收入	6 300	6 300	6 300
合同预计总成本	4 000	4 000	4 000
累计发生成本	1 500	3 000	4 000
合同履约进度	37.5%	75%	100%
当期确认合同收入	2 362.50	2 362.50	1 575
当期确认合同成本	1 500	1 500	1 000
工程计价金额（含税）	2 725	1 199	2 943
实际收到的价款	2 180	1 090	3 597

（1）2022 年 1 月 1 日至 2022 年 6 月 30 日，归集实际发生工程成本、工程计量及确认收入。

借：合同履约成本——工程施工　　　　　　　　　15 000 000

　　贷：原材料、应付职工薪酬、银行存款、应付账款等

　　　　　　　　　　　　　　　　　　　　　　　　15 000 000

借：合同结算——收入结转　　　　　　　23 625 000

　　贷：主营业务收入　　　　　　　　　　　　23 625 000

借：主营业务成本　　　　　　　　　　　15 000 000

　　贷：合同履约成本——工程施工　　　　　　15 000 000

借：应收账款——工程进度款　　　　　　27 250 000

　　贷：合同结算——价款结算　　　　　　　　25 000 000

　　　　应交税费——应交增值税（销项税额）　2 250 000

借：银行存款　　　　　　　　　　　　　21 800 000

　　贷：应收账款——工程进度款　　　　　　　21 800 000

（2）2022 年 7 月 1 日至 2022 年 12 月 31 日，归集实际发生工程成本、工程计量及确认收入。

借：合同履约成本——工程施工　　　　　　　　　15 000 000

　　贷：原材料、应付职工薪酬、银行存款、应付账款等

　　　　　　　　　　　　　　　　　　　　　　　　15 000 000

借：合同结算——收入结转　　　　　　　23 625 000

　　贷：主营业务收入　　　　　　　　　　　　23 625 000

借：主营业务成本	15 000 000	
贷：合同履约成本——工程施工		15 000 000
借：应收账款——工程进度款	11 990 000	
贷：合同结算——价款结算		11 000 000
应交税费——应交增值税（销项税额）		990 000
借：银行存款	10 900 000	
贷：应收账款——工程进度款		10 900 000

（3）2023年1月1日至2023年6月30日，归集实际发生工程成本、工程计量及确认收入。

借：合同履约成本——工程施工	10 000 000	
贷：原材料、应付职工薪酬、银行存款、应付账款等		
		10 000 000
借：合同结算——收入结转	15 750 000	
贷：主营业务收入		15 750 000
借：主营业务成本	10 000 000	
贷：合同履约成本——工程施工		10 000 000
借：应收账款——工程进度款	29 430 000	
贷：合同结算——价款结算		27 000 000
应交税费——应交增值税（销项税额）		2 430 000
借：银行存款	35 970 000	
贷：应收账款——工程进度款		35 970 000

（4）期末结转损益（暂略税金及附加影响）。

借：本年利润	40 000 000	
贷：主营业务成本		40 000 000
借：主营业务收入	63 000 000	
贷：本年利润		63 000 000

（5）铁蛋建筑公司该工程竣工决算后，结平"合同结算"明细科目。

借：合同结算——价款结算	63 000 000	
贷：合同结算——收入结转		63 000 000

（二）合同履约进度不能合理确定时的会计处理

根据新收入准则第十二条的规定，当履约进度不能合理确定时，企业已经发生的成本预计能够得到补偿的，应当按照已经发生的成本金额确认收入，直到履约进度能够合理确定为止。

【案例 3-28】 铁蛋建筑公司与钢蛋置业地产开发公司签订了一项不含税造价为 10 000 万元的 CBD 中心施工总承包合同，工程于 2022 年 1 月 1 日开工，2023 年 6 月完工。该 CBD 中心施工总包工程在 2022 年累计发生成本 4 500 万元；2022 年末不含税预计总成本 9 000 万元；完工进度 50%；2022 年 10 月，业主资金链出现严重问题，预计要破产，已发生的成本 4 500 万元，只支付了 1 500 万元，其余发生的成本预计无法支付。

铁蛋建筑公司在 2022 年 10 月的会计处理如下。

借：合同履约成本——工程施工——明细科目　　45 000 000

　　贷：银行存款、原材料、应付职工薪酬、应付账款等

　　　　　　　　　　　　　　　　　　　　　　　　45 000 000

借：合同结算——收入结转　　15 000 000

　　贷：主营业务收入　　15 000 000

借：主营业务成本　　45 000 000

　　贷：合同履约成本——工程施工——明细科目　　45000000

（三）合同预计损失的会计处理

在建造合同准则下，建筑业企业合同预计发生的总亏损，扣除已在账面反映的部分，记入"资产减值损失"与"存货跌价准备"科目。

建造合同准则下，计提合同损失准备公式为：

本期预计合同损失准备＝合同预计总亏损×（1－完工百分比）－以前会计期间累计计提的合同预计损失准备

在新收入准则下，建筑业企业合同预计发生的总亏损，扣除已在账面反映的部分，按照《企业会计准则第 13 号——或有事项》，记入"主营业务成本"与"预计负债"科目。新收入准则下，合同减值的计算公式如下：

合同减值＝合同成本有关资产账面价值－（企业因转让与该资产相关的商品预期能够取得的剩余对价－为转让该相关商品估计将要发生的成本）

【案例 3-29】 铁蛋建筑公司 2021 年 1 月与业主签订了一份施工总承包合同，固定总价合同 10 000 万元，每年进行一次工程计价，该工程的预计总成本为 9 000 万元。

（1）2021 年发生成本 4 500 万元，业主对该工程全年的计价金额为 4 360 万元

（含税），当年收到业主支付的进度款 3 488 万元，已经开具相应发票（价款 3 200 万元，增值税 288 万元）。

（2）2022 年 4 月，由于突发不可抗力事件造成工程预计总成本上升为 10 200 万元。

（3）2022 年累计发生成本 3 660 万元，业主对该工程全年的计价金额为 2 616 万元（含税），当年收到业主支付的进度款 2 180 万元，已经开具相应发票（价款 2 000 万元，增值税 180 万元）。

（4）2023 年累计发生成本 2 040 万元，业主对该工程全年的计价金额为 3 924 万元；当年收到业主支付的进度款 4 687 万元，已经开具相应发票（价款 4 300 万元，增值税 387 万元）；当年工程全面竣工，累计发生成本 10 200 万元，最终含税结算金额为 10 900 万元。

根据上述资料，编制项目结算见表 3-3。

表 3-3　结算表

金额单位：万元

数据类别	2021 年	2022 年	2023 年	合计
当年发生成本	4 500	3 660	2 040	10 200
截至当年累计成本	4 500	8 160	10 200	—
合同预计总成本	9 000	10 200	10 200	—
合同履约进度	50%	80%	100%	—
合同预计总收入	10 000	10 000	10 000	—
当年确认收入	5 000	3 000	2 000	10 000
截至当年累计确认收入	5 000	8 000	10 000	—
工程结算金额	4 360	2 616	3 924	10 900
收到工程款	3 488	2 180	4 687	10 355

假设铁蛋建筑公司执行新收入准则，该项目适用一般计税方法计税，案例中除了每一年度的工程计价金额为含税金额外，其余数据均不含增值税。会计处理如下（暂时忽略进项税额、质保金等因素的影响）。

2021 年，会计处理如下。

（1）归集 2021 年发生的合同成本。

借：合同履约成本——工程施工　　　　　　　　　　45 000 000

　　贷：银行存款、应付账款、原材料等　　　　　　　　45 000 000

（2）确认 2021 年合同收入、合同成本。

合同履约进度＝4 500÷9 000×100％＝50％，10 000×50％＝5 000（万元）

借：合同结算——收入结转　　　　　　　　　50 000 000

　　贷：主营业务收入　　　　　　　　　　　　　50 000 000

借：主营业务成本　　　　　　　　　　　　　45 000 000

　　贷：合同履约成本——工程施工　　　　　　　45 000 000

（3）2021年工程计价。

借：应收账款——工程进度款　　　　　　　　43 600 000

　　贷：合同结算——价款结算　　　　　　　　　40 000 000

　　　　　　　　——应交增值税（销项税额）　　2 880 000

　　应交税费——待转销项税额　　　　　　　　　720 000

（4）2021年，应收工程款。

借：银行存款　　　　　　　　　　　　　　　34 880 000

　　贷：应收账款——工程进度款　　　　　　　　34 880 000

2022年，会计处理如下。

（1）归集2022年发生的合同成本。

借：合同履约成本——工程施工　　　　　　　36 600 000

　　贷：银行存款、应付账款、原材料等　　　　　36 600 000

（2）确认2022年合同收入、合同成本。

履约进度＝8 160÷10 200×100％＝80％，当期合同收入＝10 000×80％－5 000＝3 000（万元）

借：合同结算——收入结转　　　　　　　　　30 000 000

　　贷：主营业务收入　　　　　　　　　　　　　30 000 000

借：主营业务成本　　　　　　　　　　　　　36 600 000

　　贷：合同履约成本——工程施工　　　　　　　36 600 000

（3）2022年，工程计价处理如下。

借：应收账款——工程进度款　　　　　　　　26 160 000

　　贷：合同结算——价款结算　　　　　　　　　24 000 000

　　　　应交税费——应交增值税（销项税额）　　1 800 000

　　　　应交税费——待转销项税额　　　　　　　360 000

（4）2022年，收工程款。

借：银行存款　　　　　　　　　　　　　　　21 800 000

　　贷：应收账款——工程进度款　　　　　　　　21 800 000

（5）确认合同损失。

预计总损失 200 万元，已在账上体现 160 万元 $[（4\,500＋3\,660）－$
$（5\,000＋3\,000）]$

借：主营业务成本	400 000
贷：预计负债	400 000

2023 年，会计处理。

（1）归集 2023 年发生的合同成本。

借：合同履约成本——工程施工	20 400 000
贷：银行存款、应付账款、原材料等	20 400 000

（2）确认 2023 年合同收入、合同成本。

履约进度＝10 200÷10 200＝100%，当期合同收入＝10 000×100%－
8 000＝2 000（万元）

借：合同结算——收入结转	20 000 000
贷：主营业务收入	20 000 000
借：主营业务成本	20 400 000
贷：合同履约成本——工程施工	20 400 000

（3）2023 年，工程计价处理如下。

借：应收账款——工程进度款	39 240 000
贷：合同结算——价款结算	36 000 000
应交税费——待转销项税额	3 240 000

（4）2023 年，收工程款。

借：银行存款	46 870 000
贷：应收账款——工程进度款	46 870 000
借：应交税费——待转销项税额	3 870 000
贷：应交税费——应交增值税（销项税额）	3 870 000

（5）确认合同损失。

该合同最终亏损 200 万元（10 000－10 200），2021 年至 2023 年已在账上
确认亏损 200 万元 $[（4\,500＋3\,660＋2\,040）－（5\,000＋3\,000＋2\,000）]$，因
此在本年转回预计损失 40 万元。

借：预计负债	400 000
贷：主营业务成本	400 000

七、新旧收入准则过渡时期的账务处理

自 2021 年 1 月 1 日起，部分建筑企业的存量项目即尚未竣工结算的工程项目，可能面临着新旧收入准则过渡期的账务调整问题，即新旧收入准则的转换。本小节将通过案例解析建筑企业如何将原准则下的相关会计科目数据结转到新收入准则下的会计科目中。

【案例 3-30】 上海铁蛋建筑公司注册于 2020 年 12 月，执行《企业会计制度》。2021 年 6 月承揽的某个工程项目含税总造价为 10 900 万元（价款 10 000 万元，增值税 900 万元），适用一般计税方法计税；该项目预计总成本为 9 000 万元。2021 年 8 月，正式进场施工，截至 2021 年 12 月 31 日该项目账面数据如下：

（1）"工程施工——合同成本"借方余额为 900 万元。

（2）按照成本法测算的完工进度为 10%（900÷9 000）。

（3）累计已确认的合同收入为 1 000 万元。

（4）"工程施工——合同毛利"借方余额为 100 万元。

（5）累计工程计价金额 981 万元，其中价款 900 万元，增值税 81 万元。

（6）"工程结算"科目贷方余额 900 万元。

2022 年 1 月 1 日起将执行新收入准则，假设执行新收入准则后，按照投入法测算的履约进度，与执行《企业会计制度》时按完工百分比法测算的完工进度没有差异，暂不考虑其他税费影响，铁蛋建筑公司在 2021 年 12 月如何进行会计调整？

分析：执行《企业会计制度》和原《建造合同准则》的建筑业企业，工程项目在竣工结算之前所发生的合同成本通过"工程施工——合同成本"科目归集，并根据完工百分比确认合同收入，根据完工进度所确认的合同收入在当期记入"主营业务收入"科目，当期确认的合同成本记入"主营业务成本"科目，主营业务收入与主营业务成本的差额确认合同毛利，记入"工程施工——合同毛利"科目。业主进行工程计价的产值，借记"应收账款"科目，贷记"工程结算""应交税费"等科目。在竣工结算之前，"工程施工"和"工程结算"科目并不结转，一直有余额，待工程竣工结算以后，"工程施工"科目与"工程结算"科目余额进行对冲。执行《企业会计制度》和原《建造合同准则》的建筑业企业，某个尚在施工的项目账面"工程施工——合同成本"科目余额加上"工程施工——合同毛利"科目即为该项目累计确认

的合同收入，"工程结算"科目余额即为该项目累计计价的不含税金额。铁蛋建筑公司在2021年12月调整会计分录如下：

借：合同结算——收入结转   10 000 000

 贷：工程施工——合同成本   9 000 000

     ——合同毛利   1 000 000

借：工程结算   9 000 000

 贷：合同结算——价款结算   9 000 000

2022年1月1日起所发生的合同成本，按履约进度确认的合同收入，业主确认的工程计价金额直接按照新收入准则的会计核算原则进行会计处理即可。

第四节　工程计价的会计处理

工程计价是指按照规定的程序、方法和依据，对工程造价及其构成内容进行估计或确定的行为。工程计价依据是指在工程计价活动中，所要依据的与计价内容、计价方法和价格标准相关的工程计量计价标准、工程计价定额及工程造价信息等。

一、工程进度款结算与支付

工程价款结算应按合同约定办理，合同未作约定或约定不明的，发包方、承包方应依照国家有关法律、法规和规章制度，国务院建设行政主管部门、省、自治区、直辖市或有关部门发布的工程造价计价标准、计价办法等有关规定，建设项目的合同、补充协议、变更签证和现场签证，以及经发、承包人认可的其他有效文件等其他可依据的材料的相关规定与文件协商处理。

（一）工程进度款结算方式

1. 按月结算与支付

按月结算与支付实行按月支付进度款，竣工后清算的办法。合同工期在两个年度以上的工程，在年终进行工程盘点，办理年度结算。

2. 分段结算与支付

分段结算与支付即当年开工、当年不能竣工的工程按照工程形象进度，划分不同阶段支付工程进度款。具体划分在合同中明确。

（二）工程量计算

1. 承包人提交已完工程量报告

建筑企业承包人应当按照合同约定的方法和时间，向发包人提交已完工程量的报告。发包人接到报告后14天内核实已完工程量，并在核实前1天通知承包人，承包人应提供条件并派人参加核实，承包人收到通知后不参加核实，以发包人核实的工程量作为工程价款支付的依据。发包人不按约定时间通知承包人，致使承包人未能参加核实，核实结果无效。

2. 发包人未及时核量

实务中经常出现承包人提交了当期已完成的工程量报告，而发包人并未及时审定工程量的情况。如果出现这种情况，并不意味着发包人推延核量周期就可以延期付款。根据《建设工程价款结算暂行办法》的有关规定，发包人收到承包人报告后14天内未核实完工程量，从第15天起，承包人报告的工程量即视为被确认，作为工程价款支付的依据，双方合同另有约定的，按合同执行。

3. 超设计范围工程量的计量

在实务中如果出现承包人超出设计图纸（含设计变更）范围和因承包人原因造成返工的工程量，发包人可不予计量。因此，承包人对于发包方要求实施的超合同约定范围、超图纸设计范围的临时施工作业，要留存好发包人发出相关指令的资料，尽量减少按照发包方口头要求进行合同范围外施工作业的情况。

（三）工程进度款支付

进度付款申请单应包括下列内容：截至本次付款周期末已实施工程的价款；增加和扣减的变更金额；增加的索赔金额；应扣减的返还预付款；应扣减的质量保证金；应增加和扣减的其他金额。

1. 进度款付款比例限制

根据确定的工程计量结果，承包人向发包人提出支付工程进度款申请，14天内，发包人应按不低于工程价款的60%，不高于工程价款的90%向承包人支付工程进度款。按约定时间发包人应扣回的预付款，与工程进度款同期结算抵扣。

工程进度款支付申请表见表3-4。

表 3-4 工程进度款支付申请表

合同名称：　　　　　　　　　　　　　　　　　　　　　　　　合同编号：

发包人：　　　　　　　　　　　　　　　　　　　　　　　　　承包人：

序号	费用名称	金额（元）	占合同金额比例
1	合同金额		
	其中：工程预付款		
2	至上期累计完成产值		
3	本期完成产值		
4	至本期累计完成产值		
5	至本期累计应付进度款		
	扣减预付款		
	扣减水电费、违约金等		
	扣减至上期累计已付金额		
6	本期应付进度款		
承包人（签字、盖章）：			
发包人（签字、盖章）：			

2. 发包人延期付款的计息起算点

发包人超过约定的支付时间不支付工程进度款，承包人应及时向发包人发出要求付款的通知（详见范本 3-1），发包人收到承包人通知后仍不能按要求付款，可与承包人协商签订延期付款协议，经承包人同意后可延期支付，协议应明确延期支付的时间和从工程计量结果确认后第 15 天起计算应付款的利息（利率按同期银行贷款利率计）。发包人不按合同约定支付工程进度款，双方又未达成延期付款协议，导致施工无法进行，承包人可停止施工，由发包人承担违约责任。

【范本 3-1】 关于支付进度款的通知

关于尽快支付工程进度款的通知

×××××公司（发包人）：

根据贵公司（发包人）与我司（承包人）签订的＿＿＿＿＿＿＿＿（合同名称）的约定，贵公司应当按＿＿＿＿＿向我公司支付工程进度款。

经贵司审核确认，＿＿＿年＿＿＿月我公司完成工作量为＿＿＿元（含税），按上述合同约定，贵公司应于＿＿＿年＿＿＿月＿＿＿日前向我公司支付____月工程进度款____元（含税），但我公司至今尚未收到该工程进度款。

为保证该工程的顺利进行，减少工程资金成本的增加，我公司特致函贵司，请贵公司在____年____月____日前向我公司付清上述工程进度款。

若因贵公司逾期支付工程进度款而导致我司未能按照原施工计划施工，由此造成的一切损失均由贵司承担。同时，工期将予以顺延，我公司保留停止施工及索赔的权利。

×××××公司（承包人）

××年××月××日

二、工程计价与纳税义务发生时间的关系

建筑业企业在工程计价环节未必会发生增值税纳税义务，但如果建设工程合同的付款条款与工程计价周期绑定一起，则取得工程计价单据的时间与增值税纳税义务发生时间可能就存在必然联系了。

（一）建筑服务增值税纳税义务发生时间

1. 增值税纳税义务发生时间的确定

根据"财税〔2016〕36号"文件的相关规定，增值税纳税义务发生时间，按下列情形确定。

（1）发生应税交易，纳税义务发生时间为收讫销售款项或者取得索取销售款项凭据的当天；先开具发票的，为开具发票的当天。

（2）视同发生应税交易，纳税义务发生时间为视同发生应税交易完成的当天。

（3）进口货物，纳税义务发生时间为进入关境的当天。

（4）增值税扣缴义务发生时间为纳税人增值税纳税义务发生的当天。

2. 建筑服务增值税纳税义务发生时间的判定

根据以上规定，可总结建筑企业增值税纳税义务发生时间的判断条件。

（1）建筑企业是否已经收到了工程进度款或结算款，无论工程施工合

同中是否约定相关收款条件及收款时间，只要收到了进度款或结算款，该项目的增值税纳税义务发生时间即为收款日期当天。如果收到的为预收款且未开具相应增值税应税发票的，不发生增值税纳税义务，只需要预缴增值税。

（2）建筑企业是否已经向建设方（发包方）开具工程进度款或结算款对应的增值税发票，只要开具了相应税率的增值税发票，不论是否收到相应款项，不论合同中约定的收款日期是否已经到达，该项目的增值税纳税义务发生时间即为开具发票的当天。如果开具的发票为"不征税"的预收款发票，则不发生增值税纳税义务，只存在增值税预缴义务。

（3）建筑企业提供建筑服务签订了书面合同的，书面合同约定了具体收款日期，增值税纳税义务发生时间为具体收款日当天。合同中只要约定了具体收款日期，不论到期是否实际收到工程进度款或者结算款，都将发生增值税纳税义务。当然，建筑企业一般不会直接约定具体收款日期，但是合同中会有一些间接条款和辅助要件可以推算出具体的收款时间，如下列条款。

关于付款周期的约定：每月 28 日前乙方应向甲方提交本月已完成工程量报告，甲方在收到工程量报告后 5 个工作日内审定完毕，并在审定完毕后 5 个工作日内按照审定金额的 80% 支付进度款。

上述条款能够根据建筑企业的"工程量计价单"推算具体的收款日，即能据此推算增值税纳税义务发生时间。

◤（二）建筑服务企业所得税纳税义务发生时间

建筑服务的企业所得税与增值税的纳税义务时间确认条件存在差异。从本章第三节所阐述的建筑业确认合同收入的确认方式可知，建造合同的收入即企业所得税应税收入按照合同履约进度确认。根据《中华人民共和国企业所得税法实施条例》的规定，企业受托加工制造大型机械设备、船舶、飞机，以及从事建筑、安装、装配工程业务或者提供其他劳务等，持续时间超过12 个月的，按照纳税年度内完工进度或者完成的工作量确认收入的实现。也就是说建筑企业的工程项目工期超过 12 个月，且建造合同结果能够可靠估计，则履约进度就能合理确定，会计上按照履约进度确认的合同收入就等于企业所得税收入。理论上工程项目开始施工后即存在履约进度，企业所得税纳税义务就产生了，而此时建筑企业未必就收到了客户支付的进度款或者向客户开具了相关应税发票，抑或是到达合同约定收款日，即未必发生增值税纳税义务。建筑服务增值税纳税义务主要以收到的工程进度款或结算款时间、开具应税发票的时间、约定的收款时间三者孰早来确定。

工程竣工并结算后，建筑企业已经按照履约内容完全确认了合同收入，并据此百分之百开具了建筑服务发票时，该项目的增值税销售额和企业所得税营业收入才完全一致。

三、工程计价的会计处理

建筑企业在工程计价环节，只需要根据业主计价金额借记"应收账款"科目，根据计价金额价税分离后，贷记"合同结算——价款结算""应交税费——待转销项税额"或"应交税费——应交增值税（销项税额）"科目。

【案例 3-31】 2022 年 1 月，上海铁蛋建筑公司与上海钢蛋地产公司签订了一份住宅工程总承包合同，该工程适用一般计税方法计税，增值税税率 9%，工程总造价 3.27 亿元，其中不含税价 3 亿元，增值税 0.27 亿元。合同约定钢蛋公司每月根据审定的工程量的 70% 于次月支付相应进度款，2022 年 2 月 7 日正式施工。2022 年 5 月 1 日，铁蛋公司向钢蛋公司报送了该项目 2022 年 2 月至 4 月的工程量审批表，钢蛋公司核量审批后的工程量金额为 2 180 万元（含税）。2022 年 5 月，铁蛋建筑公司向钢蛋地产公司开具了价税合计为 1 526 万元的增值税专用发票，2022 年 6 月，钢蛋地产公司向铁蛋建筑公司支付了 1 526 万元。2022 年 5 月、6 月上海铁蛋建筑公司据此进行会计处理。

分析： 2022 年 5 月收到钢蛋地产公司返回的 2022 年 2 月至 4 月的工程量计价单，含税计价金额为 2 180 万元，其中价款 2 000 万元，销项税额 180 万元，合同约定支付 70% 并据此开具了 1 526 万元进度款发票，价款 1 400 万元，销项税额 126 万元，当月确认的工程量还有 654 万元尚未开具相应发票，其中价款 600 万元，销项税额 54 万元。会计处理如下（仅就工程计价进行会计处理，暂略合同收入与合同成本的会计核算）：

（1）2022 年 5 月，铁蛋建筑公司取得工程量计价单及开具工程进度款发票。

借：应收账款——工程进度款　　　　　　　　　　21 800 000
　　贷：合同结算——价款结算　　　　　　　　　　20 000 000
　　　　应交税费——应交增值税（销项税额）　　　 1 800 000

借：应交税费——待转销项税额　　　　　　　　　　1 260 000
　　　贷：应交税费——应交增值税（销项税额）　　　　1 260 000

（2）2022 年 6 月，铁蛋建筑公司收到工程进度款。

借：银行存款　　　　　　　　　　　　　　　　　15 260 000
　　　贷：应收账款——工程进度款　　　　　　　　　　15 260 000

第五节　合同结算的列报披露

本章第三节、第四节已经详细阐述"合同结算"科目的运用，这不再赘述其会计处理，仅通过案例解析"合同结算"的列报。

一、合同资产与合同负债的列报

根据《企业会计准则第 14 号——收入》的相关规定，合同一方已经履约的，即企业依据合同履行履约义务或客户依据合同支付合同对价，企业应当根据其履行履约义务与客户付款之间的关系，在资产负债表中列示合同资产或合同负债。企业拥有的、无条件（即仅取决于时间流逝）向客户收取对价的权利应当作为应收款项单独列示。

（一）应收账款与合同资产

合同资产和应收款项都是企业拥有的有权收取对价的合同权利，二者的区别在于，应收款项代表的是无条件收取合同对价的权利，即企业仅仅随着时间的流逝即可收款，而合同资产并不是一项无条件收款权，该权利除了时间流逝之外，还取决于其他条件。例如，履行合同中的其他履约义务才能收取相应的合同对价。因此，与合同资产和应收款项相关的风险是不同的，应收款项仅承担信用风险，而合同资产除信用风险之外，还可能承担其他风险，如履约风险等。

【案例 3-32】　2021 年 12 月，铁蛋机电安装公司与某地产公司签订了一项中央空调安装合同，合同总金额为 1 090 万元，合同金额包含了设备款和安装款。合同中约定铁蛋机电公司必须将每一批空调运送至甲方指定项目地点，并安装完毕后再按照该批空调总价款 80％ 支付进度款。2021 年 12 月 30 日，铁蛋机电公司向甲方某工地运送了一批空调，甲方已在送货单上签字确认，空调总价款 109 万元（含税，税率 9%），但由于临近元旦假期，该批空调运送到项目后并未及时安装。2022 年 1 月 15 日，该批空调才全部安装完毕。假设安装部分产值 10.9 万元（价款 10 万元，增值税 0.9 万元）。2022 年 1 月 20 日，业主按照合同约定支付进度款 87.2 万元，铁蛋机电公司开具了相应建筑服务发票。2021 年 12 月、2022 年 1 月铁蛋机电公司如何进行会计处理？假定暂不考虑其他税费影响。（注：铁蛋机电安装公司属于建筑企业，该业务属于混合销售）

（1）2021 年 12 月，销售空调时的会计处理。

借：合同资产   1 090 000

    贷：合同结算——价款结算   1 000 000

        应交税费——待转销项税额   90 000

由于合同中约定每一批空调运送至甲方项目后，还需要全部安装完毕后才有权利收取进度款，该批空调尚未安装即合同义务尚未完成，因此不能记入"应收账款"科目，只能将 109 万元确认为"合同资产"。

当期未安装空调，因此在计算履约进度时应该扣除安装的产值后再确认合同收入，该批空调总价款 109 万元，扣除安装部分 10.9 万元，剩余部分价税分离后，不含税价款为 90 万元。

借：合同结算——收入结转   900 000

    贷：主营业务收入   900 000

次月，该批空调安装完毕后，铁蛋机电公司有权利收取相应进度款，因此可以从"合同资产"结转到"应收账款"里。同时，应当按照履约进度确认该批空调剩余合同收入。

（2）2022 年 1 月，安装完毕后的会计处理。

借：应收账款——工程进度款   1 090 000

    贷：合同资产   1 090 000

借：合同结算——收入结转   100 000

    贷：主营业务收入   100 000

（3）2022 年 1 月，按照合同约定付款比例开具建筑服务发票并收取进度款。

借：银行存款   872 000

    贷：应收账款——工程进度款   872 000

借：应交税费——待转销项税额 72 000

贷：应交税费——应交增值税（销项税额） 72 000

（二）合同结算的列报

在资产负债表日，建筑企业应当根据每一个工程项目的"合同结算"科目余额方向判断在资产负债表中的哪个项目列示。若"合同结算"科目的期末余额在借方，根据其流动性在资产负债表中分别列示为"合同资产"或"其他非流动资产"项目；若其期末余额在贷方的，则根据其流动性在资产负债表中分别列示为"合同负债"或者"其他非流动负债"项目。

【案例3-33】 2021年1月1日，上海铁蛋建筑公司（以下简称"铁蛋建筑公司"）与北京钢蛋地产公司（以下简称"钢蛋地产公司"）签订一项某普通住宅施工总承包合同，该工程的造价为30 000万元（不含税），工期2年。该工程包工包料不存在甲供的情况，适用一般计税方法计税，增值税税率为9%；钢蛋地产公司对该工程每半年进行一次工程计量；预计2022年12月31日全面竣工；经相关部门联合测算该项目的预计总成本为28 000万元（不含税）。假定该建造工程整体构成单项履约义务并属于在某一时段履行的履约义务，铁蛋建筑公司采用投入法确定履约进度，发生以下业务。

①2021年6月30日，工程累计实际发生成本2 800万元，双方确认的工程计价金额为3 161万元（其中价款2 900万元，增值税额261万元），铁蛋建筑公司当期收到进度款2 616万元。

②2021年12月31日，工程累计实际发生成本11 200万元（当期发生成本8 400万元），双方确认的当期计价金额为10 137万元（其中价款9 300万元，增值税额837万元），铁蛋建筑公司当期收到进度款8 109万元。

③2022年6月30日，工程累计实际发生成本19 600万元（当期发生成本8 400万元），双方确认的当期工程计价金额9 156万元（其中价款8 400万元，增值税额756万元），铁蛋建筑公司当期收到进度款7 324万元。

④2022年11月30日，工程竣工，该工程累计发生成本28 000万元（当期发生成本8 400万元）。12月31日双方进行最终工程结算，确认的最终结算金额为33 790万元（其中价款31 000万元，增值税额2 790万元）。2023年1月根据结算协议，钢蛋地产公司按照结算金额的97%扣除前期已支付的进度款后，向铁蛋建筑公司支付14 727万元结算款，剩余3%为工程质保金。

假定上述数据，除支付的进度款和结算款外，上述价款均不含增值税额，双方确认工程计价金额后铁蛋建筑公司即开具相应的增值税发票。假定铁蛋建筑公司适用企业会计准则，暂不考虑进项税额的影响。

（1）归集 2021 年 1 月至 6 月实际发生的合同成本。

借：合同履约成本——工程施工——明细科目　　28 000 000

　　贷：银行存款、应付账款、原材料、应付职工薪酬等

　　　　　　　　　　　　　　　　　　　　　　　　　　28 000 000

（2）截至 2021 年 6 月，合同履约进度 = 2 800 ÷ 28 000 × 100% = 10%。

2021 年 1 月至 6 月应确认的合同收入 = 30 000 × 10% = 3 000（万元）

借：合同结算　　收入结转　　　　　　　　　　30 000 000

　　贷：主营业务收入　　　　　　　　　　　　　　30 000 000

借：主营业务成本　　　　　　　　　　　　　　28 000 000

　　贷：合同履约成本——工程施工——明细科目　　28 000 000

借：应收账款——工程进度款　　　　　　　　　31 610 000

　　贷：合同结算——价款结算　　　　　　　　　　29 000 000

　　　　应交税费——应交增值税（销项税额）　　　2 610 000

借：银行存款　　　　　　　　　　　　　　　　26 160 000

　　贷：应收账款——工程进度款　　　　　　　　　26 160 000

列报解析：

截至 2021 年 6 月 30 日，铁蛋建筑公司账面的"合同结算"科目的余额为借方 100 万元，如图 3-1 所示，2021 年 6 月 30 日"合同结算"科目 T 形账户，表示铁蛋建筑公司已履约而钢蛋地产公司尚未计价的金额为 100 万元。假定在 2021 年 12 月 31 日之前钢蛋地产公司能按约定对该工程量进行计价，则铁蛋建筑公司在 2021 年 6 月的资产负债表中的"合同资产"项目列示。如果这部分工作量钢蛋地产公司无法在一年内计价完毕，铁蛋建筑公司在资产负债表日，应当在资产负债表中的"其他非流动负债"项目列示。

（3）归集 2021 年 7 月至 12 月实际发生的合同成本。

借：合同履约成本——工程施工——明细科目　　84 000 000

　　贷：银行存款、应付账款、原材料、应付职工薪酬等

　　　　　　　　　　　　　　　　　　　　　　　　　　84 000 000

（4）截至 2021 年 12 月 31 日，履约进度 = 11 200 ÷ 28 000 × 100% = 40%。

2021 年 7 至 12 月的合同收入 = 30 000 × 40% - 2 900 = 9 100（万元）

```
                            合同结算
       ────────────────────────────────────────────
        借方（收入结转）           贷方（价款结算）

        期初余额：0               期初余额：0


                   30 000 000          29 000 000

        本期发生额：30 000 000     本期发生额：29 000 000

        期末余额：1 000 000
```

图 3-2　2021 年 6 月 30 日　"合同结算"　科目 T 形账户

借：合同结算——收入结转　　　　　　　　　　91 000 000
　　　贷：主营业务收入　　　　　　　　　　　　　　91 000 000
借：主营业务成本　　　　　　　　　　　　　　84 000 000
　　　贷：合同履约成本——工程施工——明细科目　　84 000 000
借：应收账款——工程进度款　　　　　　　　101 370 000
　　　贷：合同结算——价款结算　　　　　　　　　　93 000 000
　　　　　应交税费——应交增值税（销项税额）　　　8 370 000
借：银行存款　　　　　　　　　　　　　　　　81 090 000
　　　贷：应收账款——工程进度款　　　　　　　　　81 090 000

【列报解析】

　　截至 2021 年 12 月 31 日，铁蛋建筑公司账面"合同结算"科目的余额为贷方 100 万元，如图 3-3 所示，2021 年 12 月 31 日"合同结算"科目 T 形账户，表示钢蛋地产公司已结算但铁蛋建筑公司尚未履约的建筑服务为 100 万元。假定在 2022 年 6 月 30 日之前铁蛋建筑公司能按时履约完毕，铁蛋建筑公司在 2021 年 12 月的资产负债表中作为"合同负债"列示；如果铁蛋建筑公司在一年之内无法按时履行该部分义务，则应当在资产负债表中的"其他非流动负债"项目列示。

　　（5）归集 2022 年 1 月至 6 月实际发生的合同成本。

借：合同履约成本——工程施工——明细科目　　84 000 000
　　　贷：银行存款、应付账款、原材料、应付职工薪酬等

　　　　　　　　　　　　　　　　　　　　　　　　84 000 000

合同结算

借方（收入结转）	贷方（价款结算）
期初余额：1 000 000	
91 000 000	93 000 000
本期发生额：91 000 000	本期发生额：93 000 000
	期末余额：1 000 000

图 3-3　2021 年 12 月 31 日　"合同结算" 科目 T 形账户

（6）截至 2022 年 6 月 30 日，履约进度＝19 600÷28 000×100％＝70％。

2022 年 1 至 6 月的合同收入＝30 000×70％－12 000＝9 000（万元）

借：合同结算——收入结转　　　　　　　　90 000 000

　　贷：主营业务收入　　　　　　　　　　　　90 000 000

借：主营业务成本　　　　　　　　　　　　84 000 000

　　贷：合同履约成本——工程施工——明细科目　84 000 000

借：应收账款——工程进度款　　　　　　　91 560 000

　　贷：合同结算——价款结算　　　　　　　　84 000 000

　　　　应交税费——应交增值税（销项税额）　7 560 000

借：银行存款　　　　　　　　　　　　　　73 240 000

　　贷：应收账款——工程进度款　　　　　　　73 240 000

【列报解析】

截至 2022 年 6 月 30 日，铁蛋建筑公司账面"合同结算"科目的余额为借方 500 万元，如图 3-4 所示。2022 年 6 月 30 日，"合同结算"科目 T 形账户，表示铁蛋建筑公司已经履行履约义务但钢蛋地产公司尚未结算的金额为 500 万元。预计在 2022 年 12 月 31 日之前钢蛋地产公司能按约定对铁蛋建筑公司已履约部分进行工程计价，因此铁蛋建筑公司在 2022 年 6 月的资产负债表中作为"合同资产"列示。

（7）归集 2022 年 7 月至 12 月实际发生的合同成本。

借：合同履约成本——工程施工——明细科目　84 000 000

　　贷：银行存款、应付账款、原材料、应付职工薪酬等

　　　　　　　　　　　　　　　　　　　　　84 000 000

```
                          合同结算
        借方（收入结转）          贷方（价款结算）

                               期初余额：1 000 000

            90 000 000            84 000 000

        本期发生额：90 000 000   本期发生额：84 000 000

        期末余额：5 000 000
```

图 3-4　2022 年 6 月 30 日　"合同结算" 科目 T 形账户

（8）截至 2022 年 11 月 30 日，履约进度为 100%。

2022 年 7 至 12 月的合同收入＝30 000×100%－21 000＝9 000（万元）

借：合同结算——收入结转　　　　　　　　90 000 000

　　贷：主营业务收入　　　　　　　　　　　　90 000 000

借：主营业务成本　　　　　　　　　　　　84 000 000

　　贷：合同履约成本——工程施工——明细科目　84 000 000

（9）2022 年 12 月 31 日，该工程最终结算 33 790 万元。

借：应收账款——工程进度款　　　　　　　113 360 000

　　贷：合同结算——价款结算　　　　　　　　104 000 000

　　　　应交税费——应交增值税（销项税额）　9 360 000

（10）2022 年 12 月 31 日，根据结算金额调整收入。

借：合同结算——收入结转　　　　　　　　9 000 000

　　贷：主营业务收入　　　　　　　　　　　　9 000 000

（11）2023 年 1 月，收取结算款。

借：银行存款　　　　　　　　　　　　　147 270 000

　　贷：应收账款——工程进度款　　　　　　　147 270 000

（12）工程竣工结算，将"合同结算"科目结平。

借：合同结算——价款结算　　　　　　　310 000 000

　　贷：合同结算——收入结转　　　　　　　　310 000 000

截至 2022 年 12 月 31 日，铁蛋公司账面"合同结算"科目的余额为 0，如图 3-5 所示。

合同结算	
借方（收入结转）	贷方（价款结算）
期初余额：5 000 000	
90 000 000	104 000 000
9 000 000	
本期发生额：99 000 000	本期发生额：104 000 000
期末余额：0	期末余额：0

图 3-5 2022 年 12 月 31 日 "合同结算" 科目 T 形账户

二、合同履约成本和合同取得成本

根据新收入准则规定，确认为资产的合同履约成本，初始确认时摊销期限不超过一年或一个正常营业周期的，在资产负债表中计入"存货"项目；初始确认时摊销期限在一年或一个正常营业周期以上的，在资产负债表中计入"其他非流动资产"项目。

根据新收入准则规定确认为资产的合同取得成本，初始确认时摊销期限不超过一年或一个正常营业周期的，在资产负债表中计入"其他流动资产"项目；初始确认时摊销期限在一年或一个正常营业周期以上的，在资产负债表中计入"其他非流动资产"项目。

第六节　建筑业增值税会计处理与列报

据笔者日常从事培训和咨询业务观察，近几年大部分建筑业企业已经从全面"营改增"初期的迷茫状态逐步过渡到整体管理提升阶段。全面"营改增"初期，部分中小建筑企业对于风险控制意识不强，对于风险控制的举措较少，对于增值税管理没有具体思路。如今已经逐步过渡到各种组织模式下，对各级增值税会计核算的细化，内部承包项目增值税税负考核，不同计税方式的选择考量等事项有了更高的需求。

一、部分增值税会计科目介绍

根据《财政部关于印发〈增值税会计处理规定〉的通知》（财会〔2016〕

22 号）关于增值税核算的规定，建筑企业一般纳税人在"应交税费"下应该设置 10 个二级科目，分别是：应交增值税、未交增值税、预交增值税、待抵扣进项税额、待转销项税额、待认证进项税额、增值税留抵税额、简易计税、转让金融商品应交增值税、代扣代交增值税。二级科目中待转销项税额、待认证进项税额、简易计税为全面"营改增"后新增加的科目。

◤ (一)"应交增值税"明细科目

建筑业企业的"应交增值税"科目下设的明细科目与其他行业企业设置的明细基本一致，在"应交增值税"二级科目下再设 10 个三级明细科目："进项税额""销项税额抵减""已交税金""转出未交增值税""减免税款""出口抵减内销产品应纳税额""销项税额""出口退税""进项税额转出""转出多交增值税"。月末，将应交未交增值税通过"转出未交增值税"三级明细科目结转到"未交增值税"二级科目。建筑企业常用的明细科目主要有："进项税额""转出未交增值税""销项税额""进项税额转出"。

建筑业小规模纳税人购买材料、服务、无形资产或不动产，取得增值税专用发票上注明的增值税应计入相关成本费用或资产，不通过"应交税费——应交增值税"科目核算。

◤ (二)"未交增值税"明细科目

本科目核算一般纳税人月度终了从"应交增值税"或"预交增值税"明细科目转入当月应交未交、多交或预交的增值税额，以及当月交纳以前期间未交的增值税额。

◤ (三)"预交增值税"明细科目

本科目核算一般纳税人销售不动产、提供不动产经营租赁服务、提供建筑服务、采用预收款方式销售自行开发的房地产项目，以及其他按增值税制度规定应预缴的增值税额。

注意，建筑企业采用一般计税方法计税的工程项目在发生预缴增值税时通过本科目核算，简易计税项目的预缴增值税事项在"简易计税"明细科目中核算，并不在本科目核算。一般情况下，建筑业企业在期末需要将本科目的借方余额结转到"未交增值税"的借方中，如果当期应交金额小于已经预缴金额的，当期未全部抵减的预缴金额结转至下期抵扣。

（四）"待抵扣进项税额"明细科目

本科目核算一般纳税人已取得增值税扣税凭证并经税务机关认证，按照增值税制度规定准予以后期间从销项税额中抵扣的进项税额。例如，在 2019 年 3 月 31 日之前，企业购进不动产取得的增值税专用发票对应的进项税额，需要分两年抵扣，暂时不能抵扣的部分即通过本科目核算，待能抵扣的当期再结转到"应交增值税——进项税额"明细科目中。根据《财政部 国家税务总局海关总署关于深化增值税改革有关政策的公告》（财政部 税务总局海关总署公告 2019 年第 39 号）第五条规定，自 2019 年 4 月 1 日起，《营业税改征增值税试点有关事项的规定》（财税〔2016〕36 号）第一条第（四）项第 1 点、第二条第（一）项第 1 点停止执行，纳税人取得不动产或者不动产在建工程的进项税额不再分两年抵扣。此前按照上述规定尚未抵扣完毕的待抵扣进项税额，可自 2019 年 4 月税款所属期起从销项税额中抵扣。

（五）"待认证进项税额"明细科目

本科目核算一般纳税人已取得增值税扣税凭证，按照增值税制度规定准予从销项税额中抵扣，但尚未勾选确认的进项税额；一般纳税人已申请稽核但尚未取得稽核相符结果的海关缴款书进项税额。

从增值税税负管理和资金成本管理的角度看，建筑企业适用一般计税方法计税的项目当期应交未交的增值税的计算公式为：

$$应纳税额＝销项税额－进项税额－预交增值税$$

从计算公式可以看出，先抵扣已取得的进项税额再扣除已预缴的增值税，而对于建筑企业来说，预缴增值税已经形成资金支付的现实，如果不能在当期 100％扣除，就等于形成了资金占用。当期取得的进项税额却未必支付了对应款项，暂时不抵扣不一定会占用企业资金。因此，建筑企业在期末可以先比较应纳税额和预交增值税之后，自行控制进项发票的勾选确认进度，暂时不抵扣的增值税专用发票对应的进项税额可以记入"待认证进项税额"科目，准备抵扣时再转入"应交增值税（进项税额）"明细科目中。

根据《国家税务总局关于取消增值税扣税凭证认证确认期限等增值税征管问题的公告》（国家税务总局公告 2019 年第 45 号）第一条规定，自 2020 年 3 月 1 日起，增值税一般纳税人取得 2017 年 1 月 1 日及以后开具的增值税专用发票、海关进口增值税专用缴款书、机动车销售统一发票、收费公路通行费增值税电子普通发票，取消认证确认、稽核比对、申报抵扣的期限。此后，企业不用担心长期未抵扣形成滞留票的风险。

（六）"待转销项税额"明细科目

本科目核算一般纳税人销售货物、加工修理修配劳务、服务、无形资产或不动产，已确认相关收入（或利得）但尚未发生增值税纳税义务而需于以后期间确认为销项税额的增值税额。

建筑企业用其核算业主已根据履约进度进行工程计价，但尚未发生增值税纳税义务，需在以后期间确认为销项税额的增值税额。关于增值税纳税义务发生时间的判定标准前面章节已经详细阐述，这里不再赘述。

（七）"简易计税"明细科目

本科目核算一般纳税人采用简易计税方法发生的增值税计提、扣减、预缴、缴纳等业务。建筑企业在"简易计税"科目下可以设四个三级明细科目：应交总包税额、扣除分包税额、预交税额、应纳税额。

注意，本科目适用于增值税一般纳税人采用简易计税方法的工程项目核算，这与增值税小规模纳税人采用简易计税方法计税的适用会计科目存在区别。增值税小规模纳税人只需要设置一个"应交税费——应交增值税"二级明细科目即可。建筑业企业小规模纳税人的应交增值税记入该明细科目的贷方，预缴和分包扣除金额记入该科目的借方，申报缴纳的增值税记入该科目的借方，期末是否存在应交未交的税额只需要根据该明细科目的期末余额方向判断即可。

建筑业一般纳税人适用简易计税方法计税的项目，期末应交未交的增值税无须结转到"未交增值税"科目，直接通过本科目核算即可。

二、增值税视同销售业务

根据《中华人民共和国增值税暂行条例实施细则》（财政部 国家税务总局第 50 号令）第四条规定："单位或者个体工商户的下列行为，视同销售货物：

（一）将货物交付其他单位或者个人代销；

（二）销售代销货物；

（三）设有两个以上机构并实行统一核算的纳税人，将货物从一个机构移送其他机构用于销售，但相关机构设在同一县（市）的除外；

（四）将自产或者委托加工的货物用于非增值税应税项目；

（五）将自产、委托加工的货物用于集体福利或者个人消费；

（六）将自产、委托加工或者购进的货物作为投资，提供给其他单位或者个体工商户；

（七）将自产、委托加工或者购进的货物分配给股东或者投资者；

（八）将自产、委托加工或者购进的货物无偿赠送其他单位或者个人。"

根据《关于全面推开营业税改征增值税试点的通知》（财税〔2016〕36号）附件一，第十四条规定下列情形视同销售服务、无形资产或者不动产：

（一）单位或者个体工商户向其他单位或者个人无偿提供服务，但用于公益事业或者以社会公众为对象的除外。

（二）单位或者个人向其他单位或者个人无偿转让无形资产或者不动产，但用于公益事业或者以社会公众为对象的除外。

（三）财政部和国家税务总局规定的其他情形。

【案例3-34】　铁蛋建筑公司为增值税一般纳税人，该公司的某项目使用自己的车辆免费为业主运送甲供材，市场同期含税运输费用大致为1.09万元。假设该项目适用一般计税方法计税。

借：营业外支出　　　　　　　　　　　　　　　900

　　贷：应交税费——应交增值税（销项税额）　　900

注意：增值税视同销售行为在会计处理上，应该按照适用税率计算销项税额，不应该按照"进项税额转出"处理。

假设上述案例中，铁蛋建筑公司与业主在工程承包合同中约定如下：合同约定的甲供材由铁蛋建筑公司自行从业主指定厂家运输到项目现场，为此所支付的运输费用，业主将以"甲供材管理费"的名义在竣工结算时增加相应结算金额。笔者认为，业主给予的"甲供材管理费"属于补偿性质的价外费用，这部分补偿款铁蛋建筑公司应当按照"建筑服务"向业主开具增值税发票，并入工程价款进行财税处理。事实上，业主已经为此支付了对价，不属于铁蛋建筑公司免费为其服务，因此不再属于上述案例中的视同销售业务。

三、增值税小微政策

根据《财政部 税务总局关于明确增值税小规模纳税人免征增值税政策的公告》（财政部 税务总局公告 2021 年第 11 号）和《国家税务总局关于小规模纳税人免征增值税征管问题的公告》（国家税务总局公告 2021 年第 5 号）的有关规定，自 2021 年 4 月 1 日至 2022 年 12 月 31 日，对月销售额 15 万元以下（以 1 个季度为 1 个纳税期的，季度销售额未超过 45 万元）的增值税小规模纳税人，免征增值税。小规模纳税人发生增值税应税销售行为，合计月销售额超过 15 万元，但扣除本期发生的销售不动产的销售额后未超过 15 万元的，其销售货物、劳务、服务、无形资产取得的销售额免征增值税。

适用增值税差额征税政策的小规模纳税人，以差额后的销售额确定是否可以享受免征增值税政策。《增值税纳税申报表（小规模纳税人适用）》中的"免税销售额"相关栏次，填写差额后的销售额。按固定期限纳税的小规模纳税人可以选择以 1 个月或 1 个季度为纳税期限，一经选择，一个会计年度内不得变更。按照现行规定，应当预缴增值税税款的小规模纳税人，凡在预缴地实现的月销售额未超过 15 万元的，当期无须预缴税款。

【案例 3-35】 上海铁蛋建筑公司为增值税小规模纳税人，选择按月申报增值税。2022 年 1 月提供建筑服务销售额 8 万元、销售建材取得不含税收入 1 万元，销售额合计为 9 万元，上述业务均向客户开具增值税普通发票，未超过 15 万元免税标准。因此，铁蛋建筑公司销售货物、提供建筑服务的销售额 9 万元，可以享受小规模纳税人免税政策。

【案例 3-36】 北京铁蛋建筑公司为增值税小规模纳税人，选择按季度申报增值税。2022 年 1 月至 3 月提供建筑服务销售额 44 万元，销售不动产取得不含税收入 6 万元，销售额合计为 50 万元，全部业务均向客户开具增值税普通发票，扣除销售不动产后的销售额为 44 万元，未超过季度免税销售额 45 万元的标准。因此，北京铁蛋建筑公司提供建筑服务取得的销售额 44 万元可以享受小规模纳税人免税政策，销售不动产 6 万元按相应规定税目缴纳增值税。

假设铁蛋建筑公司执行《小企业会计准则》，相关工程项目工期均未跨年，仅就提供建筑服务的内容进行会计处理如下。

借：应收账款——工程进度款　　　　　　　　453 200
　　贷：主营业务收入　　　　　　　　　　　440 000
　　　　应交税费——应交增值税　　　　　　 13 200
借：应交税费——应交增值税　　　　　　　　 13 200
　　贷：营业外收入　　　　　　　　　　　　 13 200

【案例 3-37】　北京铁蛋建筑公司为增值税小规模纳税人，选择按季度申报增值税。2022 年 1 月至 3 月提供建筑服务销售额 30 万元、销售建材取得不含税收入 16 万元，销售不动产取得不含税收入 6 万元，销售额合计为 52 万元，全部业务均向客户开具增值税普通发票，分析是否能够享受小规模免征增值税政策？

分析： 上述案例中，铁蛋建筑公司季度销售额合计 52 万元，扣除销售不动产后的销售额为 46 万元，已经超过季度免税销售额 45 万元的标准，虽然开具的是增值税普通发票也不能享受小规模纳税人免税政策，应与销售不动产 6 万元一起缴纳增值税。

四、建筑业不同计税方式的增值税会计处理

增值税有两种计税方法，即一般计税与简易计税。对于一般纳税人采用购进抵扣方法计税（一般纳税人发生特定应税行为按照相关财税规定可以选择适用简易计税方法计税的情形除外），对小规模纳税人采用征收率的简易计税方法计税。

（一）简易计税项目的增值税会计处理

建筑业一般纳税人的"老项目""清包工工程""甲供工程"可以选择适用或者适用简易计税方法计税，但一经选择，36 个月内不得变更，简易计税方法下不得抵扣进项税额。应纳税额计算公式：

应纳税额 = 销售额 × 征收率 = 含增值税销售额 ÷（1 + 征收率）× 征收率

建筑业一般纳税人提供建筑服务选择适用简易计税方法计税的和建筑业小规模纳税人，以其取得的全部价款和价外费用扣除支付的分包款后的余额为销售额。

应纳税额＝［（全部价款和价外费用－支付的分包款）÷（1＋3%）］×3%

"全部价款和价外费用"和"支付的分包款"均为含税金额。

向建筑服务发生地的主管税务机关预缴的增值税款，可以在当期增值税应纳税额中抵减，抵减不完的可以结转下期继续抵减。

【案例3-38】 上海铁蛋建筑公司注册于2020年7月，为增值税一般纳税人。2021年12月，承揽了两个跨省施工的工程项目，发生数据如下：

2022年3月，开工的南溪书苑项目属于甲供工程，铁蛋建筑公司选择适用简易计税方法计税。该项目2022年6月取得业主审定后的工程计价单，计价金额206万元，向业主开具了增值税发票，价税合计206万元（其中价款200万元，增值税额6万元），款项尚未收到；当月与劳务分包方办理了工程计价72.1万元，并支付劳务分包款72.1万元，取得等额劳务分包发票72.1万元（其中价款70万元，增值税额2.1万元）；暂时忽略附加税费。该公司适用企业会计准则，公司与各个项目之间采用统一核算的模式。

（1）南溪书苑项目确认工程计价金额。

借：应收账款——工程进度款   2 060 000

贷：合同结算——价款结算   2 000 000

应交税费——简易计税（计提总包税额）   60 000

（2）南溪书苑项目根据分包结算单据及分包发票，确认分包成本。

借：合同履约成本——工程施工——人工费   700 000

应交税费——简易计税（扣除分包税额）   21 000

贷：银行存款   721 000

（3）南溪书苑项目计算当期应缴纳的增值税。

借：应交税费——简易计税（计提总包税额）   60 000

贷：应交税费——简易计税（扣除分包税额）   21 000

应交税费——简易计税（应纳税额）   39 000

（4）南溪书苑项目在异地预缴增值税。

预缴增值税＝［（206－72.1）÷（1＋3%）］×3%＝3.9（万元）

借：应交税费——简易计税（预交税额）   39 000

贷：银行存款   39 000

（5）次月，纳税申报时就应纳税额与预交税额进行结转。

借：应交税费——简易计税（应纳税额）   39 000

　　　　贷：应交税费——简易计税（预交税额）　　　　　　39 000

　　南溪书苑项目适用简易计税方法计税，征收率为 3%，在项目所在地已经按照 3% 的预缴征收率缴预缴完毕。该项目在机构所在地申报纳税时应纳税额扣除预缴税额后余额为零，不需要就该项目再缴纳增值税，只需要做相应的会计处理和纳税申报即可。

（二）一般计税项目的增值税会计处理

　　一般计税方法的应纳税额，是指当期销项税额抵扣当期进项税额后的余额。应纳税额计算公式：

$$应纳税额＝当期销项税额－当期进项税额$$

$$销项税额＝销售额×税率$$

$$销售额＝含税销售额÷（1＋税率）$$

　　当期销项税额小于当期进项税额不足抵扣时，其不足部分可以结转下期继续抵扣。

　　建筑企业一般纳税人跨地提供建筑服务，适用一般计税方法计税的在预缴环节以取得的全部价款和价外费用扣除支付的分包款后的余额，按照 2% 的预征率计算应预缴税款。

$$应预缴税款＝\left[（全部价款和价外费用－支付的分包款）÷（1＋9\%）\right]×2\%$$

$$机构所在地应交增值税＝销项税额－进项税额－预缴税款$$

　　注意，上述公式中的"全部价款和价外费用"和"支付的分包款"均为含税金额。向建筑服务发生地的主管税务机关预缴的增值税款，可以在当期增值税应纳税额中抵减，抵减不完的可以结转下期继续抵减。

　　【案例 3-39】　承接上例，2022 年 4 月开工的半亩方塘苑项目属于包工包料工程，适用一般计税方法计税。该项目 2022 年 6 月取得业主审定后的工程计价单，计价金额 1 090 万元，向业主开具了增值税发票，价税合计 1 090 万元（其中价款 1 000 万元，增值税额 90 万元），款项尚未收到；当月与专业分包方办理了工程计价 436 万元，并支付专业分包款 436 万元，取得等额专业分包专用发票 436 万元（其中价款 400 万元，增值税额 36 万元）；支付材料款并取得等额增值税专用发票 452 万元（假设其中不含税价款 430 万元，取得的专用发票税率或征收率包含 13%、3%，进项税额一共 22 万元）。

　　（1）半亩方塘苑项目确认工程计量金额。

　　借：应收账款——工程进度款　　　　　　　　　　　10 900 000

贷：合同结算——价款结算　　　　　　　　　　10 000 000

　　　　应交税费——应交增值税（销项税额）　　　900 000

（2）半亩方塘苑项目确认分包成本。

　借：合同履约成本——工程施工——分包费　　　4 000 000

　　　应交税费——应交增值税（进项税额）　　　360 000

　　贷：银行存款　　　　　　　　　　　　　　　4 360 000

（3）半亩方塘苑项目确认材料成本。

　借：合同履约成本——工程施工——材料费　　　4 300 000

　　　应交税费——应交增值税（进项税额）　　　220 000

　　贷：银行存款　　　　　　　　　　　　　　　4 520 000

（4）半亩方塘苑项目在异地预缴增值税。

异地应预缴增值税＝［（1 090－436）÷（1＋9％）］×2％＝12（万元）

　借：应交税费——预交增值税　　　　　　　　　120 000

　　贷：银行存款　　　　　　　　　　　　　　　　120 000

（5）半亩方塘苑项目结转未交增值税会计处理。

　借：应交税费——应交增值税（转出未交增值税）　320 000

　　贷：应交税费——未交增值税　　　　　　　　　320 000

（6）半亩方塘苑项目结转预缴增值税。

　借：应交税费——未交增值税　　　　　　　　　120 000

　　贷：应交税费——预交增值税　　　　　　　　　120 000

　　铁蛋建筑公司就只有南溪书苑、半亩方塘苑两个工程项目，且均为跨地区工程。南溪书苑项目为简易计税项目，应纳税额扣除已经在项目地预缴的税额后余额为零，无须在机构地再缴纳增值税，只剩下一般计税项目半亩方塘苑在机构地还要缴纳增值税。半亩方塘苑项目"应交税费——未交增值税"期末贷方余额20万元，表示当期在机构所在地还要缴纳20万元增值税。

（7）次月申报缴纳税款。

　借：应交税费——未交增值税　　　　　　　　　200 000

　　贷：银行存款　　　　　　　　　　　　　　　　200 000

　　如果铁蛋建筑公司本级与项目部之间采用的是"分级核算"，应交税费的处理就按照会计核算单元分级核算，期末需要将应交税费逐级结转。项目部将"应交税费"科目中的各明细科目通过"内部往来"或"其他应付款"科目结平，逐个、逐级结转到公司总部，由公司总部统一汇总申报。

五、新冠肺炎疫情下的差额扣除与分包抵减业务

2020 年以来，国家相关部门连续出台一系列"减税降费"优惠政策，减轻了企业负担，有力地支持了企业复工复产，帮助了中小微企业应对风险，渡过难关，各行各业有序地实现了复工复产。

本小节仅就建筑业小规模纳税人在新冠肺炎疫情下可享受的税收优惠以及建筑业一般纳税人取得小规模人提供的征收率为 1% 的分包发票如何进行扣除、抵减等业务进行讨论，其余"减税降费"事项不做展开阐述。

（一）建筑业小规模纳税人可享受的税费减免优惠政策

根据《财政部 税务总局关于支持个体工商户复工复业增值税政策的公告》（财政部 税务总局公告 2020 年第 13 号）规定：自 2020 年 3 月 1 日至 5 月 31 日，对湖北省增值税小规模纳税人，适用 3% 征收率的应税销售收入，免征增值税；适用 3% 预征率的预缴增值税项目，暂停预缴增值税。除湖北省外，其他省、自治区、直辖市的增值税小规模纳税人，适用 3% 征收率的应税销售收入，减按 1% 征收率征收增值税；适用 3% 预征率的预缴增值税项目，减按 1% 预征率预缴增值税。根据《关于延长小规模纳税人减免增值税政策执行期限的公告》（财政部 税务总局公告 2020 年第 24 号）、《财政部 税务总局关于支持个体工商户复工复业增值税政策的公告 》（财政部 税务总局公告 2020 年第 13 号）、《财政部 税务总局关于延续实施应对疫情部分税费优惠政策的公告》（财政部 税务总局公告 2021 年第 7 号），上述规定的税收优惠政策实施期限延长至 2021 年 12 月 31 日。[①]

根据相关规定，增值税小规模纳税人取得应税销售收入，纳税义务发生时间在 2020 年 2 月底以前，适用 3% 征收率征收增值税的，按照 3% 征收率开具增值税发票；纳税义务发生时间在 2020 年 3 月 1 日以后的，适用减按 1% 征收率征收增值税的，按照 1% 征收率开具增值税发票。减按 1% 征收率征收增值税的，按下列公式计算销售额：

$$销售额 = 含税销售额 \div (1 + 1\%)$$

---

① 截至本书完稿日（2022 年 2 月 28 日），2022 年相关政策尚未发布，笔者估计还将延长一年。

（二）取得享受减免税政策小规模纳税人开具的分包发票如何差额扣除

建筑企业一般纳税人无法享受上述增值税减免政策，部分适用或者选择适用简易计税方法计税的工程项目，如果取得小规模分包方开具的1%减税或免税分包发票，该如何进行差额扣除呢？

【案例3-40】 上海铁蛋建筑公司为增值税一般纳税人，某总承包项目属于甲供工程，选择适用简易计税方法计税。2021年10月取得业主审定后的工程计价单，计价金额206万元，向业主开具建筑服务总包发票206万元（其中价款200万元，增值税额6万元）；当月与劳务分包方办理当月劳务分包工程计价手续，计价金额103万元，并向劳务分包方支付劳务分包款103万元，取得劳务分包发票103万元（其中价款100万元，增值税额3万元），款项均已收付。假设铁蛋建筑公司适用《企业会计准则》，该项目应交增值税＝〔（206－103）÷1.03〕×3%＝3（万元）。

（1）铁蛋建筑公司开具总包发票、收取工程款时会计处理。

借：应收账款——工程进度款　　　　　　　　　2 060 000
　　贷：合同结算——价款结算　　　　　　　　　　　　　2 000 000
　　　　应交税费——简易计税（计提总包税额）　　　　　　 60 000
借：银行存款　　　　　　　　　　　　　　　2060 000
　　贷：应收账款——工程进度款　　　　　　　　　　　　2 060 000

（2）铁蛋建筑公司收取劳务分包发票、支付劳务分包款时会计处理。

借：合同履约成本——工程施工——人工费　　　1 000 000
　　应交税费——简易计税（扣除分包税额）　　　 30 000
　　贷：银行存款　　　　　　　　　　　　　　　　　　 1 030 000

【案例3-41】 上海铁蛋建筑公司为增值税一般纳税人，某总承包项目属于甲供工程，选择适用简易计税方法计税。2021年10月，取得业主审定后的工程计价单，计价金额206万元，向业主开具建筑服务总包发票206万元（其中价款200万元，增值税额6万元）；当月与专业分包方办理当月分包工程计价，计价金额103万元，并向分包方支付分包款103万元，取得分包发票103万元，该分包方适用一般计税方法计税，该分包发票税率9%，发票不含税金额为94.5万元，增值税税款为8.5万元，款项均已收付。假设该公司适用《企业会计准则》。

该项目应交增值税＝〔（206－103）÷1.03〕×3%＝3（万元）

当总包方和分包方都选择适用或者适用简易计税方法计税时，总包方可差额扣除的分包税额，即为分包发票上的增值税额；当总包方选择适用或者适用简易计税方法，而分包适用一般计税方法计税时，总包方可以差额扣除的分包税额是根据简易征收税率计算的，而不是根据分包发票上的增值税额进行扣除。

换句话说，适用简易计税方法计税的项目，计算应纳税额的公式中"全部价款和价外费用"和"支付的分包款"均为含税金额，只要分包方含税金额不变，不论税率（征收率）发生何变化，对总包方都没有影响。因此，上述案例总包项目可差额扣除的分包税额依然是 3 万元。

（1）铁蛋建筑公司开具总包发票、收取工程款时会计处理。

借：应收账款——工程款　　　　　　　　　　2 060 000

　　贷：合同结算——价款结算　　　　　　　　2 000 000

　　　　应交税费——简易计税（计提总包税额）　　60 000

借：银行存款　　　　　　　　　　　　　　　2 060 000

　　贷：应收账款　　　　　　　　　　　　　　2 060 000

（2）铁蛋建筑公司收取专业分包发票、支付分包款时会计处理。

借：合同履约成本——工程施工——分包费　　1 000 000

　　应交税费——简易计税（扣除分包税额）　　30 000

　　贷：银行存款　　　　　　　　　　　　　　1 030 000

【案例 3-42】　承上例，假设上海铁蛋建筑公司支付的分包款，分包方为湖北省的增值税小规模纳税人，支付的分包款依然是 103 万元，取得分包方在 2021 年 1 月开具的免税普通发票，税率栏显示"免税"，增值税额为"×××"；或分包方为湖北以外地区的增值税小规模纳税人，分包方开具的发票价税合计数为 103 万元，征收率为"1%"，增值税额为"1.02 万元"；开具的总包发票依然为 206 万元，前述案例建筑总承包方的其他条件不变。总包方可以差额扣除的分包税额以及应纳税额是否有变化？

分析：只要支付的分包款含税金额不变，不论分包方属于简易计税还是一般计税或是制度性减免税款，税率（征收率）是多少，都不影响建筑总包的差额扣除。总包方该项目应交增值税为 3 万元，总包方可以差额扣除的分包税额依然是 3 万元。会计处理同上，此处不再赘述。

六、增量留抵退税

根据《财政部 税务总局 海关总署关于深化增值税改革有关政策的公告》（财政部 税务总局 海关总署公告 2019 年第 39 号）的规定，自 2019 年 4 月 1 日起，试行增值税期末留抵税额退税制度。

（一）2022 年 4 月之前的增值税增量留抵退税规定

1. 可申请增量留抵退税的条件

根据"财务部 税务总局 海关总署公告 2019 年第 39 号"规定，增值税期末留抵税额退税不再区分行业，只要增值税一般纳税人符合以下条件的纳税人，可以向主管税务机关申请退还增量留抵税额：

（1）自 2019 年 4 月税款所属期起，连续 6 个月（按季纳税的，连续两个季度）增量留抵税额均大于零，且第 6 个月增量留抵税额不低于 50 万元；

（2）纳税信用等级为 A 级或者 B 级；

（3）申请退税前 36 个月未发生骗取留抵退税、出口退税或虚开增值税专用发票情形的；

（4）申请退税前 36 个月未因偷税被税务机关处罚两次及以上的；

（5）自 2019 年 4 月 1 日起未享受即征即退、先征后返（退）政策的。

2. 留抵退税额的计算与财税处理

前述"增量留抵税额"，是指与 2019 年 3 月底相比新增加的期末留抵税额。例如，某建筑企业 2019 年 3 月底增值税期末留抵税额为 10 万元，2019 年 4 月底期末留抵税额为 50 万元，则增量留抵税额为 40 万元。增量留抵税额不能 100% 申请退还，纳税人当期允许退还的增量留抵税额，按照以下公式计算：

$$允许退还的增量留抵税额 = 增量留抵税额 × 进项构成比例 × 60\%$$

进项构成比例，为 2019 年 4 月至申请退税前一税款所属期内已抵扣的增值税专用发票（含税控机动车销售统一发票）、海关进口增值税专用缴款书、解缴税款完税凭证注明的增值税额占同期全部已抵扣进项税额的比重。

【案例 3-43】 铁蛋建筑公司 2021 年 7 月至 2021 年 12 月一共申报抵扣的进项税额为 600 万元，其中 480 万元为取得的增值税专用发票上注明的税额，取得其他凭证计算抵扣的进项税额为 120 万元；2021 年 6 月，期末留抵税额为 50 万元，2021 年 9 月 30 日，期末留抵税额为 120 万元。假设 2021 年 7 月至 2021 年 12 月，每月的增量留抵税额均大于零，此前从未申请留抵退税，也满足其他留抵退税条件。铁蛋建筑公司 2022 年 1 月可申请退还的增量留抵税额是多少？收到退税款后如何进行会计处理？

①进项构成比例＝480÷600×100％＝80％

②增量留抵税额＝120－50＝70（万元）

③允许退还的增量留抵税额＝70×80％×60％＝33.6（万元）

收到留抵退税款时会计处理如下：

借：银行存款   336 000

  贷：应交税费——应交增值税（进项税额转出）   336 000

（二）2022 年 4 月以后的增值税留抵退税政策

2022 年 3 月，财政部、税务总局联合发布了《财政部 税务总局关于进一步加大增值税期末留抵退税政策实施力度的公告》（财政部 税务总局公告 2022 年第 14 号），加大小微企业以及"制造业""科学研究和技术服务业""电力、热力、燃气及水生产和供应业""软件和信息技术服务业""生态保护和环境治理业""交通运输、仓储和邮政业"（以下称"制造业等行业"）的留抵退税力度，将先进制造业按月全额退还增值税增量留抵税额政策范围扩大至小微企业和制造业等行业，并一次性退还其存量留抵税额。

1. 符合条件的小微企业可以申请一次性退还增量留抵税额和存量留底税额

根据《关于进一步加大增值税期末留抵退税政策实施力度的公告》（财政部 税务总局公告 2022 年第 14 号）的规定，符合条件的小微企业，可以自 2022 年 4 月纳税申报期起向主管税务机关申请退还增量留抵税额。符合条件的微型企业，可以自 2022 年 4 月纳税申报期起向主管税务机关申请一次性退还存量留抵税额；符合条件的小型企业，可以自 2022 年 5 月纳税申报期起向主管税务机关申请一次性退还存量留抵税额。

前述公告所规定的中型企业、小型企业和微型企业，是按照《中小企业划型标准规定》（工信部联企业〔2011〕300 号）和《金融业企业划型标准规定》（银发〔2015〕309 号）中的营业收入指标、资产总额指标确定。其中，资产总额指标按照纳税人上一会计年度年末值确定。营业收入指标按照纳税人上一会计年度增值税销售额确定；不满一个会计年度的，按照以下公式计算：

增值税销售额（年）＝上一会计年度企业实际存续期间增值税销售额÷企业实际存续月数×12

2. 加大了制造业等行业的留抵退税力度

根据"财政部 税务总局公告 2022 年第 14 号"规定，符合条件的"制造业""科学研究和技术服务业""电力、热力、燃气及水生产和供应业""软件和信息技术服务业"、"生态保护和环境治理业""交通运输、仓储和邮政业"等行业企业（以下简称"制造业等行业企业"），可以自 2022 年 4 月纳税申报期起向主管税务机关申请退还增量留抵税额。符合条件的制造业等行业中型企业，可以自 2022 年 7 月纳税申报期起向主管税务机关申请一次性退还存量留抵税额；符合条件的制造业等行业大型企业，可以自 2022 年 10 月纳税申报期起向主管税务机关申请一次性退还存量留抵税额。

3. 可申请留抵退税的条件及进项构成比例的计算

根据"财政部 税务总局公告 2022 年第 14 号"规定，无论是符合条件的小微企业还是制造业等行业企业申请增量留抵退税、存量留抵退税都应同时符合以下条件：

（1）纳税信用等级为 A 级或者 B 级；

（2）申请退税前 36 个月未发生骗取留抵退税、骗取出口退税或虚开增值税专用发票情形；

（3）申请退税前 36 个月未因偷税被税务机关处罚两次及以上；

（4）2019 年 4 月 1 日起未享受即征即退、先征后返（退）政策。

小微企业和制造业等行业企业申请增量留抵退税、存量留抵退税，按照以下公式计算允许退还的留抵税额：

允许退还的增量留抵税额＝增量留抵税额×进项构成比例×100％

允许退还的存量留抵税额＝存量留抵税额×进项构成比例×100％

进项构成比例，为 2019 年 4 月至申请退税前一税款所属期已抵扣的增值税专用发票（含带有"增值税专用发票"字样全面数字化的电子发票、税控机动车销售统一发票）、收费公路通行费增值税电子普通发票、海关进口增值税专用缴款书、解缴税款完税凭证注明的增值税额占同期全部已抵扣进项税额的比重。

【案例 3-44】 铁蛋建筑公司属于小型企业，2019 年 4 月至 2022 年 3 月取得的进项税额中，增值税专用发票对应的进项税额 200 万元，海关进口增值税专用缴款书对应的进项税额 20 万元，道路通行费电子普通发票对应的进项税额 10 万元，自产自销农产品生产者开具的免税增值税普通发票抵扣的进项税额 230 万元。2022 年 4 月按照"财政部 税务总局公告 2022 年第 14 号"的规定申请留抵退税时，进项构成比例的计算公式为：

$$进项构成比例 = （200 + 20 + 10）÷ （200 + 10 + 20 + 230）× 100\%$$
$$= 50\%。$$

（三）增量留抵退税的申报

增值税留抵退税金额是一个时点数，每个纳税期都有可能发生变化。纳税人提交留抵退税申请必须在申报期内完成，以免对退税数额计算和后续核算产生影响。

根据《国家税务总局关于进一步加大增值税期末留抵退税政策实施力度有关征管事项的公告》（国家税务总局公告 2022 年第 4 号）规定，纳税人申请留抵退税，应在规定的留抵退税申请期间，完成本期增值税纳税申报后，通过电子税务局或办税服务厅提交《退（抵）税申请表》（详见附表 3-5）。

税务机关审核后，符合条件的将出具准予留抵退税《税务事项通知书》，纳税人凭准予留抵退税《税务事项通知书》在当期按照允许退还的增量留抵税额冲减期末留抵税额，办理增值税纳税申报时在"增值税及附加税费申报表附列资料（二）（本期进项税额明细）"的第 22 栏"上期留抵税额退税"中填写。

附表 3-5　退（抵）税申请表

金额单位：元，至角分

申请人名称		纳税人□　　扣缴义务人□	
纳税人名称		统一社会信用代码（纳税人识别号）	
联系人姓名		联系电话	
申请退税类型	汇算结算退税□ 误收退税　□ 留抵退税　□	纳税信用等级	

一、汇算结算、误收税款退税				
	税种	品目名称	税款所属时期	税票号码	实缴金额

	税种	品目名称	税款所属时期	税票号码	实缴金额
原完税 情况					
	合计（小写）				
申请退税金额（小写）					

二、留抵退税		
留抵退税 申请文件 依据	☐《财政部 税务总局 海关总署关于深化增值税改革有关政策的公告》（财政部 税务总局 海关总署2019年第39号） ☐《财政部 税务总局关于进一步加大增值税期末留抵退税政策实施力度的公告》（财政部 税务总局2022年第14号）	退税企业类型	☐**小微企业** 　☐微型企业 　☐小型企业 ☐**特定行业** 　☐制造业 　☐科学研究和技术服务业 　☐电力、热力、燃气及水生产和供应业 　☐软件和信息技术服务业 　☐生态保护和环境治理业 　☐交通运输、仓储和邮政业 ☐**一般企业**

申请退 还项目	☐存量留抵税额　　　　☐增量留抵税额				
企业经 营情况	国民经济行业		营业收入		资产总额	
	企业划型	☐微型企业　☐小型企业　☐中型企业　☐大型企业			
留抵退 税类型	1. 退税企业 类型勾选"一般 企业"	连续六个月（按季纳税的，连续两个季度）增量留抵税额均大于零的起止时间：___年___月至___年___月			

留抵退税类型	2. 退税企业类型勾选"特定行业"	___年___月至___年___月，从事《国民经济行业分类》中"制造业""科学研究和技术服务业""电力、热力、燃气及水生产和供应业""软件和信息技术服务业""生态保护和环境治理业"和"交通运输、仓储和邮政业"业务相应发生的增值税销售额___元，同期全部销售额___元，占比___%。	
留抵退税条件	申请退税前36个月未发生骗取留抵退税、出口退税或虚开增值税专用发票情形		是□ 否□
	申请退税前36个月未因偷税被税务机关处罚两次及以上		是□ 否□
	自2019年4月1日起未享受即征即退、先征后返（退）政策		是□ 否□
	出口货物劳务、发生跨境应税行为，适用免抵退税办法		是□ 否□
留抵退税计算	本期已申报免抵退税应退税额		
	申请退税前一税款所属期的增值税期末留抵税额		
	2019年3月期末留抵税额		
	存量留抵税额		
	2019年4月至申请退税前一税款所属期	已抵扣的增值税专用发票（含带有"增值税专用发票"字样全面数字化的电子发票、税控机动车销售统一发票）、收费公路通行费增值税电子普通发票注明的增值税额	
		已抵扣的海关进口增值税专用缴款书注明的增值税额	
		已抵扣的解缴税款完税凭证注明的增值税额	
		全部已抵扣的进项税额	
		进项构成比例	
	本期申请退还的期末留底税额		
	其中：本期申请退还的存量留抵税额		
	本期申请退还的增量留抵税额		
退税申请理由	经办人：　　　　　　　　　　　　　　（公章） 　　　　　　　　　　　　　　　年　　月　　日		

授权声明	如果你已委托代理人申请，请填写下列资料： 为代理相关税务事宜，现授权（地址）＿＿＿＿＿＿＿为本纳税人的代理申请人，任何与本申请有关的往来文件，都可寄于此人 授权人（签章）：	申请人声明	本申请表是根据国家税收法律法规及相关规定填写的，我确定它是真实的、可靠的、完整的 申请人签章：
以下由税务机关填写			

受理情况	受理人： 　　　年　　月　　日

核实部门意见：

　　退还方式：退库□　　抵扣欠税□

　　退税类型：汇算结算退税□

　　　　　　　误收退税□

　　　　　　　留抵退税□

退税发起方式：纳税人自行申请□

　　　　　　　税务机关发现并通知□

退（抵）税金额：

　　经办人：　　　　负责人：

　　　　　　　　　　　年　　月　　日

税务机关负责人意见：

签字（公章）

年　　月　　日

第四章　工程竣工环节的财税处理

　　工程结算，是指建筑业企业在工程实施过程中，依据承包合同中有关付款条款的规定和已经履约完成的工作量，并按照规定的程序向建设单位收取工程价款的一项经济活动。建筑企业的工程结算一般可以分为按月结算、分段结算、竣工结算。竣工结算，承包人按照合同约定的内容完成工作，经发包人或有关单位验收合格后，发包和承包双方依据约定的合同价款的确定和调整等事项，最终计算和确定竣工项目工程价款。

第一节　工程竣工结算管理

工程竣工结算，一般情况下以单位（子项）工程为编制对象，由承包方的预算部门编制，它最终反映了承包方完成的施工产值。竣工结算并不是以变更设计后的施工图纸和各种变更为原始资料重新编制一次施工图预算，仍然是以原施工图预算为基础，仅增减部分内容。只有当设计变更较大，导致整个单位工程的工程量全部或大部分变更时，竣工结算才需要按照施工图预算的办法，重新进行一次施工图预算的编制。

一、工程竣工结算的概念

根据《建筑法》第 61 条规定，交付竣工验收的建筑工程，必须符合规定的建筑工程质量标准，有完整的工程技术经济资料和经签署的工程保修书，并具备国家规定的其他竣工条件。建筑工程竣工经验收合格后，方可交付使用；未经验收或者验收不合格的，不得交付使用。

一般情况下，工程竣工验收后即开始全面竣工结算工作。

（一）竣工结算与竣工决算

建筑企业商务部门（预算部门）对于工程竣工验收后的结算工作一般称为"工程竣工结算"，是承包方与业主办理工程价款最终结算的依据，是双方签订的建安工程合同的终结凭证，也是业主方编制竣工决算的主要资料；而业主方的财务部门通常称其为"工程竣工决算"。竣工决算内容主要为工程从筹建到交付使用为止的全部建设费用，反映的是建设工程的投资效益，是其办理交付、验收、动用新增各项资产的依据，是其竣工验收报告的重要组成部分。

1. 竣工结算编制方法

工程建设合同分为总价合同、单价合同、可调价合同、成本加酬金合同，但合同类型与计价方式不存在——对应的关系，计价方式分为定额计价和清单计价两类。

（1）定额计价法。工程结算采用定额计价的应包括：套用定额的分部、分项工程量，措施项目工程量和其他项目，以及为了完成所有工程量和其他项目并按规定计算的人工费、材料费、设备费、机械费、间接费、税金和利润。

（2）清单计价法。工程量清单计价模式下竣工结算的编制方法和传统定额计价结算的大框架差不多。工程竣工采用工程量清单计价的工程费用应包括：部分项工程费、措施项目费、其他项目费、规费、税金。

不同类型工程建设合同的结算方法差异见表 4-1。

表 4-1　不同合同类型结算方法差异总结

清单内容	固定单价合同	固定总价合同	成本加酬金合同	可调价合同
分部分项清单	Σ 实际工程量×计划单价	Σ 计划工程量×计划单价	Σ 实际工程量×（单位成本＋单位利润）	按合同约定的调整方法调整
措施项目清单	非合同特殊约定下不调整	非合同特殊约定下不调整	Σ 实际工程量×（单位成本＋单位利润）	按合同约定的调整方法调整
其他项目清单	按实际结算	事前约定	Σ 实际工程量×（单位成本＋单位利润）	按合同约定的调整方法调整
规费、税金	按合同约定调整	一般固定，除非税率发生变化，合同约定必须调整的，税金进行调整	一定比率	按合同约定的调整方法调整

2. 竣工结算书内容

建筑企业工程竣工结算的内容是由竣工结算书的组成内容决定的，一般包括下列内容。

（1）封面。封面的内容主要包括工程名称、建设单位、建筑面积、结构类型、结算造价、编制日期等，并设有建设单位、承包单位、审批单位以及编制人、复核人、审核人签字盖章的位置。

（2）编制说明。编制说明的内容包括编制原则、编制依据、结算范围、变更内容、双方协商处理的事项以及其他必须说明的问题。如果是包干性质的工程结算，还应着重说明包干范围以外增加项目的有关问题。

（3）工程结算表。工程结算表的内容包括定额编号、分部分项工程名称、单位、工程量、基价、合价、人工费、机械费等。另外，要按照不同的工程特点和结算方式，将组成结算造价的有关费用综合列入其中，包含有关费用的计算基础、费率、计算式、费用金额等。

（4）附表。附表的内容主要包括工程量增减计算表、材料价差计算表、补充基价计算表、建设单位供料计算表等。

上述工程结算成果文件如属于委托人委托他人编制的，工程结算编制受托人应向委托人及时递交完整的工程结算成果文件。工程结算文件提交时，受托人应当同时提供与工程结算相关的附件，包括所依据的发承包合同调整条款、设计变更、工程洽商、材料及设备定价单、调价后的单价分析表等与工程结算相关的书面证明材料，见范本 4-1。

【范本 4-1】　建设工程结算书

建设工程结算书

建 设 单 位：＿＿＿＿＿＿（名称）

施 工 单 位：＿＿＿＿＿＿（盖章）

造 价 工 程 师：＿＿＿＿＿＿（签字并盖执业专用章）
　（造价员）

编 制 时 间：＿＿＿＿＿＿

目　录

1. 工程项目总价表

2. 单项工程费用表

3. 单位工程费用表

4. 分部分项工程费增（减）表

---

5. 措施项目费增（减）表

6. 其他项目费增减表

7. 零星工作项目费增减表

8. 主要材料、设备增减表一（乙供材料、设备表）

9. 主要材料、设备增减表二（甲供材料、设备表）

1. 工程项目总价表

工程名称：　　　　　　　　　　　　　　　　　　　第　　页　共　　页

序号	单项工程名称	合同价（元）	送审增减价（元）	送审价（元）	备注
	合计				

2. 单项工程费用表

工程名称：　　　　　　　　　　　　　　　　　　　第　　页　共　　页

序号	单项工程名称	合同价（元）	送审增减价（元）	送审价（元）	备注
	合计				

3. 单位工程费用表

工程名称：　　　　　　　　　　　　　　　　　　　第　　页　共　　页

序号	项目名称	合同价（元）	送审增减价（元）	送审价（元）	备注
1	分部分项工程费				
2	措施项目清单费				
3	其他项目清单费				
4	规费				
5	税金				
6	合计				

4. 分部分项工程费增（减）表

工程名称：　　　　　　　　　　　　　　　　　　　　　　　　　第　页　共　页

序号	项目编码	项目名称	计量单位	工程数量		综合单价（元）		合价（元）		增减原因说明
				合同量	送审增减量	合同价	送审增减价	合同价	送审增减价	
合计										

5. 措施项目费增（减）表

工程名称：　　　　　　　　　　　　　　　　　　　　　　　　　第　页　共　页

序号	项目名称	合同价（元）	送审增减价（元）	增减原因说明
合计				

6. 其他项目费增减表

工程名称：　　　　　　　　　　　　　　　　　　　　　　　　　第　页　共　页

序号	项目名称	合同价（元）	送审增减价（元）	增减原因说明
合计				

7. 零星工作项目费增减表

工程名称：　　　　　　　　　　　　　　　　　　　　　　　　　第　页　共　页

序号	项目编码	项目名称	计量单位	数量		综合单价（元）		合价（元）		增减原因说明
				合同量	送审增减量	合同价	送审增减价	合同价	送审增减价	
合计										

8. 主要材料、设备增减表一
（乙供材料、设备表）

工程名称：　　　　　　　　　　　　　　　　　　　　　　第　页　共　页

序号	材料编码	材料名称	规格、型号等特殊要求	单位	数量		单价（元）		增减原因说明
					合同量	送审增减量	合同价	送审增减价	

9. 主要材料、设备增减表二
（甲供材料、设备表）

工程名称：　　　　　　　　　　　　　　　　　　　　　　第　页　共　页

序号	材料编码	材料名称	规格、型号等特殊要求	单位	数量		单价（元）		增减原因说明
					合同量	送审增减量	合同价	送审增减价	

二、工程竣工结算程序

根据《建设工程价款结算暂行办法》的有关规定，工程竣工结算分为单位工程竣工结算、单项工程竣工结算和建设项目竣工总结算。

（一）竣工结算编审与审查

单位工程竣工结算由承包人编制，发包人审查；实行总承包的工程，由具体承包人编制，在总包人审查的基础上，发包人审查。单项工程竣工结算或建设项目竣工总结算由总（承）包人编制，发包人可直接进行审查，也可以委托具有相应资质的工程造价咨询机构进行审查。政府投资项目，由同级财政部门审查。单项工程竣工结算或建设项目竣工总结算经发、承包人签字盖章后有效。单项工程竣工后，承包人应在提交竣工验收报告的同时，向发包人递交竣工结算报告及完整的结算资料。

承包人应在合同约定期限内完成项目竣工结算编制工作，并在提交竣工验收报告的同时递交给发包人。承包人未在规定期限内完成并且提不出正当理由延期的，责任自负。发包人应按以下规定时限进行核对（审查）并提出审查意见，见表4-2。

表4-2 竣工结算审查表

金额等级	工程竣工结算报告金额	审查时间
1	500万元以下	从接到竣工结算报告和完整的竣工结算资料之日起20天
2	500万元～2 000万元	从接到竣工结算报告和完整的竣工结算资料之日起30天
3	2 000万元～5 000万元	从接到竣工结算报告和完整的竣工结算资料之日起45天
4	5 000万元以上	从接到竣工结算报告和完整的竣工结算资料之日起60天

根据发承包双方确认的竣工结算报告，承包人向发包人申请支付工程竣工结算款。发包人应在收到申请后15天内支付结算款，到期没有支付的应承担违约责任。承包人可以催告发包人支付结算价款，如达成延期支付协议，承包人应按同期银行贷款利率支付拖欠工程价款的利息。如未达成延期支付协议，承包人可以与发包人协商将该工程折价，或申请人民法院将该工程依法拍卖，承包人就该工程折价或者拍卖的价款优先受偿。工程竣工结算以合同工期为准，实际施工工期比合同工期提前或延后，发、承包双方应按合同约定的奖惩办法执行。

（二）工程竣工价款结算

1. 工程价款结算依据

工程价款结算应按合同约定办理，合同未作约定或约定不明的，发包方和承包双方应依照下列规定与文件协商处理：

（1）国家有关法律、法规和规章制度；

（2）国务院建设行政主管部门、省、自治区、直辖市或有关部门发布的工程造价计价标准、计价办法等有关规定；

（3）建设项目的合同、补充协议、变更签证和现场签证，以及经发、承包人认可的其他有效文件；

（4）其他可依据的材料。

根据《建设工程工程量清单计价规范》（GB 50500－2013）的规定，工程竣工结算的主要依据有：

（1）《建设工程合同清单计价规范》（GB 50500－2013）；

（2）工程合同；

（3）发包和承包双方施工过程中已确认的工程量及其结算的合同价款；

（4）发包和承包双方施工过程中已确认调整后追加（减）的合同价款；

（5）建设工程涉及文件及相关资料；

（6）投标文件；

（7）其他依据。

2. 结算时预留保修金

根据《建设工程价款结算暂行办法》和《住房和城乡建设部 财政部关于印发建设工程质量保证金管理办法的通知》（建质〔2017〕138号）的有关规定，发包人收到承包人递交的竣工结算报告及完整的结算资料后，应按本办法规定的期限（合同约定有期限的，从其约定）进行核实，给予确认或者提出修改意见。发包人根据确认的竣工结算报告向承包人支付工程竣工结算价款，发包人应按照合同约定方式预留保证金，保证金总预留比例不得高于工程价款结算总额的3%[①]。合同约定由承包人以银行保函替代预留保证金的，保函金额不得高于工程价款结算总额的3%。待工程交付使用一年质保期到期后清算（合同另有约定的，从其约定），质保期内如有返修，发生费用应在质量保证（保修）金内扣除。建设工程领域现行的四类保证金，只有质量保证金是直接从结算款中扣留的，其余三类保证金均为承包方向发包方或其他第三方支付。例如，投标保证金额和履约保证金应由承包方向发包方支付。

3. 合同外零星项目的结算

在施工过程中，承包方有可能按照发包方的指令完成了部分合同外的零星项目，此类零星施工业务不包括在中标通知书及清单中，不是分部分项工程。一般没有正规的图纸，也不太可能进行招标，一般由该工程主合同的承包方按照发包方的笼统要求进行操作，随意性较大。发包人要求承包人完成合同以外零星项目，承包人应在接受发包人要求的7天内就用工数量和单价、机械台班数量和单价、使用材料和金额等向发包人提出施工签证，发包人签证后施

[①] 在《住房城乡建设部 财政部关于印发建设工程质量保证金管理办法的通知》（建质〔2017〕138号）实行之前建设工程质量保证金的预留比例一般为5%。

工。假如发包人未签证，承包人施工后发生争议的，责任由承包人自负。

三、工程竣工结算周期对建筑企业的影响

在实务中，部分建筑企业在工程承揽和表现得比较积极，在竣工结算阶段略显拖沓。经常出现竣工验收通过后就部分争议事项迟迟未达成共识，结算工作悬而未决，最后通过诉讼完成了竣工结算及尾款回收事宜。笔者在咨询服务中，时常建议企业经营者放弃部分细微利益以便缩短竣工结算周期，以部分利益空间换取时间，争取更大的利益。缩短竣工结算周期，有利于建筑企业资金回笼，偿还债务，降低内部运营成本，通过加速资金周转，提高资金的使用有效性。

第二节　工程竣工结算的财税处理

工程项目按照施工状态或施工进度分类，可以分为在施工项目、竣工未结算项目、竣工结算项目。竣工项目在未结算和结算环节的财税处理存在一定的差异。

一、竣工未结算工程的财税处理

工程项目竣工暂时还未进行最终结算，结算金额尚未确定，按照此前执行的会计制度进行会计处理即可，一般不涉及税费调整。

（一）竣工未结算工程的会计处理

新收入准则下，按照投入法测算合同履约进度的建筑企业，在竣工时按100%履约进度确认合同收入、合同费用。理论上账面累计确认的合同结算收入等于工程预计总收入，账面累计结转的合同履约成本等于工程预计总成本，竣工结算时再进行调整。采用产出法测算合同履约进度的建筑企业，在竣工时账面所归集的合同履约成本未必能够百分之百结转，因为产出法测算的履约进度与业主计量的周期密切相关，而在实务中业主计价可能存在滞后的情形，就会导致在竣工当期实际履约进度已经达到百分之百了，但业主测量的完工进度理论值可能尚未达到百分之百，需要进行调整，否则就会出现工程已竣工，但合同履约进度未达到百分之百的情形。

【案例 4-1】 上海铁蛋建筑公司 2021 年 1 月承揽的某个工程项目，2022 年 2 月正式竣工。该项目合同总造价为 5 450 万元（其中价款 5 000 万元，增值税 450 万元），适用一般计税方法计税。该项目合同预计总收入为 5 000 万元，合同预计总成本为 4 750 万元，截至竣工当月已经发生合同成本 4 500 万元。假设采用投入法测算合同履约进度，在竣工当月铁蛋建筑公司应该如何进行会计处理？

分析：在竣工当月，如果没有变更洽商等相关因素影响，由于尚未结算，铁蛋建筑公司可以暂时按照合同金额 100% 确认合同收入；关于合同成本的确认，笔者认为因工程刚竣工，至结算之前尚有可能再发生部分费用或存在前期已发生尚未确认、遗漏的费用，需要在此阶段全面梳理相关数据，暂时不能调整合同预计总成本金额。笔者建议，可累计发生的合同成本与预计总成本之间的差额，可按照同类项目历史经验合理暂估一部分费用，在竣工至结算期间逐步根据实际发生的金额进行调整。因此，合同预计总收入与合同预计总成本均暂不调整，按照 100% 的履约进度确认当期合同收入与合同费用即可。在企业所得税的税前扣除上，要注意税会差异。

（二）竣工未结算工程的涉税处理

工程竣工时如果尚未最终结算，在涉税处理上并无特殊情形。工程服务的增值税纳税义务和企业所得税纳税义务发生时间参照本书第三章相关论述，在此不再赘述。

二、竣工结算时内部结算财税处理

建筑企业在工程竣工后在与业主进行最终结算前，需要夯实该工程的各项成本费用，扎好"内部口袋"，做好此项工作后与业主进行竣工结算才心中有底，笔者暂且把这部分的结算工作称之为"内部结算"。做好此项工作需要分两个步骤进行，首先对工程各项成本进行两算分析，确保所有已经发生的成本不要出现漏项情形；所有间接费用都已经分摊完毕；平时未准确核算的资金成本，特别是执行项目内部承包制的企业，在内部结算时应该充分考虑这类费用。其次，要全面梳理已经确认的成本费用，特别是已经支付了的费用是否取得合法合规的税收凭证（发票、分割单、收据等），以及价外向分供商支付的款项是否取得分供商开具的增值税发票。

（一）竣工未结算工程成本分析的必要性

在实务中，建筑业企业的结算工作推进困难与成本控制有很大关系。很多房屋建筑施工项目存在这类现象，建设方为了提高资金周转效率，一边办理项目报批报建手续，一边进行图纸设计，一边安排建筑企业进场施工。很多中小建筑企业为了生存和发展只能被迫接受此类工程，并根据业主提出的要求和进度安排进行施工。有时出现工程完工进度已经过半，工程建设合同和各项费用合同尚未签订；或者工程建设合同已经签订但是存在诸多争议，建筑企业被迫接受了一些有争议的条款，收入合同被"锁死"，各项费用合同的大门却敞开着，很容易出现管理不善造成亏损。这类工程项目的成本控制难，竣工结算更难。

1. 竣工时的各项费用分析

竣工时的各项成本费用分析并不属于传统意义上财务工作的范畴，但是随着硬件和软件设备的不断升级，企业对财务工作的要求越来越高，对财务人员的专业水平与业务的融合度要求也越来越高。因此，财务管理部门应该参与竣工时的成本分析，为成本履约部门、工程项目管理部门提供必要的分析数据和相关指标。

（1）指标分析，包含实际指标和计划指标，是运用最多、最广的分析方法。用实际指标与计划指标进行比较可以确定及差异的数值，检查完成计划指标的程度。通过用本期实际指标与定额或预算成本指标进行对比，可以考察项目执行定额和完成预算成本的情况，揭示差异挖掘成本降低的方向。即便是竣工了，该指标对其他项目也有参考意义。如果指标优秀，可以成为其他项目的成本管理样板，指标不理想，则可以作为其他项目的成本管理警示。

（2）比率分析，比率分析法是把分析对比的数值变成相对数，以观察其相互之间的关系、构成或变化动态的方法。例如，将工程实际成本与工程预算价值中的直接工程费收入两个相关指标计算直接工程费收入成本率，计算公式如下：

直接工程费收入成本率＝工程实际成本÷工程直接工程费收入

上面公式表示直接工程费收入成本率越低，直接工程费的净收入就越多，反之，则越少甚至亏损。

（3）横向与纵向分析。建筑企业不仅在竣工结算阶段应该进行成本分析，定期就内部同期、同区域、同类型的工程项目的各项成本数据指标进行横向比较。同时针对某一个工程项目，从项目开工到竣工各个阶段都应定期分析成本控制情况，就计划成本与实际成本进行比较，对差异金额及差异率逐项分析；就本期实际与上期实际数据进行比较，本年与上年实际情况进行比较。这项工作不是无用功，对于企业的成本控制体系的建立具有重要意义。

2. 竣工至外部结算前的收尾成本暂估

建筑企业某个工程完工后，若业主迟迟不进行交工验收，或拖延竣工结算时间，结算周期延长就会造成工程合同成本不断加大。建筑企业在竣工至结算期间预计可能发生的合同费用，可以参照企业内部同地区、同类别、同规模工程项目的历史经验数据进行暂估。在此期间，根据实际发生的合同费用不断调整暂估成本金额，若在竣工结算时未发生相关合同费用，在结算当期进行会计处理时红冲暂估金额；若暂估周期跨会计年度，且在当年的汇算清缴结束前未发生相应合同费用，在涉税处理上需要在企业所得税汇算清缴时进行相应调整。

（二）按照履约进度确认的合同费用对应的所得税税前扣除凭证管理

执行《企业会计制度》或《企业会计准则》的建筑业企业，按照完工进度和合同履约进度确认合同收入及合同成本。在会计上，按照完工进度或合同履约进度确认的合同成本，在确认的当期有可能并未取得企业所得税前扣除凭证。

1. 按照完工百分比暂估的成本可否在企业所得税税前扣除

从税收的角度看，建筑业企业执行《企业会计制度》或《企业会计准则》，按照完工百分比（合同履约进度）确认的成本在未取得税前扣除凭证之前，都属于暂估成本，暂估成本如何在企业所得税税前扣除？根据《国家税务总局关于确认企业所得税收入若干问题的通知》（国税函〔2008〕875号）的有关规定，"企业应按照从接受劳务方已收或应收的合同或协议价款确定劳务收入总额，根据纳税期末提供劳务收入总额乘以完工进度扣除以前纳税年度累计已确认提供劳务收入后的金额，确认为当期劳务收入；同时，按照提供劳务估计总成本乘以完工进度扣除以前纳税期间累计已确认劳务成本后的金额，结转为当期劳务成本"。而各地对于建筑业企业按照完工百分比确认的暂估成本的税前扣除政策，在2018年6月之前不尽相同。有些地区完全以取得费用发票（票据）作为扣除依据；有些地区则参照《国家税务总局关于确认企业所得税收入若干问题的通知》（税函〔2008〕875号）的有关规定执行。例如北京市，根据《北京国税2015年企业所得税汇算清缴政策辅导》的有关规定，有如下解答。

问：对于施工企业未取得合法有效凭据的预估成本能否税前扣除？

答：考虑到企业在施工过程中一般不对发包工程等进行结算，不能取得发票，待完工结算时才能取得发票的行业特点，如不允许未取得发票的预估施工成本税前扣除，会造成完工取得发票后需追补扣除预估施工成本，形成大量退税的问题。为了便于征管，企业未取得发票等税前扣除凭证的预估施工成本可按照"国税函〔2008〕875号"第二条第（三）项的规定税前扣除；工程完工年度，企业应提供预估施工成本的税前扣除凭证，对于未提供预估施工成本税前扣除凭证的，应追溯调整其已扣除的预估施工成本，计算补缴相应的企业所得税。

笔者认为，北京市税务机关对于建筑业企业按照完工百分比确认的预估成本的税前扣除政策比较合理，充分体现了权责发生制的意义，并且在一定程度上减小了税会的暂时性差异给企业带来的不利影响。

2. 企业应在当年度企业所得税法规定的汇算清缴期结束前取得税前扣除凭证

2018年6月以后，根据《国家税务总局关于发布〈企业所得税税前扣除凭证管理办法〉的公告》（国家税务总局公告2018年第28号）的有关规定，企业发生支出，应取得税前扣除凭证，作为计算企业所得税应纳税所得额时扣除相关支出的依据。企业应在当年度企业所得税法规定的汇算清缴期结束前取得税前扣除凭证。企业应将与税前扣除凭证相关的资料，包括合同协议、支出依据、付款凭证等留存备查，以证实税前扣除凭证的真实性。

上述文件，对于按照完工进度（合同履约进度）确认合同成本的建筑业企业来说，明确了一个重要时间，即当年确认的成本（暂估成本）在当年汇算清缴结束之前应该取得对应的税前扣除凭证。因此，在工程竣工结算之前，建筑企业应该全面梳理各项成本费用是否全部取得对应的企业所得税前扣除凭证，特别是已经支付了相应款项暂未开具发票的业务，避免因销售方注销、吊销等各类原因无法补开发票带来企业所得税税前扣除的争议。

（三）向分包方和供应商支付价外费用涉及的发票问题

建筑企业在施工生产过程中有可能会发生一些违约行为，并就此向分包方和供应商（以下简称"分供商"）支付违约金，或因资金周转紧张而出现延期付款的情形，向分供商支付延期付款利息、商业承兑汇票贴息补偿等情形，分供商是否应该开具发票呢？

根据"财税〔2016〕36号"文件的规定，销售额是指纳税人发生应税行为取得的全部价款和价外费用，财政部和国家税务总局另有规定的除外。价外费用，是指价外收取的各种性质的收费，但不包括以下两项。

（1）代为收取，并符合规定的政府性基金或者行政事业性收费。

（2）以委托方名义开具发票，代委托方收取的款项。

根据《中华人民共和国增值税暂行条例实施细则》（财政部 国家税务总局第50号令）的规定，价外费用是指包括价外向购买方收取的手续费、补贴、基金、集资费、返还利润、奖励费、违约金、滞纳金、延期付款利息、赔偿金、代收款项、代垫款项、包装费、包装物租金、储备费、优质费、运输装卸费以及其他各种性质的价外收费。但下列项目不包括在内。

（1）受托加工应征消费税的消费品所代收代缴的消费税。

（2）同时符合以下条件的代垫运输费用：

①承运部门的运输费用发票开具给购买方的；

②纳税人将该项发票转交给购买方的。

（3）同时符合以下条件代为收取的政府性基金或者行政事业性收费：

①由国务院或者财政部批准设立的政府性基金，由国务院或者省级人民政府及其财政、价格主管部门批准设立的行政事业性收费；

②收取时开具省级以上财政部门印制的财政票据；

③所收款项全额上缴财政。

（4）销售货物的同时代办保险等而向购买方收取的保险费，以及向购买方收取的代购买方缴纳的车辆购置税、车辆牌照费。

根据上述两个文件的相关规定可知，价外费用属于销售额，销售额由应税行为的全部收入和价外费用组成。此外，还有两个关键点，第一，价外费用的重要前提是提供了增值税应税服务或销售了应税货物，只要是因提供了应税服务或销售了应税货物而收取的价外费用就需要开具相应的应税发票；

第二，价外费用仅限于销售方向购买方收取的费用，购买方向出售方收取的费用不属于价外费用。

建筑业企业基于债务金额和合同约定支付方式向分供商支付商业承兑汇票贴息，在实质上属于延期付款利息，或者属于补偿金额；从合同约定付款方式及付款时间上看也可以认为是一笔违约金。无论属于哪一类，最终都应认定为分供商销售应税货物、服务而收取的价外费用，属于其销售额的一部分，应当按照该业务的主价款开具相应增值税发票，价外费用的增值税税目、税率（征收率）与该业务全部价款的税目、税率（征收率）一致。

【案例 4-2】 2022 年 1 月 20 日，上海铁蛋建筑公司（增值税一般纳税人）向上海钢蛋钢筋商贸公司（增值税一般纳税人）采购了一批钢筋，价值 113 万元（含税，税率 13%），按合同约定，当月月底铁蛋建筑公司应当向钢蛋钢筋公司支付 56.5 万元货款，由于铁蛋建筑公司资金紧张暂时无法支付，遂与钢蛋钢筋公司协商该货款延后至 2022 年 2 月底支付，并向其支付 1 601.39 元延期付款利息。

分析：关于上述延期付款利息，钢蛋钢筋公司应该向铁蛋建筑公司开具编码简称为"＊黑色金属冶炼压延品＊延期付款利息"发票，发票价税合计数为 1 601.39 元，其中价款为 1 417.16 元，税率 13%，税额 184.23 元，在开具发票时无须填写规格型号、单位、数量、单价，只要按照价外费用价税分离填列金额和税额即可。

建筑企业向分供商所支付的价外费用可以直接计入合同成本中，如果未按规定取得相应发票，在会计处理上可以正常计入相应成本，但在税收上不得在企业所得税前列支扣除。因此，在竣工结算阶段尤其需要注意既往支付的款项中是否存在支付价外费用未取得相应扣除凭证的情形，需要做全面排查，以便与分供商进行结算谈判。

三、竣工结算时外部结算财税处理

（一）工程结算与审计结论的关系

1. 合同约定以审计结论作为最终结算价格

在实务中，笔者了解到部分建筑企业在与业主单位签订施工合同时，有可能在结算条款中作此类约定"工程竣工后，根据审计单位出具的审计决算为最终造价"。此类约定看似公允，却给双方的结算工作带来了很多争议事项。

根据《最高人民法院关于建设工程承包合同案件中双方当事人已确认的工程决算价款与审计部门审计的工程决算价款不一致时如何适用法律问题的电话答复意见》（2001年4月2日，〔2001〕民一他字第2号）指出："审计是国家对建设单位的一种行政监督，不影响建设单位与承建单位的合同效力。建设工程承包合同案件应以当事人的约定作为法院判决的依据，只有在合同明确约定以审计结论作为结算依据或者合同约定不明确，合同约定无效的情况下，才能将审计结论作为判决的依据。"

【案例4-3】 某建筑企业与某地县政府签订了《××改造工程建设框架协议》，关于工程结算的相关条款中约定"工程竣工后，根据审计单位出具的审计决算为最终造价。工程竣工后，由该建筑企业编制工程决算报县政府，县政府委托具有法定审核资质的机构进行工程造价决算审核，经双方共同确认后作为工程总投资的依据；关于工程价款的偿还，在工程竣工后，根据审计出具的审计决算为最终造价，在完善竣工资料及相关建设程序后，工程款分二次付清。"后双方签订了《××改造工程承包合同》关于工程款结算，明确约定"工程价款结算支付方式按与政府签订的协议之执行"。在此期间，双方又签订了《××改造工程承包合同补充协议》，而在工程结算条款中，手写补充约定"最终造价以审计结果为准"。

竣工验收后，该县审计局出具的《审计报告》被上级审计单位撤销，上级审计单位出具了《专项审计调查报告》，被作为该工程的结算依据。该县审计局上级审计单位出具的《专项审计调查报告》对应的工程结算价款比原县审计局出具的《审计报告》减少了近5 000万元。该建筑企业起诉该县县政府、交通局等相关单位。认为以该县上级审计单位出具的《专项审计调查报告》作为结算依据违反了合同的约定，也与法律规定不符，应当以县审计局出具的《审计报告》为准进行结算。同时提出以审计结果作为竣工结算依据限制了平等民事主体的民事权约定，通过审计确定工程造价是政府部门强加给其的不公平合同条款。一审该建筑企业败诉，不服一审判决提起上诉要求二审法院撤销一审相关裁决。最终，二审该建筑企业依然败诉。

分析：笔者认为，上述案例的主要争议点有两个，一是《××改造工程建设框架协议》及《××改造工程承包合同》《××改造工程承包合同补充协议》的性质和关于"以审计结论作为结算依据"的法律效力；二是该工程应以县审计局出具的《审计报告》，还是以其上级审计单位出具的《专项审计调查报告》作为工程结算依据。

在实务中，即便是国家审计机关的审计结论也并非确定合同当事人之间工程价款结算的当然依据，但上述案例中，双方约定了"以审计结论作为最终结算的依据"属于合同双方平等协商一致的结果，双方应予恪守。至于该建筑企业认为"以审计结论作为最终造价"的约定是强加给其的不公平条款，在签订合同时应当协商或者不予认可该条款，而不是结算时再提出异议，认为该条款不公平，试图推翻此约定。事实上，该建筑企业只是不满于一审判决时以该县上级审计单位出具的《专项审计调查报告》为结算依据，事实上并不是反对"以审计结论作为最终结算依据"的方式。该工程在相关协议中已经明确约定了以审计决算为结算依据，案涉工程系政府投资的项目，应当受到国家的审计监督，工程业主的财务收支须受此审计监督的约束。该建筑企业只是无法提供证据，证明该县上级审计单位出具的《专项审计调查报告》结算金额有何问题。

根据《中华人民共和国审计法》第二十二条的规定，审计机关对政府投资和以政府投资为主的建设项目的预算执行情况和决算，进行审计监督。该县审计局的审计，是基于《中华人民共和国审计法》等法律法规的规定而进行的审计监督活动，是依法行使职权的行为。之后上级审计单位根据《中华人民共和国审计法实施条例》第四十三条"上级审计机关应当对下级审计机关的审计业务依法进行监督。下级审计机关作出的审计决定违反国家有关规定的，上级审计机关可以责成下级审计机关予以变更或者撤销，也可以直接作出变更或者撤销的决定；审计决定被撤销后需要重新做出审计决定的，上级审计机关可以责成下级审计机关在规定的期限内重新做出审计决定，也可以直接作出审计决定"的规定，认为该县审计局出具的《审计报告》存在重大失实被其依法撤销。嗣后，上级审计单位派出审计调查组根据《工程承包合同》，以及相关《补充协议》约定的工程内容，深入施工现场对案涉工程竣工结算进行复查，经调查审定案涉工程建安投资金额原《审计报告》多审定投资近 5 000 万元。上级审计单位对案涉工程竣工决算审计是依法行使国家审计监督权的行为，不存在重复审计，其作出的审计决定具有一定的强制性。虽然审计是国家对建设单位的一种行政监督，其本身并不影响民事主体之间的合同效力，但是本案双方当事人"以审计决算为最终造价"的约定，实际上是将有审计权限的审计机关对业主单位的审计结果，作为双方结算的最终依据。因该县审计局出具的《审计报告》已被撤销，故应当以上级审计单位出具的《专项审计调查报告》作为涉案工程的结算依据。

笔者提醒，如果建筑企业认为"以审计结论作为最终结算依据"的约定不公平，应当在签订工程建设合同及相关协议时协商，一旦在合同中确定了该方式，则约定有效。如果最终的审计结论与双方原结算资料相差甚远，建筑企业应当提供相关事实证明，推翻审计结论。

2. 建筑企业与业主约定以造价公司的结算审核作为结算依据

前述案例中，建筑企业与业主单位约定"以审计结论作为最终结算依据"的情形一般情况下出现在公建项目当中，即业主为政府部门或事业单位。在实务中，经常出现另外一种情况，建筑企业与业主对某个工程项目价款结算有争议的，双方共同委托造价咨询公司对过程结算、最终结算进行结算审核，以其出具的审核报告作为结算依据。但是，如果因双方委托的造价咨询公司不具备相关审核造价的资质等级时，其出具的工程结算审计报告可否作为双方结算依据呢？

【**案例4-4**】 某建筑企业A公司与业主单位B公司签订某个工程施工合同，工程竣工后双方对结算价有争议，一审诉讼前双方各自委托造价咨询单位对价款结算进行审核。后双方达成协议，共同委托某造价咨询单位C公司对该工程阶段性价款和最终造价进行审核，以其出具的审核报告作为结算依据。但双方委托的造价咨询单位C公司属于乙级企业，不具有对该工程进行造价审核的资质等级，一审法院已经就此进行了释明，且双方承诺不就C公司的资质问题提出异议。后双方在造价咨询单位C公司出具的《工程价款结算审计报告》及工程结算审定单上签字、盖章予以确认。后业主方B公司以造价咨询单位C公司缺乏造价资质、未现场踏勘、计算错误、涉嫌受贿，其造价审计报告应为无效，不得作为本案结算的依据为由拒绝承认该《工程价款结算审计报告》。

业主方的诉求是否合法、合理呢？关于上述案例中工程结算审定单，是建筑企业A公司与业主单位B公司，共同委托造价咨询单位C公司，对案涉工程造价进行结算审核，且双方承诺不就C公司资质问题提异议。C公司出具案涉工程结算审计报告后，双方在工程结算审定单上签字并盖章予以确认。

该工程结算审定单系双方当事人的真实意思表示，不违反法律规定，双方当事人应当依此结算工程款。业主单位 B 公司未能提交新的相关证据，该说辞不能作为核减工程价款的依据，不能推翻双方此前达成的结算协议。

通过上述案例我们可以知道，首先，双方共同委托某个造价咨询单位对工程价款进行审核，若该造价咨询单位不具备相关资质，其出具的工程结算审计报告是否有效，关键看共同委托的双方对于受托方不具备相关资质等级的事项是否知情；其次，知情后对于受托方出具的报告是否认可，如果知情且认可，则双方达成的结算协议有效，在没有新的有效证明的情况下，不能以受托方不具备相关资质为由推翻据此签订的结算协议。

（二）工程竣工结算后的财税处理

根据《企业会计准则第 14 号——收入（应用指南）》的有关要求，建筑企业应该设置"合同结算——价款结算"科目专门核算与业主办理的工程结算金额，借记"应收账款——工程进度款"，贷记"合同结算——价款结算""应交税费"[①]等科目。根据合同履约进度确认主营业务收入，借记"合同结算——收入结转"，贷记"主营业务收入"科目。在工程施工阶段，建筑企业按照履约进度确认的合同收入一般与业主计价的金额会存在暂时性差异，即"合同结算——价款结算"与"合同结算——收入结转"科目金额存在差异，"合同结算"科目余额或在借方或在贷方，该差异在资产列报时将予以反映。待工程竣工结算后，该差异消除。

1. 前期累计确认的合同收入大于最终结算额

当前期确认的合同收入大于最终结算额时，除了对工程计价金额做调整以外，还应当对合同收入差额部分作冲减处理。

【案例 4-5】 上海铁蛋建筑公司承揽一个工程项目，合同总造价 10 900 万元，适用一般计税方法。2021 年 1 月 1 日开工，2021 年 10 月 31 日竣工。2021 年 10 月 31 日之前，按照履约进度已经确认 10 000 万元合同收入，业主累计计价金额 9 265 万元（其中不含税计价金额 8 500 万元，增值税 765 万元），并根据计价金额开具相应金额发票。2021 年 12 月，该工程进行竣工结

[①] 如果在确认工程结算金额当期，已经产生增值税纳税义务，按照不同计税方法，贷记"应交税费——应交增值税（销项税额）"或"应交税费——简易计税（计提总包税额）"科目；如果暂未产生增值税纳税义务，则贷记"应交税费——待转销项税额"科目。

算，审减后的最终结算总价 9 810 万元（其中价款 9 000 万元，增值税 810 万元），结算差价尚未收到，也未开具建筑服务发票。

前期确认合同收入与验工计价会计处理如下（暂略合同履约成本的核算）：

借：合同结算——收入结转　　　　　　　　　　　　100 000 000

　　贷：主营业务收入　　　　　　　　　　　　　　　　100 000 000

借：应收账款——工程进度款　　　　　　　　　　　　92 650 000

　　贷：合同结算——价款结算　　　　　　　　　　　　85 000 000

　　　　应交税费——应交增值税（销项税额）　　　　　7 650 000

根据最终结算金额 9 810 万元，补确认计价金额 545 万元，同时要冲减前期按照合同金额多确认的合同收入 1 000 万元，两项调整会计处理如下：

借：应收账款——工程进度款　　　　　　　　　　　　5 450 000

　　贷：合同结算——价款结算　　　　　　　　　　　　5 000 000

　　　　应交税费——待转销项税额　　　　　　　　　　450 000

借：合同结算——收入结转　　　　　　　　－10 000 000（红字）

　　贷：主营业务收入　　　　　　　　　　　－10 000 000（红字）

笔者提醒，上述案例中前期确认的合同收入大于最终结算金额，只需对工程计价和收入结转事项作会计调整；前期开具的发票金额小于最终的结算金额，不需要对增值税的会计处理和纳税申报做调整。如若前期已经按照确认的合同收入金额开具发票，建筑企业还需要对已开具的建筑服务发票做部分红冲处理，同时对增值税的会计处理和纳税申报做调整，申请退税或抵减以后纳税期应纳税额。若该项目工期跨会计年度的，涉及以前年度损益调整，会计处理与上述案例存在差异。

2. 前期累计确认的合同收入小于最终结算额

当前期确认的合同收入小于最终结算额时，应当对工程计价金额、合同收入的差额部分作会计调整。

【案例 4-6】　承上例，上海铁蛋建筑公司在 2021 年 10 月 31 日之前按照履约进度已经确认 10 000 万元合同收入，业主累计计价金额 9 265 万元（其中不含税计价金额 8 500 万元，增值税 765 万元），并根据计价金额开具相应金额发票。2021 年 12 月 31 日，该工程进行竣工结算，审减后的最终结算总价 11 990 万元（其中价款 11 000 万元，增值税 990 万元），结算差价尚未收到（合同约定竣工结算后 1 个月内按结算金额及支付比例支付结算款），也未开具建筑服务发票。

前期确认合同收入与验工计价会计处理如下（暂略合同履约成本的核算）：

借：合同结算——收入结转   100 000 000

  贷：主营业务收入   100 000 000

借：应收账款——工程进度款   92 650 000

  贷：合同结算——价款结算   85 000 000

    应交税费——应交增值税（销项税额） 7 650 000

根据最终结算金额 11 990 万元，补确认计价金额 2 725 万元（其中价款 2 500 万元，增值税 225 万元）。同时，要追补确认合同收入 1 000 万元，2021 年 12 月两项调整会计处理如下：

借：应收账款——工程进度款   27 250 000

  贷：合同结算——价款结算   25 000 000

    应交税费——待转销项税额   2 250 000

借：合同结算——收入结转   10 000 000

  贷：主营业务收入   10 000 000

笔者提醒，上述案例中前期确认的合同收入小于最终结算金额，需要根据最终结算金额调整合同结算，并对收入结转事项作会计处理；前期开具的发票金额小于最终的结算金额，结算差价部分尚未开具建筑服务发票，是否发生增值税纳税义务需要结合工程服务合同价款支付条款判断。若在合同约定付款日未收到结算款项，也未开具应税发票，但约定的付款日已经到达，则以合同约定的付款日为增值税纳税义务发生时间。上述工程结算环节的增值税会计处理如下：

借：应收账款——工程进度款   27 250 000

  贷：合同结算——价款结算   25 000 000

    应交税费——应交增值税（销项税额） 2 250 000

3. 工程价外费用的财税处理

建筑业企业在竣工结算时，有一部分结算金额为发包方额外支付的。例如，延期付款利息、违约金、赔偿金、甲供材管理费等，收到的此类费用作为销售方向购买方收取的"价外费用"，建筑企业按"建筑服务"向发包方开具增值税发票即可。如果是发包方向建筑企业收取违约金、赔偿金等，不属于其价外费用，无须开具增值税发票，只需要记入"营业外收入"科目，缴纳企业所得税。

发包方支付给建筑企业的商业承兑汇票贴息（即延期付款利息）本属于建筑企业该工程项目的价外费用，随其工程价款正常结算即可。但是，在实务中，笔者发现部分发包方以"合同外零星项目"的名义，与建筑企业签订《单项零星工程合同》，并据此要求建筑企业开具建筑服务发票。笔者提醒，此种做法不可取。事实上并不存在零星项目，编造合同要求建筑企业开具发票属于画蛇添足。双方完全可以签订《延期付款补偿协议》《承兑汇票贴现补偿协议》等补充协议约定补偿事项，并在协议中约定发票开具事宜。

（三）工程竣工结算价款的支付

1. 结算价款的支付与延期付款利息

工程竣工结算程序完成后，发包人应根据确认的工程竣工结算书，在合同约定时间内向承包人支付工程竣工结算价款。发包人未在合同约定时间内向承包人支付工程结算价款的，承包人可催告发包人支付结算价款。如达成延期支付协议的，发包人应按合同银行同类贷款利率支付拖欠工程价款的利息。如未达成延期支付协议，承包人可以与发包人协商将该工程折价，或申请人民法院将该工程依法拍卖，承包人就该工程折价或者拍卖的价款优先受偿。

根据《最高人民法院关于审理建设工程施工合同纠纷案件适用法律问题的解释（一）》（法释〔2020〕25号）的有关规定，与发包人订立建设工程施工合同的承包人，依据《民法典》第八百零七条的规定，请求其承建工程的价款就工程折价或者拍卖的价款优先受偿的，人民法院应予支持。承包人根据《民法典》第八百零七条规定享有的建设工程价款优先受偿权优于抵押权和其他债权。

【案例4-7】 2019年，铁蛋置业公司与钢蛋总包公司签订了某项工程总承包合同，双方在合同中约定了工程造价、开竣工时间、付款期限、违约责任及其他权利义务。关于违约责任明确约定"如属发包方原因，总包方不承担违约责任"，其中未特别约定延期支付工程款应支付利息；关于其他权利义务，约定了总包方应该向发包方开具建筑服务发票后，发包方再支付相关款项。竣工后，按照合同付款条款约定竣工后应当按照合同金额的85%支付进度款，其余款项待工程最终结算后支付。但铁蛋置业公司迟迟未按照合同约定付款比例向钢蛋总包公司支付进度款。钢蛋总包公司提起诉讼，要求铁蛋置业公司按照合同约定比例支付进度款，并按应付款之日起计算延期付款利息。铁蛋置业公司以钢蛋总包公司未及时提供建筑服务发票及合同中没有约定延期付款利息为由，拒绝承认违约行为及支付利息。最终法院判决铁蛋置业公司按合同约定比例支付进度款，并支付一定的工程款利息，承担案件受理费。

上述案例中钢蛋总包公司已经履行了合同义务，铁蛋置业公司未能按照合同的约定，履行足额给付工程进度款的义务，属于违约行为，应当履行给付工程款的合同义务并承担违约责任。

关于工程款利息的问题，因合同约定不明确且该工程尚未最终结算，工程款利息不能按照钢蛋总包公司确定的应付款之日起计算，计息期间应为钢蛋总包公司起诉之日起至铁蛋置业公司实际给付之日止，按照银行间同业拆借中心公布的贷款市场报价利率计算。如果铁蛋置业公司未按法院判决在指定的期间履行给付义务，依照《中华人民共和国民事诉讼法》第二百五十三条之规定，将面临加倍支付延期履行期间的债务利息。

至于铁蛋置业公司所述欠付的工程价款需待钢蛋总包公司开足发票后才可进行支付的抗辩主张，不足以作为不支付款项的理由，因为钢蛋总包公司并非不开具发票或者无法开具发票。如果有证据表明，由于钢蛋总包公司未及时开发票给铁蛋置业公司带来了直接的经济损失，铁蛋置业公司可以可另行申请依法处理。可参照《最高人民法院关于印发〈第八次全国法院民事商事审判工作会议（民事部分）纪要〉的通知》（法〔2016〕399号）①的规定，承包人不履行配合工程档案备案、开具发票等协作义务的，人民法院视违约情节，可以依据《中华人民共和国合同法》第六十条、第一百零七条规定，判令承包人限期履行、赔偿损失等。

2. 新型冠状病毒费用对结算价款的影响

在实务中，建筑业企业的财务部门需要注意涉及部分结算扣款事宜的财

---

① 2020年5月28日，十三届全国人大三次会议表决通过了《中华人民共和国民法典》，自2021年1月1日起施行。《中华人民共和国婚姻法》《中华人民共和国继承法》《中华人民共和国民法通则》《中华人民共和国收养法》《中华人民共和国担保法》《中华人民共和国合同法》《中华人民共和国物权法》《中华人民共和国侵权责任法》《中华人民共和国民法总则》同时废止。本条例生效时间为2016年11月21日，截至2021年12月31日（本书截稿日期）仍然有效。

税处理。特别是部分突发公共卫生事件给工程施工带来的影响，其损失应该由发包方还是承包方来承担，或者如何分摊损失，在竣工结算中往往存在一定的争议。

【案例 4-8】 铁蛋税客建筑公司某工程项目合同含税总造价为 10 900 万元，该工程适用一般计税方法计税。开工时间为 2020 年 1 月 1 日，预计竣工时间为 2021 年 10 月，实际竣工验收时间为 2022 年 1 月 15 日。铁蛋税客建筑公司提交的竣工结算报告中结算金额为 11 445 万元（含税）。2022 年 2 月，双方经过第一轮竣工结算谈判，业主审定的金额为 11 118 万元（含税）。发包方与承包方针对预计结算金额存在的主要争议在于 2020 年 2 月至 5 月期间，由于突发新型冠状病毒性肺炎，工程停工，工期延误近 120 天，停工损失及防疫费用近 500 万元应该由哪一方承担。

分析： 上述案例中"新型冠状病毒性肺炎"（以下简称"新冠肺炎"）是突发的公共卫生事件，属于不可抗力①情形。时至今日，"新冠肺炎"依然影响着全球的经济，对于建筑业发承包双方来说都是一件影响深刻的事件，结算中关于此项费用的争议没有赢家。因疫情带来的停工损失、防控疫情投入的物资及支付的相关费用如何分摊，在实务中确实存在一定的争议，需要结合合同对于不可抗力等事项的约定和政府有关部门的文件精神进行协商。

（1）新冠肺炎疫情影响下的工期顺延。

自 2020 年 2 月开始，全国各地建设行政主管部门、电力工程造价与定额管理总站相继发布了有关文件，明确了因新冠肺炎疫情停工增加的费用，由发承包双方按照有关规定协商分担，因疫情防控增加的防疫费用，可以计入工程造价。从各地发布的相关文件上看，关于工期和费用的调整，有共识也差异。

因新冠肺炎疫情耽误的工期进行顺延，免除工期延误的违约责任是各地文件的共识。但是，关于工期顺延的计算起止点各地的规定略有差异。《住房和城乡建设部办公厅关于加强新冠肺炎疫情防控有序推动企业开复工工作的通知》（建办市〔2020〕5 号）规定，根据实际情况依法与建设单位协商合理顺延合同工期。各地工期顺延的起止日期有些相对明确，有些比较笼统。工

---

① 不可抗力，是指合同当事人在签订合同时不可预见，在合同履行过程中不可避免且不能克服的自然灾害和社会性突发事件，如地震、海啸、瘟疫、骚乱、戒严、暴动、战争和专用合同条款中约定的其他情形。

期顺延起止日期规定得比较明确的如湖北省和北京。湖北省的工期顺延，自2020年1月24日起至重大突发公共卫生事件一级响应解除之日止；北京市的工期顺延规定为，"启动重大突发公共卫生事件一级响应之日至政府文件规定的开工之日止"。比较笼统的如河南省，"因新冠肺炎疫情造成不能依照合同按时履约，其工期应予以合理顺延"。

（2）新冠肺炎疫情影响下工程造价的调整。

关于费用调整，各地规定也不尽相同。例如北京市，根据《关于施工现场新型冠状病毒感染的肺炎疫情防控工作的通知》（京建发〔2020〕13号）、《北京市住房和城乡建设委员会关于印发〈关于受新冠肺炎疫情影响工程造价和工期调整的指导意见〉的通知》（京建发〔2020〕55号）有关规定，受疫情影响造成材料（设备）、施工机械等价格异常波动的，由发承包双方根据实际材料（设备）、施工机械的市场价格确定相应的价差，发承包双方应当及时进行认价、办理同期纪录并签证，作为结算价差的依据。江西省住房和城乡建设厅发布的《关于新冠肺炎疫情引起的房屋建筑与市政基础设施工程施工合同履约及工程价款问题调整的若干指导意见》（赣建价〔2020〕2号）规定，对受疫情影响，可能发生的工程施工项目人工、建筑材料、机械设备价格的波动，发承包双方应按照合同约定的价款调整的相关条款执行。合同没有约定或约定不明的，建筑材料的价格可按《关于加强建设工程建筑材料价格动态管理工作的通知》（赣建办〔2008〕27号）规定的价差范围进行调整，价格变化幅度在10%以内的不做调整，价格变化幅度超出10%的，超出部分给予调整；人工、机械设备的价格可由发承包双方根据工程实际情况协商并签订补充协议，合理确定价格调整办法。

（3）新冠肺炎疫情影响下关于防疫费用的分摊。

关于新冠肺炎疫情下的防疫措施性费用的分摊，各省份均按照住房和城乡建设部的要求，提出了因疫情防控增加的防疫费用可计入工程造价。如上海市和广东省便出台如下规定。

《上海市关于印发〈关于新冠疫情影响下本市建设工程合同履行的若干指导意见〉的通知》（沪建法规联〔2020〕87号）规定，因疫情防控发生的口罩、测温计、消毒物品、临时隔离用房及其他防疫设施、防控人员费等费用，可计入工程造价，在工程建设费用中单列。因疫情防控，复（开）工人员需要隔离观察的，隔离期间所发生的费用由发包人与承包人协商合理分担。

《广东省住房和城乡建设厅关于精准施策支持建筑业企业复工复产若干措施的通知》（粤建市函〔2020〕28号）规定，疫情防控需增加的口罩、酒精、消毒水、手套、体温检测器、电动喷雾器等物资采购、疫情防控人工，以及被医学隔离观察的工人工资等费用，可计入工程造价，由承包人提交发包人签证认价后，由发包人承担。

因此，前述案例中铁蛋税客建筑公司与业主在结算谈判时，关于因"新冠肺炎"停工期间带来的损失，因疫情防控需要投入的防控物资、支付的防疫费用如何分摊；因疫情停工影响涉及赶工、人工材料价格上涨等索赔事项，需要根据发承包双方的合同关于不可抗力后果的承担约定，以及工程项目所在地住建部门发布的相关文件规定协商解决。

3. 工程结算款与应收账款保理

建筑业由于工程量较大、占用资金较多、工程计量周期较长等综合因素影响，建筑业企业普遍存在资金周转困难现象。融资需求强，融资途径少，而应收账款保理则是其中一种被动接受却又相对简便的融资途径。笔者之所以称应收账款保理为建筑企业"被动接受的融资途径"，主要原因是因为在实务中大多数情况是由于业主单位（发包方）为了缓解其资金压力，与保理商合作，要求以应付账款保理的形式向承包方支付进度款或结算款。此类保理即为工程建设保理，建筑业企业（债权人）将其对业主（债务人）的应收工程款或结算款转让给保理商，由保理商为建筑企业提供工程建设资金。

（1）应收账款（债权）转让通知。

建筑业企业倘若接受应收账款保理形式结算进度款或结算款，则需要与保理商签订保理合同①及债权转让协议，应该向业主单位发送债权转让通知。保理合同是应收账款债权人将现有的或者将有的应收账款转让给保理人，保理人提供资金融通、应收账款管理或者催收、应收账款债务人付款担保等服务的合同。

建筑业企业作为应收账款债权人应当向业主方发出债权转让通知，业主方作为应收账款债务人接到应收账款转让通知后，应收账款债权人与债务人无正当理由协商变更或者终止基础交易合同，对保理人产生不利影响的，对

---

① 根据《民法典》第七百六十一条规定，保理合同是应收账款债权人将现有的或者将有的应收账款转让给保理人，保理人提供资金融通、应收账款管理或者催收、应收账款债务人付款担保等服务的合同。

保理人不发生效力。

（2）有追索权与无追索权保理的差异。

当事人约定有追索权保理的，保理人可以向应收账款债权人主张返还保理融资款本息或者回购应收账款债权，也可以向应收账款债务人主张应收账款债权。保理人向应收账款债务人主张应收账款债权，在扣除保理融资款本息和相关费用后有剩余的，剩余部分应当返还给应收账款债权人。

当事人约定无追索权保理[①]的，保理人应当向应收账款债务人主张应收账款债权，保理人取得超过保理融资款本息和相关费用的部分，无须向应收账款债权人返还。有一类情况比较特殊，即如目标应收账款债权发生争议、商业纠纷导致或可能导致保理商未能在应收账款债权到期日前（含当日）足额回收应收账款债权项下资金或本合同约定的其他回购情形，则保理商有权立即向卖方进行追索，要求其回购目标应收账款债权、支付回购价款并承担损害赔偿责任。

（3）办理应收账款保理包含的主要材料。

建筑企业（债权转让方）向保理商（债权受让方）转让目标应收账款债权时，一般应按照保理商要求提供相关资料，主要包括但不限于以下资料：

①转让方主体资格文件的复印件，包括但不限于营业执照（如营业执照未含统一社会代码，则提供营业执照、组织机构代码证和税务登记证）副本，以及适用法律规定签署，履行基础交易合同项下合同义务必要的业务资质证书等；

②按保理商要求将目标应收账款债权转让予保理商的事宜通知债务人并就此向其出具的应收账款转让通知书的复印件，以及债务人就此出具的确认回执的原件；

③目标应收账款债权对应的基础交易合同的复印件；

④与基础交易合同相关的所有其他法律文件的复印件，包括但不限于基础交易合同的任何有效修改或补充文件、担保法律文件和权利凭证、交易授权批准文件（如有）等；

---

① 公开型无追索权国内保理，指保理商以受让目标应收账款债权为前提，根据本合同约定的条件和方式向卖方支付应收账款转让对价并为之提供应收账款管理、催收、买方坏账担保等国内保理服务。"无追索权"指在发生买方信用风险导致保理商未能在应收账款债权到期日前（含当日）足额回收应收账款债权项下资金时，保理商放弃对卖方的追索权，自行承担相应的坏账风险。

⑤目标应收账款债权对应的建筑服务发票。

⑥证明转让方已适当、完全履行目标应收账款债权对应的基础交易合同项下合同义务的履约证明材料的复印件，包括但不限于：工程总承包合同及分包合同、工程承包中标文件（如适用法律规定为必需）及能证明债权人基础交易合同义务履行的单据或其他相关资料（如工程款支付申请表、付款审批表、工程监理签注意见或验证文件、工程结算及验收资料等）等；

⑦经转让方适当签署的《应收账款转让登记协议》原件；

（4）应收账款保理。

所谓应收账款保理，归根结底是保理商受让建筑企业折价转让的债权。即保理商应向建筑企业支付的债权转让价款为应收账款债权原值减去折价金额，公式为：

$$应收账款转让金额＝应收账款债权金额－折价金额$$

其中：

$$折价金额＝应收账款债权金额×折价率×折现期÷365$$

上述"折现期"，一般情况下从保理商向建筑企业实际支付应收账款转让价款之日起算（含该日）至应收账款债权到期日止（不含该日）。

折价金额，保理商应该向建筑企业开具金融服务发票，发票的品名一般为"＊金融服务＊保理费"。

4. 工程结算价款的会计处理

建筑业企业收到业主方支付的结算价款，按照常规的工程款回收进行会计处理即可，即借记"银行存款"等科目，贷记"应收账款"科目。一般情况下，在工程竣工结算完成时就已按照结算金额调整"合同结算""主营业务收入""应交税费"等科目，并根据结算金额和已开具的建筑服务发票金额，补开或红冲发票，结算价款的尾款在此后一定期间内支付。因此，单纯收到结算价款尾款不需要做涉税处理。

【案例 4-9】 上海铁蛋建筑公司承揽的某工程项目于 2020 年 7 月竣工，2021 年 6 月完成竣工结算，最终的结算金额为 10 900 万元（含税，适用一般计税方法），其中质保金 327 万元。2021 年 7 月，已经根据结算金额按照会计制度调整了合同收入，并据此向业主开具全额发票，质保金尚未收回。2021 年 12 月收回质保金 327 万元。

分析：由于竣工结算时已经按照会计制度调整了合同收入，并在开具全额发票时对应交税费进行了会计处理，在收回质保金时只需要对债权进行会计处理即可。

借：银行存款   3 270 000

    贷：应收账款——质保金   3 270 000

如果竣工结算时，在会计处理上将质保金记入"合同资产"科目，则在质保期到期时，应将质保金从"合同资产"科目结转到"应收账款"科目中，收回质保金时再冲减"应收账款"。

5. 竣工结算价款的尾款清收

工程结算价款的尾款清收是建筑企业经营管理环节中较困难的一环，经历多轮结算谈判，确定的结算金额部分尾款发包方经常采用非现金对价方式支付。例如，部分发包方在支付尾款时以房抵债、以物抵债，有可能出现建筑企业接受的抵偿工程款的房屋、物品的公允价低于账面债权，出现债务重组损失的情形。关于发包方以房抵债等债务重组的财税处理在第六章将进行专门讲解，在此暂不展开论述。

第三节　工程结算后保修费的会计核算

根据《建筑法》的有关规定，建筑工程的保修范围应当包括地基基础工程、主体结构工程、屋面防水工程和其他土建工程，以及电气管线、上下水管线的安装工程，供热、供冷系统工程等项目；保修的期限应当按照保证建筑物合理寿命年限内正常使用，维护使用者合法权益的原则确定。

一、工程质保金的基本规定

工程质保金又称为工程合同质量保修金，一般是由合同双方约定从应付合同价款中预留的，当标的物出现质量问题，需要进行修理时，用于支付修理费用的资金。

（一）工程质保金的定义

根据《建设工程质量保证金管理办法》（建质〔2017〕138号）的相关规定，建设工程质量保证金是指发包人与承包人在建设工程承包合同中约定，从应付的工程款中预留，用以保证承包人在缺陷责任期内对建设工程出现的缺陷进行维修的资金。

（二）工程质保金的基本约定

发包人应当在招标文件中明确保证金预留、返还等内容，并与承包人在合同条款中对涉及保证金的下列事项进行约定：

（1）保证金预留、返还方式；

（2）保证金预留比例、期限；

（3）保证金是否计付利息，如计付利息，利息的计算方式；

（4）缺陷责任期的期限及计算方式；

（5）保证金预留、返还及工程维修质量、费用等争议的处理程序；

（6）缺陷责任期内出现缺陷的索赔方式；

（7）逾期返还保证金的违约金支付办法及违约责任。

（三）工程质量保证方式及限额

1. 主要保证方式

保证方式主要包括预留保证金、银行保函、工程质量保证担保、工程质量保险等。

（1）推行银行保函制度，承包人可以银行保函替代预留保证金。

（2）在工程项目竣工前，已经缴纳履约保证金的，发包人不得同时预留工程质量保证金。

（3）采用工程质量保证担保、工程质量保险等其他保证方式的，发包人不得再预留保证金。

2. 工程质量保证金比例

发包人应按照合同约定方式预留保证金，保证金总预留比例不得高于工程价款结算总额的 3%。合同约定由承包人以银行保函替代预留保证金的，保函金额不得高于工程价款结算总额的 3%。

（四）缺陷责任期

1. 缺陷责任期的期限

缺陷是指建设工程质量不符合工程建设强制性标准、设计文件，以及承包合同的约定。缺陷责任期从工程通过竣工验收之日起计算。由于承包人原因导致工程无法按规定期限进行竣工验收的，缺陷责任期从实际通过竣工验收之日起计算。由于发包人原因导致工程无法按规定期限进行竣工验收的，在承包人提交竣工验收报告 90 天后，工程自动进入缺陷责任期。缺陷责任期一般为 1 年，最长不超过 2 年，由发包方和承包方在合同中约定。根据《建设工程质量管理条例》的有关规定，在正常使用条件下，建设工程的最低保修期限如下。

（1）基础设施工程、房屋建筑的地基基础工程和主体结构工程，为设计文件规定的该工程的合理使用年限。

（2）屋面防水工程、有防水要求的卫生间、房间和外墙面的防渗漏，为 5 年。

（3）供热与供冷系统，为 2 个采暖期、供冷期。

（4）电气管线、给排水管道、设备安装和装修工程，为 2 年。

（5）其他项目的保修期限由发包方与承包方约定。

（6）建设工程的保修期，自竣工验收合格之日起计算。

《建设工程质量管理条例》是行政法规，其规定的建设工程最低保修期限为国家强制性标准。因此，发包人与承包人约定的保修期如果低于法律规定的建设工程最低保修期限的，该约定无效。

2. 缺陷责任期内的维保义务

缺陷责任期内，由承包人原因造成的缺陷，承包人应负责维修，并承担鉴定及维修费用。如承包人不维修也不承担费用，发包人可按合同约定从保证金或银行保函中扣除，费用超出保证金额的，发包人可按合同约定向承包人进行索赔。承包人维修并承担相应费用后，不免除对工程的损失赔偿责任。

非承包人原因造成的缺陷，发包人负责组织维修，承包人不承担费用，且发包人不得从保证金中扣除费用。非承包人原因造成的缺陷所产生的损失，应由发包人先行垫付，发包人再向责任人追偿。如果发包人拒绝垫付，承包人有权拒绝履行维修和保修义务。只有在缺陷损失是由承包人原因造成的，承包人才有义务维修，在承包人不履行修复义务时发包人才有权从预留的质保金中扣除相关费用。缺陷责任期内，承包人认真履行合同约定的责任，到期后，承包人向发包人申请返还保证金。

（五）质保金返还

一般情况下，发包人在接到承包人返还保证金申请后，应于 14 天内会同承包人按照合同约定的内容进行核实。如无异议，发包人应当按照约定将保证金返还给承包人。对返还期限没有约定或者约定不明确的，发包人应当在核实后 14 天内将保证金返还承包人；逾期未返还的，依法承担违约责任。发包人在接到承包人返还保证金申请后 14 天内不予答复，经催告后 14 天内仍不予答复，视同认可承包人的返还保证金申请。

笔者提醒，返还质量保证金期限不等同于保修期限，返还质量保证金期限由双方自行约定，而保修期限由法律规定，双方自行约定的保修期限不得违反法律规定。如果双方约定的返还质量保证金的期限已满但保修期限未满，承包人仍然应当承担保修责任。

二、工程质保金的财税规定

工程竣工结算以后，建筑企业与发包方签订结算书时，一般情况下发包方会按照最终结算金额预留一定比例质量保证金，以及约定出现缺陷的保修或缺陷责任期满后质保金如何返还。

1. 工程质保金的纳税义务发生时间

（1）质保金的增值税纳税义务发生时间。

根据《国家税务总局关于在境外提供建筑服务等有关问题的公告》（国家税务总局公告 2016 年第 69 号）的规定，纳税人提供建筑服务，被工程发包方从应支付的工程款中扣押的质押金、保证金，未开具发票的，以纳税人实际收到质押金、保证金的当天为纳税义务发生时间。

在实务中经常出现的情况是还未到工程质保期，发包方暂不支付质保金，但要求建筑企业（承包方）先按照结算金额 100％开具建筑服务发票。因此，建筑企业虽未收到质保金，但增值税纳税义务随即发生。

（2）质保金的企业所得税纳税义务发生时间。

工程质保金，在实质上属于建筑企业合同收入的一部分，根据合同履约进度确认。因此，在企业所得税上，无论是否已经开具质保金发票，无论是否已经收到质保金，竣工结算后，其企业所得税纳税义务即发生。

2. 工程质保金的会计科目设置

工程质保金属于建筑企业合同收入的一部分，属于建筑企业债权的一部分。因此，工程质保金可以通过在"应收账款"科目下设置二级明细科目"工程质保金"进行会计核算。

如果发包方和承包方在建设承包工程中明确约定，质保期到期后建筑企业未按规定尚未完成合同约定的保修义务，扣下部分或全部质保金冲抵发包方的维修费用，在竣工结算时确认工程质保金时也可通过"合同资产——应收质保金"科目进行核算。

三、工程质保金的财税处理案例

(一) 预留质保金与回收质保金的财税处理

工程竣工后发包方在结算款中预留质保金，承包人在会计处理时，借记"应收账款——质保金"科目，贷记"合同结算——价款结算""主营业务收入""应交税费——待转销项税额""应交税费——应交增值税（销项税额）""应交税费——简易计税（计提总包税额）"科目。

【案例 4-10】 上海铁蛋建筑公司为增值税一般纳税人。2019 年 1 月与上海钢蛋房地产公司签订了某普通住宅施工总承包合同，该项目适用一般计税方法计税。2021 年 1 月，该工程竣工结算，最终含税结算金额为 21 800 万元，在结算协议中明确约定预留 3% 作为工程质保金，即 654 万元（其中价款 600 万元，增值税额 54 万元），质保期为 2 年。结算协议签订后，铁蛋建筑公司除质保金以外的结算款均已收取，并向钢蛋地产公司开具了 21 146 万元增值税专用发票。2023 年 1 月，铁蛋建筑公司向钢蛋地产公司开具了 654 万元增值税专用发票，收到了相应金额的质保金。假设铁蛋建筑公司适用企业会计准则，暂未计提工程保修费，只针对质保金部分进行会计处理：

①结算时预留质保金。

借：应收账款——质保金　　　　　　　　　　　　6 540 000

　　贷：合同结算——价款结算　　　　　　　　　　6 000 000

　　　　应交税费——待转销项税额　　　　　　　　　540 000

②收回质保金并开具相应发票。

借：银行存款　　　　　　　　　　　　　　　　6 540 000

　　贷：应收账款——质保金　　　　　　　　　　　6 540 000

借：应交税费——待转销项税额　　　　　　　　　　540 000

贷：应交税费——应交增值税（销项税额）　　　　　540 000

上述案例中，若铁蛋建筑公司在结算时即开具质保金发票，则在预留质保金时贷记"应交税费——应交增值税（销项税额）"科目。根据《国家税务总局关于境外提供建筑服务等有关问题的公告》（国家税务总局〔2016〕69号）规定，建筑业的质保金增值税纳税义务发生时间为质保期限届满收回质保金的当天，因此，在发包方未明确要求开具的情况下承包方可以在质保期满收取质保金时再开具相应发票。

（二）履行维修义务后收回质保金

建筑业承包人在工程竣工后，可以根据企业内部历史经验数据计提工程保修费，计提费用应确认为预计负债，借记"管理费用"科目，贷记"预计负债"科目。若缺陷责任期内发生缺陷，即建筑企业发生了相关维修费用，借记"预计负债"科目，贷记"银行存款"等科目。

上述计提的保修费是在会计上的处理，在当年若未发生任何维修支出，计提的费用在企业所得税前不得扣除，在当年企业所得税汇算清缴时应当调增应纳税所得额。

【**案例4-11**】　上海铁蛋建筑公司为增值税一般纳税人。2020年1月，与上海钢蛋房置业公司签订了工程承包合同，该项目为甲供项目，铁蛋建筑公司选择适用建议计税方法计税。2021年8月，该工程竣工结算，最终含税结算金额为1 030万元，在结算协议中明确约定预留3%作为工程质保金，即30.90万元（其中价款30万元，增值税额0.90万元），质保期为2年。结算协议签订后，铁蛋建筑公司除质保金以外的结算款均已收取，并向钢蛋置业公司开具了999.10万元增值税专用发票。

竣工结算时，铁蛋建筑公司按照公司历史经验数据计提了3万元工程保修费；2021年12月发生了5万元维修费用。

2023年8月，铁蛋建筑公司向钢蛋置业公司开具了30.90万元增值税专用发票，收到了相应金额的质保金。假设铁蛋建筑公司适用企业会计准则，只针对质保金部分进行会计处理：

①结算时预留质保金。

借：应收账款——质保金　　　　　　　　　　309 000

　　贷：合同结算——价款结算　　　　　　　　　300 000

　　　　应交税费——待转销项税额　　　　　　　　9 000

②计提工程保修费、支付保修费。

借：管理费用——工程保修费   30 000

 贷：预计负债——质量保证   30 000

借：预计负债——质量保证   30 000

  管理费用——工程维修费   20 000

 贷：银行存款   50 000

③收回质保金并开具相应发票。

借：银行存款   309 000

 贷：应收账款——质保金   309 000

借：应交税费——待转销项税额   9 000

 贷：应交税费——应交增值税（销项税额） 9 000

（三）未履行维修义务质保金被扣下

在缺陷期因承包方原因导致的缺陷问题，应该由承包方负责维修。发包方在发现相关缺陷问题时应及时通知承包方履行维修义务。若承包方未履行相关义务，发包方自行维修或委托其他第三方进行维修的，相关维修支出可以从预留的应支付给承包方的质保金中扣除。

【案例 4-12】 承接上例，假设在缺陷责任期内，发生了质量缺陷，钢蛋置业公司已经向铁蛋建筑公司发出了保修通知，铁蛋建筑公司认可该缺陷问题是由自己施工造成的，但由于种种原因铁蛋建筑公司并未履行维修义务，钢蛋置业公司委托其他第三方进行了维修，发生维修支出 17.51 万元。钢蛋置业公司向铁蛋建筑公司发出扣款通知，其委托第三方进行维修的相关支出将从预留的质保金中扣除。

假设 2023 年 8 月，缺陷责任期满，铁蛋建筑公司向钢蛋置业公司开具了 13.39 万元增值税专用发票，收到了相应金额的质保金。

①收到扣款通知。

借：营业外支出   170 000

 贷：应收账款——质保金   175 100

   应交税费——待转销项税额   −5 100

②收回部分质保金。

借：银行存款   133 900

 贷：应收账款——质保金   133 900

借：应交税费——待转销项税额   3 900
    贷：应交税费——应交增值税（销项税额）   3 900

上述案例在结算时，由于质保金的增值税纳税义务尚未发生，质保金发票尚未开具，只对质保金进行了价税分离，计提部分待转销项税额。当部分质保金被发包方扣除时，被扣除的部分也应当价税分离，价款部分记入"营业外支出"科目，增值税额直接冲减前期计提的"应交税费——待转销项税额"。如果承包方因为没有履行维修义务，导致发包方的维修支出达到预留的质保金金额，质保金被发包方全部扣除的，承包方应根据质保金原值进行价税分离，价款部分全部记入"营业外支出"，此前计提的待转销项税额全部冲减，并冲减相应的债权。

（四）承包方原因导致的缺陷损失超过预留的质量保证金

在缺陷期内因承包方原因导致的缺陷问题，若承包方未履行相关义务，发包方自行维修，且相关支出超出了预留的质保金，除了全部扣除质保金外，发包方还可向承包方索赔差额损失部分。

【案例 4-13】   承接上例，在缺陷责任期内因铁蛋建筑公司原因导致的缺陷损失，铁蛋建筑公司在接到发包方通知后未履行维修义务，钢蛋置业公司自行维修发生相关支出 41.20 万元。钢蛋置业公司向铁蛋建筑公司发出扣款通知，将从预留的质保金中扣除 30.90 万元，并向铁蛋建筑公司索赔。

①质保金被全部扣除。

借：管理费用   300 000
    贷：应收账款——质保金   309 000
        应交税费——待转销项税额   -9 000

②支付缺陷损失赔款。

借：营业外支出   103 000
    贷：银行存款、其他应付款等   103 000

第五章　特定业务的财税处理

本章主要讲述建筑业混合销售与兼营事项、拆除工程等特定业务的财税处理，以及异地施工、用工模式、砂石料自产自销、资金集中与物资统供管理等涉及的行业共性财税问题和新管理模式、新交易模式下的涉税问题。

第一节 建筑业特定业务的财税处理

建筑企业除了常规的建筑服务外，有可能存在一些特殊业务、特定业务涉税问题。例如，提供建筑服务的过程中销售自产货物等涉税问题。此类问题需要建筑企业财务管理部门及财务人员在项目开始之初就应充分考虑相关税费政策对自身的影响。本节主要介绍建筑业经常出现的几类特殊业务的税收政策及会计处理，如提供建筑服务过程使用自产货物、视同销售业务等。

一、自产货物用于本企业工程项目

在实际业务中，建筑企业经常自制混凝土，即自行采购砂石、水泥、水等原材料在施工现场使用搅拌机搅拌成混凝土。同时经常通过本企业内部的一些加工部门，按照设计规格预先制成钢构件或者混凝土构件，直接用于建筑施工项目构成建造工程主体。这些情况都属于在提供建筑服务的过程中销售自产货物。

全面"营改增"之前，根据《国家税务总局关于印发〈增值税若干具体问题的规定〉的通知》（国税发〔1993〕154号）的有关规定，基本建设单位和从事建筑安装业务的企业附设的工厂，车间生产的水泥预制构件，其他构件或建筑材料，用于本单位或本企业的建筑工程的，应在移送使用时征收增值税。但对其在建筑现场制造的预制构件，凡直接用于本单位或本企业建筑工程的，不征收增值税。按照上述政策，建筑企业在施工现场加工制造的货物直接用于该工程或该企业其他工程的，不需要视同销售缴纳增值税。其消耗的自制货物成本直接计入工程合同成本，按照该工程产值缴纳营业税即可。

全面"营改增"以后，相关规定发生了变化。根据《国家税务总局关于进一步明确营改增有关征管问题的公告》（国家税务总局公告〔2017〕11号）

的有关规定，纳税人销售活动板房、机器设备、钢结构件等自产货物的同时提供建筑、安装服务，不属于《营业税改征增值税试点实施办法》（财税〔2016〕36号）第四十条规定的混合销售，应分别核算货物和建筑服务的销售额，分别适用不同的税率或者征收率。

上述政策明确指出，建筑企业在提供建筑服务的过程中如果使用了自产设备或者货物，应将原建筑服务内容拆成两部分：一部分为物资销售，另一部分为建筑安装，分别适用不同税率或征收率。如果未分开核算的，则从高计税。例如钢结构工程，如属于建筑企业承揽的，需要区分钢结构是外购的还是自产的。如果是外购的，则该工程按照混合销售全部开具建筑服务发票；如果钢结构是自产的，则不属于混合销售，应分别核算货物和建筑服务的销售额，分别适用不同的税率或者征收率。如果钢结构工程属于制造业等其他行业企业承揽的，则不需要区分钢结构是外购的还是自产的，其主业为货物的生产、批发或者零售的，全部按照销售货物缴纳增值税。

二、销售设备并提供安装的财税处理

根据《国家税务总局关于明确中外合作办学等若干增值税征管问题的公告》（国家税务总局公告〔2018〕42号）第六条规定，一般纳税人销售自产机器设备的同时提供安装服务，应分别核算机器设备和安装服务的销售额，安装服务可以按照甲供工程选择适用简易计税方法计税。一般纳税人销售外购机器设备的同时提供安装服务，如果已经按照兼营的有关规定，分别核算机器设备和安装服务的销售额，安装服务可以按照甲供工程选择适用简易计税方法计税。

（一）混合销售

根据"财税〔2016〕36号"附件1第四十条规定，一项销售行为如果既涉及服务又涉及货物，为混合销售。从事货物的生产、批发或者零售的单位和个体工商户的混合销售行为，按照销售货物缴纳增值税；其他单位和个体工商户的混合销售行为，按照销售服务缴纳增值税。

【案例5-1】　铁蛋建筑公司为施工总承包综合资质、甲级设计资质建筑企业，属于增值税一般纳税人。2021年10月，该公司承揽了某地人民医院施工总承包工程，该合同含税总造价3.27亿元（价款3亿元，增值税款0.27亿元）。该工程的施工范围包含医院办公大楼、门诊大楼、住院大楼的主体施工及精装修，装修部分包含了电梯、中央空调等设备的施工安装。铁蛋建筑公司在提供建筑服务的过程中，包括电梯、中央空调等在内的所有物资为外购，不存在"国家税务总局公告〔2017〕11号"所规定的自产物资。因此，该合同无须区分建筑安装和设备销售金额，按照混合销售向业主开具"建筑服务"发票即可。

【案例 5-2】 铁蛋建材公司为增值税一般纳税人。2021年10月，签订了一份材料销售合同。2021年12月，向建筑企业销售了一批材料，并按约定将材料运送到建筑企业指定工程地点，该批材料的不含税价格为100万元，材料款中包含5万元运输费用。铁蛋建材公司在签订合同时明确约定由自己运送物资到甲方指定地点，即已经将运输费折算到材料单价中。该批材料款尚未收款，但已开具发票。

根据上述内容可判定，铁蛋建材公司该份合同应当属于混合销售，按照销售货物适用的税率13%计算缴纳增值税，会计处理如下：

借：应收账款   1 130 000

  贷：主营业务收入   1 000 000

    应交税费——应交增值税（销项税额） 130 000

增值税一般纳税人销售机器设备并提供安装服务，分别核算的，安装部分可以选择适用简易计税，安装部分取得的进项税额不得抵扣。

（二）兼营业务

根据"财税〔2016〕36号"文件附件1第三十九条、四十一条规定，纳税人兼营销售货物、劳务、服务、无形资产或者不动产，适用不同税率或者征收率的，应当分别核算适用不同税率或者征收率的销售额；未分别核算的，从高适用税率。纳税人兼营免税、减税项目的，应当分别核算免税、减税项目的销售额；未分别核算的，不得免税、减税。

【案例 5-3】 承上例，假设铁蛋建材公司销售的材料款中不含运输费用，合同约定由铁蛋建材公司负责运送到甲方指定的工程地点，但运输费用由甲方承担，甲方要求支付的运输费用有关方面必须开具运输服务发票。需要注意以下两种情况。

第一种，由铁蛋建材公司向甲方开具货物销售发票，由实际承担运输的单位（个人）向铁蛋建材公司该甲方开具运输服务发票，运输费用直接支付给承担运输任务及开具发票的单位（个人）。

第二种由铁蛋建材公司向甲方分别开具货物销售发票和运输服务发票。如果选择第二种方案，则该合同属于兼营业务。

【案例5-4】 2022年1月，铁蛋电梯销售公司与某建筑总承包企业签订了一份电梯销售安装合同。2022年2月，铁蛋电梯公司向该建筑总包企业销售了一批电梯，不含税价款100万元，不含税安装费10万元，销项发票已经开具，款项均已收到。假设铁蛋电梯公司为增值税一般纳税人，且在账面上对该份合同的两项合同义务进行分别核算，安装部分按照相关规定选择适用简易计税方法计税；当月铁蛋建筑公司购进电梯支付了79.10万元并取得相应全额增值税专用发票（其中电梯款70万元，增值税9.10万元），当月支付了人工费5万元，取得增值税普通发票一张。假设铁蛋电梯公司属于小企业，执行《小企业会计准则》。

分析：根据《国家税务总局关于明确中外合作办学等若干增值税征管问题的公告（国家税务总局〔2018〕42号）》规定，一般纳税人销售外购或自产机器设备，在按照兼营的有关规定分别核算机器设备和安装服务的销售额的前提下，安装服务均可按照甲供工程选择适用简易计税方法计税，但需要注意不要擅自扩大"机械设备"的概念。例如，钢结构与彩钢房则不属于机械设备。

设备安装部分属于建筑服务。企业提供建筑服务适用的税目是"建筑服务"，无论是建筑总承包企业还是分包企业，在开具发票时编码简称均为"建筑服务"。建筑总承包企业可以开具"建筑服务＊工程款"或者"建筑服务＊工程服务"；劳务分包公司可以开具"建筑服务＊劳务费"或者"建筑服务＊工程款"，如果是安装劳务，可以开具"建筑服务＊安装服务"。编码简称代表该企业该业务增值税适用的税目，明细可以自行添加。

当月铁蛋电梯公司的销项税额＝100×13％＋10×3％＝13.30（万元），当月取得进项税额9.10万元可用于抵扣，安装部分无论是否取得增值税专用发票都不得用于抵扣。

2022年2月，铁蛋电梯公司会计处理如下：

借：库存商品 700 000

　　应交税费——应交增值税（进项税额） 91 000

　　　贷：银行存款 791 000

借：主营业务成本 700 000

　　　贷：库存商品 700 000

借：其他业务成本   50 000
　　贷：银行存款   50 000
借：银行存款   1 233 000
　　贷：主营业务收入   1 000 000
　　　　其他业务收入   100 000
　　　　应交税费——应交增值税（销项税额）   130 000
　　　　应交税费——简易计税   3 000

【案例 5-5】　承上例，其他所有数据都没有变化，铁蛋电梯公司在账面上并未分别核算电梯销售和安装业务。

则当月铁蛋电梯公司的销项税额＝（100＋10）×13％＝14.3（万元）

当月取得进项税额 9.1 万元可用于抵扣。

2021 年 11 月，铁蛋电梯公司会计处理如下：

借：库存商品   700 000
　　应交税费——应交增值税（进项税额）   91 000
　　贷：银行存款   791 000
借：主营业务成本   700 000
　　贷：库存商品   700 000
借：主营业务成本   50 000
　　贷：银行存款   50 000
借：银行存款   1 243 000
　　贷：主营业务收入   1 100 000
　　　　应交税费——应交增值税（销项税额）   143 000

三、植物养护与公路养护业务

（一）植物养护适用的增值税税目与税率

根据"财税〔2016〕36 号"文件的相关规定，园林绿化属于其他建筑服务，该文件并未对园林绿化中分部分项内容作相应规定，特别是"植物养护"内容。《国家税务总局关于进一步明确营改增有关征管问题的公告》（国家税务总局〔2017〕11 号）对于园林绿化中的植物养护服务做了进一步规定，纳税人提供植物养护服务，按照"其他生活服务"缴纳增值税。

因此，园林绿化工程承包合同在纳税处理上需要注意分别核算，园林施工部分按照"建筑服务"缴纳增值税，增值税税率9%（征收率3%）；植物养护部分按照"其他生活服务"缴纳增值税，增值税税率6%（征收率3%）。在会计处理上，识别合同时注意合同包含几项履约义务，按照不同履约义务确认交易价格，在履行单项履约义务时确认合同收入。关于合同收入与合同成本的确认以及农产品的抵扣，在第三章中已经详细阐述，这里不再赘述。

（二）公路养护工程

公路养护工程是指在一段时间内集中实施并按照项目进行管理的公路养护作业，保养侧重于从建成通车开始的全过程养护，维护侧重于对被破坏的部分进行修复，不包括日常养护和公路改扩建工作。

公路养护，根据业务类型判断在增值税上应当属于建筑服务中的"修缮服务"，即对建筑物、构筑物进行修补、加固、养护、改善，使之恢复原来的使用价值或者延长其使用期限的工程作业。

在实务中，部分建筑企业承揽的公路养护工程直接按照清包工工程选择适用简易计税方法计税，开具3%增值税发票。笔者提醒，注意业务类型是否属于清包工工程，以免造成错误适用税率（征收率）。公路养护工程主要分为预防养护、修复养护、专项养护、应急养护，见表5-1。无论属于上述哪一类工程，承包类型大部分属于"包工包料"，无法直接按照"清包工工程"对待，因此不宜直接选择简易计税方法计税，应当根据具体合同承包范围、承包形式确定适用哪一类计税方式。

表 5-1　公路养护工程分类细目

类别	定 义	具体作业内容
预防养护	公路整体性能良好但有轻微病害，为延缓性能过快衰减、延长使用寿命而预先采取的主动防护工程	路基：增设或完善路基防护，如柔性防护网、生态防护、网格防护等；增设或完善排水系统，如边沟、截水沟、排水沟、拦水带、泄水槽等；集中清理路基两侧山体危石等；其他。 路面：针对整段沥青路面面层轻微病害采取的防损、防水、抗滑、抗老化等表面处治；整段水泥混凝土路面防滑处治、防剥落表面处理、板底脱空处治、接缝材料集中清理更换等；其他。 桥梁涵洞：桥梁涵洞周期性预防处治，如防腐、防锈、防侵蚀处理等；桥梁构件的集中维护或更换，伸缩缝、支座等；其他。 隧道：隧道周期性预防处治，如防腐、防侵蚀处理、防火阻燃处理等；针对隧道渗水、剥落等的预防处治；其他

类别	定　义	具体作业内容
修复养护	公路出现明显病害或部分丧失服务功能，为恢复技术状况而进行的功能性、结构性修复或定期更换工程	路基：处治路堤、路床病害，如沉降、桥头跳车、翻浆、开裂滑移等；增设或修复支挡结构物，如挡土墙、抗滑桩等；维修加固失稳边坡；集中更换安装路缘石、硬化路肩、修复排水设施等；局部路基加高、加宽、裁弯取直等；防雪、防石、防风沙设施的修复养护等；其他。
		路面：改善沥青路面结构强度，如直接加铺、铣刨加铺、翻修加铺或其他各类集中修复等；水泥路面结构形式改造、破碎板或其他路面病害修复等；整段段砂石、块石、条石路面的结构修复及改善等；配套路面修复完善相关附属设施，如调整标志标线、护栏、路缘石，路口及分隔带开口等；其他。
		桥梁涵洞：桥梁涵洞加固、病害修复，如墩台（基础）、锥坡翼墙、护栏、拉索、调治结构物、径流系统等的维修完善；桥梁加宽、加高、重建、增设、接长涵洞等；其他。
		隧道：对隧道结构加固、病害修复，如洞门、衬砌、顶板、斜井、侧墙等的修复；其他。
		机电：对通信、监控、通风、照明、消防、收费、供配电设施、健康监测系统等进行增设、维修或更新；其他。
		交安设施：集中更换或新设标志标牌、防眩板、隔音屏、隔离栅、中央活动门、限高架等；整段路面标线的施划；集中维修、更换或新设公路护栏、警示桩、道口桩、减速带等；其他。
		管理服务设施：公路养护、管理、服务等的房屋、场地和设施设备的维修、改造、扩建或增设；其他。
		绿化景观：更换、新植行道树及花草，开辟苗圃等；公路景观提升、路域环境治理等
专项养护	为恢复、保持或提升公路服务功能而集中实施的完善增设、加固改造或拆除重建等工程	针对阶段性重点工作实施的专项公路养护治理项目
应急养护	在突发情况下造成公路损毁、中断、产生重大安全隐患等，为较快恢复公路安全通行能力而实施的应急性抢通、保通、抢修	对自然灾害或其他突发事件造成的障碍物的清理； 公路突发损毁的抢通、保通、抢修； 突发的经判定可能危及公路通行安全的重大风险的处治

四、拆除工程的财税问题

随着我国城市现代化建设的加快，旧建筑拆除工程也日益增多。拆除工程是指对已经建成或部分建成的建筑物或构筑物等进行拆除的工程。拆除工程属于清包工承包方式，建筑企业若提供拆除服务可以按相关规定选择简易计税方法计税。本节仅就建筑企业提供拆除服务取得拆除建筑物变卖废旧物资的款项，直接抵偿工程款的财税处理作简析。

【案例 5-6】　　钢蛋公司（增值税一般纳税人）准备拆除其在某个工业园区内已经折旧完毕的钢结构厂房，进行了相关招标，铁蛋建筑公司（增值税一般纳税人）成功中标并签订了拆除工程合同。假设该拆除工程服务价值 100 万元（不含税）；但在拆除合同中约定拆除后的废旧物资钢蛋公司对外变卖销售，变卖后的款项用以抵偿应付铁蛋建筑公司的拆除费用，款项由废旧物资收购方直接支付给铁蛋建筑公司，不足部分由钢蛋公司再支付。假设铁蛋建筑公司为拆除该厂房所支付的人工费及机械费租赁费等为 50 万元（含税，假设取得的发票均为增值税普通发票），拆除厂房取得的废旧物资变价值 80 万元（不含税）。钢蛋公司和铁蛋建筑公司如何进行财税处理？

分析：从税务处理的角度看，铁蛋建筑公司向钢蛋公司提供了拆除工程服务，应当按照建筑服务缴纳增值税，销售额为 100 万元。如果选择一般计税方法计税则销项税额为 9 万元；若选择简易计税方法计税，则应纳税额为 3 万元。钢蛋公司应该向物资收购方开具货物销售发票，销售额 80 万元，销项税额 10.4 万元，不能选择简易计税方法计税。

从会计处理的角度，铁蛋建筑公司提供了一项建筑服务，按照《企业会计准则》《企业会计制度》《小企业会计准则》进行会计处理即可，在建造合同收入与合同成本的处理上和其他建筑服务的会计处理并无差异。钢蛋公司变卖了拆除的废旧物资，要求废旧物资收购方支付给铁蛋建筑公司。笔者认为，这项业务不属于非货币性资产交换，无非是钢蛋公司用一笔废料销售款直接抵偿了其应支付给铁蛋建筑公司的工程款（90.40 万元），事实上是钢蛋公司的一项债务转让，只要经铁蛋建筑公司同意即可。当钢蛋公司书面通知铁蛋建筑公司债务转让事宜时，铁蛋建筑公司是只要同意，会计处理即借记"其他应收款"科目，贷记"应收账款"科目；收到废旧物资收购方支付的款项时，借记"银行存款"科目，贷记"其他应收款"

科目。废旧物资变卖款不足以抵偿的部分由钢蛋公司支付时，按照正常回收工程款处理即可。

假设上述案例中铁蛋建筑公司执行《企业会计准则》，该拆除工程选择使用简易计税方法计税（暂不考虑其他因素），会计处理如下。

（1）归集拆除服务过程中所发生的成本。

借：合同履约成本——工程施工（人工费、机械费等）

                500 000

  贷：应付账款、银行存款等   500 000

（2）拆除服务完成时确认工程计价。

借：应收账款——工程进度款   1 030 000

  贷：合同结算——价款结算   1 000 000

    应交税费——简易计税   30 000

（3）确认收入及结转成本。

借：合同结算——收入结转   1 000 000

  贷：主营业务收入   1 000 000

借：主营业务成本   500 000

  贷：合同履约成本——工程施工（人工费、机械费等）

                500 000

（4）铁蛋建筑公司同意钢蛋公司向废旧物资收购方转让债务。

借：其他应收款（废旧物资收购方） 904 000

  贷：应收账款——工程款   904 000

（5）取得废旧物资收购方支付的款项。

借：银行存款   904 000

  贷：其他应收款（废旧物资收购方） 904 000

（6）钢蛋公司的补偿款。

借：银行存款   126 000

  贷：应收账款——工程款   126 000

注意，如果针对变卖物资无论是否足以抵偿钢蛋公司应支付给铁蛋建筑公司的拆除工程款，钢蛋公司都不再补偿的，也不再收取变卖物资的溢价款的，铁蛋建筑公司要注意债务重组收益和损失的财税处理。

【案例 5-7】 承接上例，假设上述案例中，拆除合同约定的不是由钢蛋公司用废旧物资销售款直接抵偿应付铁蛋建筑公司工程款，而是钢蛋建筑公司直接用拆除下来的废旧物资交由铁蛋建筑公司处置，直接抵偿应付给其的工程款，多退少补。事实上就相当于钢蛋公司销售废旧物资给铁蛋建筑公司未收款，而接受铁蛋建筑公司提供的建筑服务也未付款。铁蛋建筑公司以应收账款抵消了应付账款，但双方应当按照各自提供的应税服务和应税货物开具相应发票。即铁蛋建筑公司按照建筑服务价值开具建筑服务发票，钢蛋公司按照废旧物资价值开具货物销售发票。其余条件不变，铁蛋建筑公司的会计处理如下：

（1）归集拆除服务过程中所发生的成本。

借：合同履约成本——工程施工（人工费、机械费等）

　　　　　　　　　　　　　　　　　　　　　　　　　　500 000

　　贷：应付账款、银行存款等　　　　　　　　　　　500 000

（2）拆除服务完成时确认工程计价。

借：应收账款——工程进度款　　　　　　　　　　1 030 000

　　贷：合同结算——价款结算　　　　　　　　　　1 000 000

　　　　应交税费——应交增值税（销项税额）　　　　30 000

（3）确认收入及结转成本。

借：合同结算——收入结转　　　　　　　　　　　1 000 000

　　贷：主营业务收入　　　　　　　　　　　　　　1 000 000

借：主营业务成本　　　　　　　　　　　　　　　　500 000

　　贷：合同履约成本——工程施工（人工费、机械费等）

　　　　　　　　　　　　　　　　　　　　　　　　　　500 000

（4）取得钢蛋公司抵偿工程款的废旧物资。

借：原材料——废旧物资　　　　　　　　　　　　　800 000

　　应交税费——应交增值税（进项税额）　　　　　104 000

　　贷：应付账款　　　　　　　　　　　　　　　　904 000

借：应付账款　　　　　　　　　　　　　　　　　　904 000

　　贷：应收账款——工程款　　　　　　　　　　　904 000

（5）取得钢蛋公司的补偿款。

借：银行存款　　　　　　　　　　　　　　　　　　126 000

　　贷：应收账款——工程款　　　　　　　　　　　126 000

铁蛋建筑公司若将该批废旧物资直接用于其他工程，则按照材料领用进行会计处理即可，若对外销售则需要按照销售业务确认"其他业务收入"，结转"其他业务成本"。上述案例业主以废旧物资抵偿工程款事项，事实上也可以理解为业主以资产清偿债务，即债务重组。债务重组的财税处理在第六章相关章节进行详细讲解，在此暂不展开。

在实务中，令建筑企业头疼的事项主要为业主使用废旧物资抵偿工程款，却不愿意向建筑企业开具相应的货物销售发票，双方均未按规定确认收入及成本，存在较大涉税风险。

第二节　异地提供建筑服务的财税管理

本节主要讲述建筑企业跨地级行政区的财税管理，包括异地施工需要预缴或缴纳的增值税、企业所得税、环境保护税等各类税费管理，以及不同组织机构模式下的企业所得税的预缴与汇算清缴。

一、异地施工增值税的预缴政策及会计处理

根据《国家税务总局关于发布〈纳税人跨县（市、区）提供建筑服务增值税征收管理暂行办法〉的公告》（国家税务总局公告 2016 年第 17 号）、《国家税务总局关于进一步明确营改增有关征管问题的公告》（国家税务总局公告 2017 年第 11 号）等文件的规定，建筑企业跨地级行政区提供建筑服务（以下简称"异地施工项目"），应当在项目所在地预缴增值税。

（一）两类计税方式下的预缴率差异

建筑企业一般纳税人适用一般计税方法计税的，以取得的全部价款和价外费用扣除支付的分包款后的余额，按照 2% 的预征率计算应预缴税款；一般纳税人选择适用简易计税方法计税的，以取得的全部价款和价外费用扣除支付的分包款后的余额，按照 3% 的征收率计算应预缴税款；小规模纳税人以取得的全部价款和价外费用扣除支付的分包款后的余额，按照 3% 的征收率计算应预缴税款。

1. 预缴税款的计算公式及相关资料

建筑企业适用一般计税方法计税的工程项目，在异地施工应预缴税款计

算公式：

应预缴税款＝（全部价款和价外费用－支付的分包款）÷（1＋9％）×2％

建筑企业适用简易计税方法计税的工程项目，在异地施工应预缴税款计算公式：

应预缴税款＝（全部价款和价外费用－支付的分包款）÷（1＋3％）×3％

建筑企业在向建筑服务发生地主管税务机关预缴税款时，需提交以下资料：

（1）提交《增值税预缴税款表》；

（2）与发包方签订的建筑合同复印件；

（3）与分包方签订的分包合同复印件；

（4）从分包方取得的发票原件及复印件。

2. 预缴台账要求

建筑企业异地施工项目，在预缴增值税环节应按照工程项目分别计算应预缴税款，分别预缴。同时应建立预缴税款台账，按不同地市、不同项目逐笔登记全部收入、支付的分包款、已扣除的分包款、扣除分包款的发票号码、已预缴税款以及预缴税款的完税凭证号码等相关内容，留存备查。

3. 预缴税款的抵减

（1）异地预缴的税款在机构地申报纳税时是否需要按项目分别抵减。

建筑企业异地施工项目已预缴的增值税税款，可以在当期增值税应纳税额中抵减，抵减不完的，结转下期继续抵减。笔者提醒，在异地预缴增值税环节无论适用一般计税方法还是简易计税方法计税的项目，在扣除分包款时必须区分不同的项目对应的分包款，不能混合扣除或抵减。但相关文件并没有限制建筑企业在机构所在地进行纳税申报时，也必须去按项目一一对应抵减预缴的增值税。截至目前，笔者仅发现一地公开发文对此做了限制。

根据《国家税务总局福建省税务局建筑业增值税预缴管理办法》（国家税务总局福建省税务局公告 2019 年第 10 号）第十一条规定，"纳税人提供建筑服务已预缴的税款，只能抵减同一建筑项目的应纳税款，不能抵减其他建筑项目的应预缴税款或应纳税款，也不能抵减其他应税项目的应纳税额。纳税人以预缴税款抵减应纳税额，应以完税凭证作为合法有效凭证并留存备查。纳税人注销税务登记前进行增值税清算时，未抵减完的预缴税款可以抵减其他增值税应税项目的应纳税额或欠税，抵减不完的，可以申请退还"。

笔者认为，建筑企业所在地没有明确文件限制的情况下，在机构地申报纳税时，不同项目的预缴税款可以混合抵减，无须按项目一一对应。

（2）因计算错误等因素多预缴的税款可否申请退税。

在实务中，笔者在接受建筑企业财务人员咨询时，经常遇到这类问题，因建筑企业经办人计算错误，或者建筑服务中止，导致实际预缴增值税超过应预缴增值税的，已经预缴的增值税如何处理？出现这类情况，就其超缴税款建筑企业可以向项目地（预缴地）主管税务机关申请退还。申请退还预缴增值税的具体要求各地不尽相同，建筑企业至少应先向预缴地主管税务机关提出书面申请，项目地（预缴地）主管税务机关对其该建筑服务项目的建筑服务合同、预缴税款、发票使用、分包等情况核实无误后，再根据相关规定办理预缴税款退库手续。

（二）简易计税项目差额扣除支付的分包款

根据"国家税务总局公告 2016 年第 17 号"的规定，建筑企业适用或选择适用简易计税方法计税的项目，从取得的全部价款和价外费用中扣除支付的分包款，应当取得符合法律、行政法规和国家税务总局规定的合法有效凭证，否则不得扣除。建筑企业取得的全部价款和价外费用扣除支付的分包款后的余额为负数的，可结转下次预缴税款时继续扣除。

1. 差额扣除的凭证要求

《纳税人跨县（市、区）提供建筑服务增值税征收管理暂行办法》（国家税务总局公告 2016 年第 17 号）文件中所提到的允许扣除支付分包款的合法合规有效的凭证包括以下三类。

> （1）从分包方取得的 2016 年 4 月 30 日前开具的建筑业营业税发票。建筑业营业税发票在 2016 年 6 月 30 日前可作为预缴税款的扣除凭证。
>
> （2）从分包方取得的 2016 年 5 月 1 日后开具的，备注栏注明建筑服务发生地所在县（市、区）、项目名称的增值税发票。
>
> （3）国家税务总局规定的其他凭证。

上述凭证要求注意以下三个问题。

第一，凭证类别对应的有效扣除时间。例如，营业税分包发票在2016年6月30日之前未作为预缴税款扣除凭证的，此后无法再作为扣除凭证，相应的税款是否存在退税时限，未见相关文件明确此事项。

第二，注意增值税发票备注栏应当按规定备注工程名称、工程地址。如果建筑企业的分包方在提供建筑服务的过程中销售自产货物不属于混合销售，销售自产货物与建筑安装服务应该分别核算，适用不同税率。分包方开具的发票无论品名是否为"建筑服务"，都应当在备注栏上填写工程名称、工程地址，否则建筑总包方将其作为差额扣除（分包抵减）凭证有一定的涉税风险。

第三，注意取得的分包发票是否违反其他法律法规。部分建筑企业在未进行劳务作业资质改革的地区，将劳务作业分包给没有相应资质的个人或个人独资企业，事实上违反了建筑法规的相关规定，这类违法分包业务开具的或由劳务发生地税务机关代开的"建筑服务"发票，是否属于《纳税人跨县（市、区）提供建筑服务增值税征收管理暂行办法》（国家税务总局公告2016年第17号）文件规定的"符合法律、行政法规和国家税务总局规定的合法有效凭证"有待商榷，笔者对此类发票作为支付的分包款进行扣除持谨慎态度。

2. 未履行预缴增值税的义务存在的涉税风险

建筑企业异地提供建筑服务，按照相关规定应向建筑服务发生地主管税务机关预缴税款而自应当预缴之月起超过6个月没有预缴税款的，由机构所在地主管税务机关按照《中华人民共和国税收征收管理法》及相关规定进行处理。

根据《中华人民共和国税收征收管理法》第六十二条规定：

> 纳税人未按照规定的期限办理纳税申报和报送纳税资料的，或者扣缴义务人未按照规定的期限向税务机关报送代扣代缴、代收代缴税款报告表和有关资料的，由税务机关责令限期改正，可以处二千元以下的罚款；情节严重的，可以处二千元以上一万元以下的罚款。

（三）预缴增值税的会计处理

建筑企业异地施工项目预缴增值税的会计处理，不同计税方式适用的会计科目不一样。建筑企业一般纳税人适用一般计税方法计税的工程项目，预缴的增值税，借记"应交税费——预交增值税"科目，贷记"银行存款"等科目；适用简易计税方法计税的工程项目，预缴的增值税，借记"应交税费——简易计税（预交税款）"科目、贷记"银行存款"等科目。如果建筑企业为增值税小规模纳税人，预缴的增值税记入"应交税费——应交增值税"科目。

本书第三章第七节的相关内容已经详细阐述了建筑业不同计税方式下的增值税会计核算，这里不再赘述。

（四）随增值税一同预缴的附加税费

城市维护建设税是对缴纳增值税、消费税的单位和个人征收的一种税。根据《中华人民共和国城市维护建设税法》的有关规定，城市维护建设税以纳税人依法实际缴纳的增值税、消费税税额为计税依据。纳税人所在地在市区的，城建税税率为7%；纳税人所在地在县城、镇的，税率为5%；纳税人所在地不在市区、县城或者镇的，税率为1%。

1. 城市维护建设税

笔者提醒，关于城建税税率的规定，部分地区政策比较特殊。例如福建平潭属于福州市下辖县，按规定适用的城建税税率应为5%，但根据《平潭综合实验区管委会关于调整城镇土地使用税土地纳税等级及税额标准的通知》（闽岚综实管综〔2014〕144号）规定，城市维护建设税计税依据为预缴的增值税税额，纳税人所在地在市区（即区各个组团规划图内）的，适用税率为7%。

城市维护建设税的纳税义务发生时间与增值税、消费税的纳税义务发生时间一致，分别与增值税、消费税同时缴纳。由于其属于附加税性质，使得其与增值税、消费税的征免相呼应。建筑业企业跨地区提供建筑服务，在建筑服务发生地以预缴增值税税额为计税依据，并按预缴增值税所在地的城市维护建设税适用税率就地计算缴纳城市维护建设税。建筑业企业在其机构所在地申报缴纳增值税时，以其实际缴纳的增值税税额为计税依据，并按机构所在地的城市维护建设税适用税率计算缴纳城市维护建设税。即当机构所在地和项目所在地的城建税税率不一致时，机构地的城建税税率高于项目地时不需要在机构地补交差额；机构地的城建税税率低于项目地时，对应的差额机构地主管税务机关亦不退还。

2. 教育费附加与地方教育费附加

教育费附加是由税务机关负责征收，同级教育部门统筹安排，同级财政部门监督管理，专门用于发展地方教育事业的预算外资金。凡缴纳增值税、消费税的单位和个人，均为教育费附加的纳费义务人。教育费附加以纳税人实际缴纳的增值税、消费税的税额之和为计费依据，计征比率为 3%。教育费附加名义上是一种专项资金，实质上具有税的性质。

地方教育费附加是指根据国家有关规定，增加地方教育的资金投入，促进各省、自治区、直辖市教育事业发展而开征的一项地方政府性基金。地方教育费附加，以单位和个人实际缴纳的增值税、消费税的税额为计征依据。与增值税、消费税同时计算征收，计征比率为 2%。

(五) 随增值税一同预缴的政府性基金

最常见的随增值税一同预缴的政府性基金就是地方水利建设基金。水利建设基金是专项用于水利建设的政府性基金。由中央水利建设基金和地方水利建设基金组成。中央水利建设基金主要用于关系国民经济和社会发展全局的大江大河重点工程的维护和建设。地方水利建设基金主要用于城市防洪及中小河流、湖泊的治理、维护和建设。跨流域、跨省（自治区、直辖市）的重大水利建设工程和跨国河流、国界河流由我方重点防护工程的治理费用由中央和地方共同负担。

根据《关于印发〈水利建设基金筹集和使用管理办法〉的通知》（财综〔2011〕2 号）的规定，地方水利建设基金的来源有以下几个方面。

（1）从地方收取的政府性基金和行政事业性收费收入中提取 3%，应提取水利建设基金的地方政府性基金和行政事业性收费项目包括：车辆通行费、城市基础设施配套费、征地管理费，以及省、自治区、直辖市人民政府确定的政府性基金和行政事业性收费项目。

（2）经财政部批准，各省、自治区、直辖市向企事业单位和个体经营者征收的水利建设基金。

（3）地方人民政府按规定从中央对地方成品油价格和税费改革转移支付资金中足额安排资金，划入水利建设基金。

（4）有重点防洪任务和水资源严重短缺的城市要从征收的城市维护建设

税中划出不少于 15％的资金，用于城市防洪和水源工程建设。具体比例由省、自治区、直辖市人民政府确定。

有重点防洪任务的城市包括：北京、天津、沈阳、盘锦、长春、吉林、哈尔滨、齐齐哈尔、佳木斯、郑州、开封、济南、合肥、芜湖、安庆、淮南、蚌埠、上海、南京、武汉、黄石、荆州、南昌、九江、长沙、岳阳、成都、广州、南宁、梧州、柳州，以及省、自治区、直辖市人民政府确定的有重点防洪任务的城市。

1. 根据《关于取消、调整部分政府性基金有关政策的通知》（财税〔2017〕18 号）规定"十三五"期间，省、自治区、直辖市人民政府可以结合当地经济发展水平、相关公共事业和设施保障状况、社会承受能力等因素，自主决定免征、停征或减征地方水利建设基金、地方水库移民扶持基金。各省、自治区、直辖市财政部门应当将本地区出台的减免政策报财政部备案。

根据上述文件精神，目前大部分地区已经取消或暂停征收地方水利建设基金。

2. 浙江省发布了《关于印发〈水利建设基金筹集和使用管理办法〉的通知》（财综〔2011〕2 号），自 2016 年 11 月 1 日（费款所属期）起，暂停向企事业单位和个体经营者征收地方水利建设基金。2021 年 2 月又发布了《关于"十四五"期间继续暂停征收地方水利建设基金的公告》（浙财综〔2021〕6 号），公告明确规定：自 2021 年 1 月 1 日至 2025 年 12 月 31 日，全省各地继续暂停向企事业单位和个体经营者征收地方水利建设基金。

3. 北京市发布了《北京市财政局关于停征我市水利建设基金的通知》（京财综〔2018〕2272 号），通知明确，自 2019 年 1 月 1 日起，我市停征水利建设基金（防洪工程建设维护管理费）。

4. 天津市发布了《天津市财政局国家税务总局天津市税务局关于停征防洪工程维护费的通知》（津财综〔2019〕3 号），自 2019 年 1 月 1 日起（即所属期为 2019 年 1 月 1 日及以后），停征防洪工程维护费（地方水利建设基金）。

笔者只列举了部分取消或暂停征收地方水利建设基金的地区，还有部分地区依然收取地方水利建设基金或者防洪工程维护费。建筑企业跨地区施工项目应当及时了解当地政策，特别是公司注册地和项目所在不在一个省、直辖市、自治区的，尤其要注意两地地方水利建设基金的计税基数是否一致，以增值税销售额为准，还是企业所得税营业收入为准。

二、异地施工的企业所得税预缴政策、汇算清缴及会计处理

根据《国家税务总局关于跨地区经营建筑企业所得税征收管理问题的通知》（国税函〔2010〕156号）、《国家税务总局关于印发〈跨地区经营汇总纳税企业所得税征收管理办法〉的公告》（国家税务总局公告2012年第57号）的有关规定，汇总纳税企业实行"统一计算、分级管理、就地预缴、汇总清算、财政调库"的企业所得税征收管理办法[①]。

（一）跨地区施工预缴企业所得税

建筑业企业的工程项目在地理区域上可能分布较广，经常出现跨地级行政区域、跨省级行政区域进行施工。因此，就会出现就地设立一些分支机构具体实施施工生产管理，企业所得税的预缴政策也有所差异。

1. 建筑企业只设立了跨地区项目部，没有设置分支机构

根据《国家税务总局关于跨地区经营建筑企业所得税征收管理问题的通知》（国税函〔2010〕156号）的有关规定，建筑企业总机构直接管理的跨地区设立的项目部（以下简称"直营项目"），应按项目实际经营收入的0.2%按月或按季由总机构向项目所在地预缴企业所得税，并由项目部向所在地主管税务机关预缴。

---

① 国家税务总局公告2012年第57号第三条 汇总纳税企业实行"统一计算、分级管理、就地预缴、汇总清算、财政调库"的企业所得税征收管理办法：

（一）统一计算，是指总机构统一计算包括汇总纳税企业所属各个不具有法人资格分支机构在内的全部应纳税所得额、应纳税额。

（二）分级管理，是指总机构、分支机构所在地的主管税务机关都有对当地机构进行企业所得税管理的责任，总机构和分支机构应分别接受机构所在地主管税务机关的管理。

（三）就地预缴，是指总机构、分支机构应按本办法的规定，分月或分季分别向所在地主管税务机关申报预缴企业所得税。

（四）汇总清算，是指在年度终了后，总机构统一计算汇总纳税企业的年度应纳税所得额、应纳税额，抵减总机构、分支机构当年已就地分期预缴的企业所得税款后，多退少补。

（五）财政调库，是指财政部定期将缴入中央国库的汇总纳税企业所得税待分配收入，按照核定的系数调整至地方国库。

上述规定，笔者提醒两个事项：第一，上述预缴规定只限于跨省、自治区、直辖市和计划单列市设立的项目部。如果建筑企业与直营项目之间属于同一省级行政区、跨地级行政区施工的，国家税务总局相关文件并没有规定要在项目所在地预缴企业所得税，具体是否预缴按照省级税务机关发布的相关文件的规定执行。第二，建筑企业取得上述"经营收入"是指该项目提供建筑服务取得的全部收入，没有任何扣除项。如果该项目存在分包情形，分包额也不得从收入总额中扣除，应当全额作为"应税收入额"。异地施工的项目预缴增值税存在分包抵减（差额扣除）的概念，而企业所得税则不然，存在分包情形的两税预缴金额计算基数不能画等号。

建筑企业跨省（自治区、直辖市和计划单列市）提供建筑服务的直营项目，应向机构所在地的税务机关填报《跨区域涉税事项报告表》，总机构的直营项目如果不能向项目所在地主管税务机关提供上述涉税事项报告证明的，有可能被项目所在地主管税务机关作为独立纳税人就地缴纳企业所得税。同时，项目部应向所在地主管税务机关提供总机构出具的证明，该项目部属于总机构或二级分支机构管理的证明文件。建筑企业总机构直营项目一旦被作为独立纳税人，就有可能被要求按照一定征收率核定征收企业所得税并就地缴纳，对建筑企业整体税费控制不利。

根据《国家税务总局关于跨地区经营建筑企业所得税征收管理问题的通知》（国税函〔2010〕156号）的有关规定，建筑企业总机构在预缴企业所得税时，应当扣除已由直营项目预缴的企业所得税后，按照其余额在机构所在地预缴。建筑企业总机构在办理企业所得税预缴和汇算清缴时，应附送其直营项目就地预缴税款的完税证明。

2. 建筑企业只设置了二级分支机构，总机构没有直营项目

建筑企业的所有项目部均属于二级或二级以下分支机构直接管理的项目部，总机构没有直营项目的，二级及二级以下项目部不就地预缴企业所得税，其经营收入、职工工资和资产总额应汇总到二级分支机构统一核算，但被当作独立纳税义务人的分支机构所属项目除外。在实务中，建筑企业部分选择独立核算的二级分支机构一旦被视同企业所得税独立纳税义务人，分支机构所在地主管税务机关要求应交的企业所得税独立计算就地预缴，不适用总分机构分摊原则，则其所属项目部也就应该按规定就地预缴企业所得税。本节

所述分支机构的企业所得税分摊不涉及被视为独立纳税义务人①的分支机构。

根据国家税务总局公告 2012 年第 57 号的规定，建筑企业总机构在每月或每季终了之日起 10 日内，按照上年度各省市分支机构的营业收入、职工薪酬和资产总额三个因素，将统一计算的企业当期应纳税额的 50% 在各分支机构之间进行分摊（总机构所在省市同时设有分支机构的，同样按三个因素分摊），各分支机构根据分摊税款就地办理缴库。分摊时三个因素权重依次为 0.35、0.35 和 0.3。

所有分支机构应分摊的预缴总额 = 统一计算的企业当期应纳所得税额 × 50%

各分支机构分摊预缴额 = 所有分支机构应分摊的预缴总额 × 该分支机构分摊比例

该分支机构分摊比例 = （该分支机构营业收入 ÷ 各分支机构营业收入之和）× 0.35 +（该分支机构职工薪酬 ÷ 各分支机构职工薪酬之和）× 0.35 +（该分支机构资产总额 ÷ 各分支机构资产总额之和）× 0.30

一个纳税年度内，总机构首次计算分摊税款时采用的分支机构"三因素"数据，与此后经过中国注册会计师审计确认的数据不一致的，不做调整。建筑企业总机构和分支机构，按照各自应当承担的税款分别在其注册地预缴。

3. 建筑企业既设立直管跨地区项目部又跨地区设立分支机构

建筑企业总机构应当先扣除已由总机构直营项目预缴的企业所得税后，再按照"只设立二级分支机构"方法计算总分支机构应缴纳的税款。总机构、项目部各分支机构在各自所在地就地预缴税款。

4. 建筑企业的分支机构不就地分摊企业所得税的情形

建筑企业二级分支机构不需要就地分摊企业所得税的情形主要有四种：上一年度认定为小型微利企业的，其二级分支机构不就地分摊缴纳企业所得税；新设立的二级分支机构，设立当年不就地分摊缴纳企业所得税；当年撤

---

① 独立纳税义务人，指的是以总机构名义进行生产经营的非法人分支机构，若无法提供汇总纳税企业分支机构所得税分配表，也无法提供相关证据证明其二级及以下分支机构身份的，应视同独立纳税人计算并就地缴纳企业所得税，其独立纳税人身份一个年度内不得变更。证明其二级及以下分支机构身份的资料包括非法人营业执照（或登记证书）的复印件、由总机构出具的二级及以下分支机构的有效证明和支持有效证明的相关材料（包括总机构拨款证明、总分机构协议或合同、公司章程、管理制度等）。

销的二级分支机构，自办理注销税务登记之日后所属税期不再分摊；总公司在中国境外设立的不具有法人资格的二级分支机构不就地分摊预缴。

（二）总分机构分摊、预缴企业所得税的会计处理与汇算清缴

建筑企业异地施工的直营项目预缴企业所得税时，只需要对预缴的税款做会计处理，应交的企业所得税根据每一期的损益汇总到总机构统一计算、纳税申报。建筑企业异地施工的直营项目，按照经营收入的 0.2% 预缴企业所得税，预缴时借记"应交税费——应交企业所得税"，贷记"银行存款"等科目。

1. 总机构直营项目预缴企业所得税的会计处理

根据《国家税务总局关于跨地区经营建筑企业所得税征收管理问题的通知》（国税函〔2010〕156 号）的有关规定，建筑企业异地施工的工程项目在预缴企业所得税时暂不作纳税申报。在汇算清缴时，再进行申报扣除处理。建筑企业总机构汇算清缴时，按照以下公式计算应补（退）税金额[①]：

应补（退）所得税＝总机构汇总计算应纳税额－全年已预缴金额－直营项目异地预缴金额

笔者提醒，自 2021 年一季度开始，部分地区建筑企业总机构直营项目按规定向项目所在地主管税务机关预缴了企业所得税的，其在企业所得税季度预缴申报时，申报表的"特定业务预缴（征）所得税额"栏将自动带出从经营地获取的本期已预缴税款数据，如该数据与建筑企业实际在经营地缴纳数据不符，可以与机构地主管税务机关核实处理。

2. 总分支机构的企业所得税分摊与会计处理

【案例 5-8】 上海铁蛋建筑公司注册于 2019 年 12 月 7 日，2020 年 3 月在福建、广东、浙江三地分别注册了分公司，已经在总机构所在地办理了总分机构备案。2022 年，上海铁蛋建筑公司第一季度总机构本级及所有分公司的营业收入 10 000 万元，营业成本 9 000 万元，利润总额 1 000 万元，应纳税额为 250 万元（总分机构各承担 50%）。2021 年度分公司的三项权重见表 5-2（以下比例暂略实务中真实比例逻辑）。

[①] 根据《国家税务总局关于企业所得税年度汇算清缴有关事项的公告》（国家税务总局公告 2021 年第 34 号）的有关规定，纳税人在纳税年度内预缴企业所得税税款超过汇算清缴应纳税款的，纳税人应及时申请退税，主管税务机关应及时按有关规定办理退税，不再抵缴其下一年度应缴企业所得税税款。

表 5-2　2021 年度上海铁蛋建筑公司各分支机构三项权重表（金额单位：万元）

公司名称	营业收入	职工薪酬	资产总额
福建分公司	5 000	150	10 000
广东分公司	3 000	90	6 000
浙江分公司	2 000	60	4 000
合计	10 000	300	20 000

根据 2021 年三因素及权重计算各分公司的分配比例。

福建分公司的分配比例＝（5 000÷10 000×0.35）＋（150÷300×0.35）＋（10 000÷20 000×0.3）＝0.5

广东分公司的分配比例＝（3 000÷10 000×0.35）＋（90÷300×0.35）＋（6 000÷20 000×0.3）＝0.3

浙江分公司的分配比例＝（2 000÷10 000×0.35）＋（60÷300×0.35）＋（4 000÷20 000×0.3）＝0.2

计算 2022 年第一季度总分公司应该承担税费。

总公司承担的企业所得税＝250×50％＝125（万元）

分公司承担的企业所得税＝250×50％＝125（万元）

福建分公司应承担的企业所得税＝125×0.5＝62.5（万元）

广东分公司应承担的企业所得税＝125×0.3＝37.5（万元）

浙江分公司应承担的企业所得税＝125×0.2＝25（万元）

根据上述计算结果，填写表 5-3。

表 5-3　企业所得税汇总纳税分支机构所得税分配表（部分表格内容删减）

税款所属期间：　　　　　　　　　　　2022 年 1 月 1 日至 2022 年 3 月 31 日

总机构名称：上海铁蛋建筑公司　　　　　　　　　　　金额单位：人民币万元

总机构纳税人识别号		应纳所得税额	总机构分摊所得税额	总机构财政集中分配所得税额		分支机构分摊所得税额
×××××××		250	62.5	62.5		125
分支机构情况	分支机构纳税人识别号	分支机构名称	三项因素			分配比例	分配所得税额
			营业收入	职工薪酬	资产总额		
	×××××	福建分公司	5 000	150	10 000	0.5	62.5
	×××××	广东分公司	3 000	90	6 000	0.3	37.5
	×××××	浙江分公司	2 000	60	4 000	0.2	25
	合计		10 000	300	20 000	1.0	125

上述案例中，上海铁蛋建筑公司 2022 年第一季度汇总计算季度（月度）计提、缴纳应交企业所得税 250 万元，并进行会计处理：

借：所得税费用   2 500 000

    贷：应交税费——应交企业所得税（季度计提）   2 500 000

借：应交税费——应交企业所得税（季度计提）   2 500 000

    贷：银行存款   1 250 000

        内部往来——福建分公司分摊所得税   625 000

        内部往来——广东分公司分摊所得税   375 000

        内部往来——浙江分公司分摊所得税   250 000

上海铁蛋建筑公司的各个分公司接收总机构分配的所得税并就地预缴。

（1）福建分公司会计处理。

借：内部往来——总公司   625 000

    贷：其他应付款——分摊所得税   625 000

借：其他应付款——分摊所得税   625 000

    贷：银行存款   625 000

（2）广东分公司会计处理。

借：内部往来——总公司   375 000

    贷：其他应付款——分摊所得税   375 000

借：其他应付款——分摊所得税   375 000

    贷：银行存款   375 000

（3）浙江分公司会计处理。

借：内部往来——总公司   250 000

    贷：其他应付款——分摊所得税   250 000

借：其他应付款——分摊所得税   250 000

    贷：银行存款   250 000

建筑企业总机构既设立了直营项目，又设立分支机构管辖部分项目的，结合前述两种情况进行会计处理，笔者不再重复阐述相关内容。

3. 总分机构企业所得税的分摊与预缴申报

汇总纳税总机构，若下属的分支机构有一家（含）以上需要就地缴纳企业所得税的，总机构在申报企业所得税报表时，申报系统会自动将其"企业类型"勾选为"跨地区经营汇总纳税企业总机构"。除填报一般报表外，还需填报《跨地区经营汇总纳税企业年度分摊企业所得税明细表》（年报适用）、《企业所得税汇总纳税分支机构所得税分配表》（年报和预缴申报表均适用）。

若所有分支机构均无须就地缴纳企业所得税，则总机构在申报时系统会自动将其"企业类型"勾选为"一般企业"，申报要求与一般企业相同，无须填写《跨地区经营汇总纳税企业年度分摊企业所得税明细表》和《企业所得税汇总纳税分支机构所得税分配表》。

自2018年第二季度起，汇总纳税分支机构，申报企业所得税报表时，企业类型选择"跨地区经营汇总纳税企业分支机构"，无须填报《企业所得税汇总纳税分支机构所得税分配表》，仅需填报主表第20行"分支机构本期分摊比例"和21行"分支机构本期分摊应补（退）所得税额"。根据电子申报系统设置，如汇总纳税总机构和分支机构均按规范进行企业所得税汇总纳税信息报告，且总机构已在季度预缴申报中填报了《企业所得税汇总纳税分支机构所得税分配表》，则分支机构在进行申报时，该数据由申报系统根据总机构填报的分配表信息自动补全。

4. 总分机构的企业所得税汇算清缴

根据《国家税务总局关于印发〈跨地区经营汇总纳税企业所得税征收管理办法〉的公告》（国家税务总局公告2012年第57号）的有关规定，汇总纳税企业汇算清缴时，总机构除报送《中华人民共和国企业所得税年度纳税申报表》（含分配表）和年度财务报表外，还应报送各分支机构的年度财务报表和各分支机构参与企业年度纳税调整情况的说明，其二级分支机构应参加汇算清缴，除报送企业所得税年度纳税申报表（只填列部分项目）外，还应报送经总机构所在地主管税务机关受理的汇总纳税企业分支机构所得税分配表、分支机构的年度财务报表（或年度财务状况和营业收支情况）和分支机构参与企业年度纳税调整情况的说明。汇总纳税企业总机构按照税款分摊方法计算的分支机构企业所得税应缴应退税款，由分支机构就地办理税款缴库或退库。三级及三级以下的分支机构不用参加汇算清缴。

三、异地施工的个人所得税政策解析与财税处理

根据《国家税务总局关于建筑安装业跨省异地工程作业人员个人所得税征收管理问题的公告》（国家税务总局公告2015年第52号）的规定，总承包企业、分承包企业派驻跨省异地工程项目的管理人员、技术人员和其他工作

人员在异地工作期间的工资、薪金所得个人所得税，由总承包企业、分承包企业依法代扣代缴并向工程作业所在地税务机关申报缴纳。

（一）跨省施工的工程作业人员工资、薪金所得个税缴纳

总承包企业和分承包企业通过劳务派遣公司聘用劳务人员跨省异地工作期间的工资、薪金所得个人所得税，由劳务派遣公司依法代扣代缴并向工程作业所在地税务机关申报缴纳。

（二）什么情况下工程作业人员工资、薪金所得个税可以被核定

《国家税务总局关于建筑安装业跨省异地工程作业人员个人所得税征收管理问题的公告》（国家税务总局公告 2015 年第 52 号）已经明确了跨省异地施工单位应就其所支付的工程作业人员工资、薪金所得，向工程作业所在地税务机关办理全员全额扣缴明细申报。为何在实务中，建筑企业跨省施工时经常被项目所在地的税务机关核定征收管理人员工资薪金所得个税呢？哪些情况可以被核定征收？

根据《建筑安装业个人所得税征收管理暂行办法》（国税发〔1996〕127号）第六条的规定，从事建筑安装业的单位和个人应设置会计账簿，健全财务制度，准确、完整地进行会计核算。对未设立会计账簿，或者不能准确、完整地进行会计核算的单位和个人，主管税务机关可根据其工程规模、工程承包合同（协议）价款和工程履约进度等情况，核定其应纳税所得额或应纳税额，据以征税。具体核定办法由县以上（含县级）税务机关制定。

（三）部分地区的核定征收政策

核定征收是一种征收方式，并不是一项税收优惠，甚至属于"惩罚性"的征收方式。笔者列举了部分地区关于外省建筑企业前往该地区施工，相关作业人员工资薪金所得个税的核定征收政策。

【广东税务部门相关政策】

根据《广东省地方税务局关于统一全省异地施工建筑安装企业作业人员个人所得税核定征收比例的公告》（广东省地方税务局公告 2017 年第 2 号）规定，跨省（自治区、直辖市和计划单列市）在广东省范围内从事建筑安装的异地施工企业及广东省内跨市从事建筑安装的异地施工企业，符合核定征收条件的，其作业人员个人所得税由工程所在地主管税务机关统一按工程造价的 4‰核定征收。

【湖北税务部门相关政策】

根据《湖北省税务局关于修改部分税收规范性文件的公告》（湖北省税务局公告 2018 年第 4 号）二十六条，将《省地方税务局关于建筑安装业个人所得税征管有关问题的公告》（湖北省地方税务局公告 2015 年第 3 号）第二条第一款、第二款中的"劳务报酬所得"删除。增加第四条：对外省来鄂和省内从事建筑安装企业，符合核定征收条件的，按其经营收入的 0.5% 附征个人所得税；个人独资或合伙企业、个体工商户或其他个人从事建筑安装劳务，不能正确计算应纳税所得额的，按其经营收入的 1.5% 附征个人所得税。

【江西税务部门相关政策】

根据《江西省地方税务局关于个人所得税征收管理有关问题的公告》（江西省地方税务局公告 2016 年第 4 号）[①] 规定，施工企业承揽工程项目有以下情形之一的，工程作业所在地的主管地税机关可按项目经营收入的 1% 预征个人所得税：

（1）企业未依照国家有关规定设置账簿的。

（2）企业虽设置账簿，但账目混乱或者成本资料、收入凭证、费用凭证残缺不全，难以查账的。

（3）企业未按照规定的期限办理扣缴纳税申报（全员全额明细申报），经地方税务机关责令限期申报，逾期仍不申报的。

【湖南税务部门相关政策】

根据《湖南省长沙市地方税务局关于进一步规范建安行业所得税征收管理的公告》（长沙市地方税务局公告 2014 年第 5 号）的规定，从事建筑业的个人（包括个体工商户、个人独资企业、合伙企业、建安项目承包人），未设立会计账簿，或者不能准确、完整地进行会计核算，项目地主管税务机关按工程价款核定征收 1.5% 的个人所得税。

【江苏税务部门相关政策】

根据《江苏省地方税务局关于调整建筑安装业个人所得税核定征收

[①] 根据《江西省地方税务局关于公布全文失效和部分条款失效的税收规范性文件目录的公告》（江西省地方税务局公告 2017 年第 5 号），但是在实操中关于外省建筑业企业进入江西省施工，相关作业人员的工资、薪金所得个税依然按照原办法进行。

比例的公告》（苏地税规〔2015〕5号）规定，建筑安装业个人所得税采取按照工程价款的一定比例核定征收税款办法的，核定征收的比例为工程价款的4‰。

【浙江税务部门相关政策】

根据《浙江省地方税务局关于加强建筑安装业个人所得税征管有关问题的通知》（浙地税函〔2010〕244号）……二、从事建筑安装业务的单位和个人，应健全财务会计制度，准确、完整地进行会计核算，其应扣缴（缴纳）的个人所得税应按照《中华人民共和国个人所得税法》及其实施条例等相关规定据实计算扣缴申报。对从事建筑安装业务的单位和个人，凡具有下列情形之一的，主管地税机关有权核定征收个人所得税：

（1）依照法律、行政法规的规定可以不设置账簿的；

（2）依照法律、行政法规的规定应当设置账簿但未设置的；

（3）擅自销毁账簿或者拒不提供纳税资料的；

（4）虽设置账簿，但账目混乱或者成本资料、收入凭证、费用凭证残缺不全，难以查账的；

（5）发生纳税义务，未按照规定的期限办理纳税申报，经税务机关责令限期申报，逾期仍不申报的；

（6）纳税人申报的计税依据明显偏低，又无正当理由的。

核定征收个人所得税的税款，按照实际经营收入乘以一定的征收率计算确定，具体征收率由各市、县地方税务局根据当地实际情况自行确定，但不得低于0.5%。

【内蒙古自治区税务部门相关政策】

根据《内蒙古自治区地方税务局关于印发核定征收个人所得税暂行办法的通知》（内地税字〔2007〕219号）相关规定，以挂靠、承包、分包和转包等形式从事建筑安装工程作业的个人，按照"个体工商户生产经营所得"项目征税。建筑安装业收入额200万元以下（含），核定的征收率为0.75%，收入额200万元以上核定的征收率为0.5%。

（四）异地施工被核定征收个税的核心问题

在实务中，部分建筑业企业的异地施工管理人员工资、薪金所得没有按规定在项目所在地全员申报个税，也未在机构所在地代扣代缴，这类情况被核定征收个税当无异议。也有部分建筑企业在机构注册地已经履行了代扣代缴义务，在项目所在地也愿意实行全员全额扣缴明细申报，笔者认为项目地税务机关不应"一刀切"采用核定征收。

建筑企业相关作业人员的工资、薪金所得个税在项目所在地被核定征收的，在机构所在地发放工资时是否还要代扣缴个税？在项目所在地被核定征收的个税，应该记入什么会计科目？在项目所在地被核定征收的个税能否在企业所得税前扣除？

根据《国家税务总局关于印发〈建筑安装业个人所得税征收管理暂行办法〉的通知》（国税发〔1996〕127号）第十五条规定，建筑安装业单位所在地税务机关和工程作业所在地税务机关双方可以协商有关个人所得税代扣代缴和征收的具体操作办法，都有权对建筑安装业单位和个人依法进行税收检查，并有权依法处理其违反税收规定的行为。但一方已经处理的，另一方不得重复处理。但是，在实务中建筑企业相关作业人员的工资薪金个税一旦被项目所在地税务机关核定征收了，在机构注册地纳税申报时主管税务机关不允许扣除这部分被核定征收的个税，要求按照应付职工薪酬正常代扣代缴工资、薪金所得个税，某种程度上造成了重复征收。

绝大部分地区，异地施工的项目如果被要求按照每次开票金额的一定比例核定征收个税，则该项目的员工在机构地依然要按照发放的工资薪金缴纳个人所得税。在异地被核定征收的个人无法抵扣在机构地应交的个人所得税，且在企业所得税前也无法作为合理的支出扣除。出现这种现象的原因主要有以下三个方面。

第一，建筑企业机构注册地和项目所在地计算应交个人所得税的基数不一样，项目所在地是按照当期开具发票的销售额的一定比例核定征收个税，而在机构所在地建筑企业按照个人工资、薪金所得扣除相应费用和各类附加扣除数后按照对应税率档计算缴纳应交个税。

第二，建筑企业机构注册地的个人所得税申报窗口无法实现联网扣除异地核定征收的数据。

第三，建筑企业机构注册地主管税务机关之所以认为被核定征收的部分属于企业的不合理的支出，不允许在企业所得税前扣除，是因为此项个人所得税的纳税义务人是员工个人而不是企业。根据《国家税务总局关于雇主为雇员承担全年一次性奖金部分税款有关个人所得税计算方法问题的公告》（国家税务总局公告 2011 年第 28 号）第四条规定，雇主为雇员负担的个人所得税款，应属于个人工资薪金的一部分。凡单独作为企业管理费列支的，在计算企业所得税时不得税前扣除。因此，异地施工如果被按照每次开票金额的一定比例核定征收，会计处理时应当借记"营业外支出"科目，贷记"银行存款"等科目。

【案例 5-9】 铁蛋建筑公司 2021 年 10 月某一跨省施工项目正式开工，相关作业人员工资、薪金所得个税未按规定在项目所在地进行全员全额申报税务登记。2022 年 1 月，向业主开具 1 090 万元建筑服务发票，在项目地预缴增值税时被税务机关按照 1 000 万元计税基数核定征收 1‰ 个税，即被核定征收了 10 万元。

借：营业外支出　　　　　　　　　　　　　　　100 000

　贷：银行存款　　　　　　　　　　　　　　　　100 000

在税务处理上，上述 10 万元在企业所得税汇算清缴时应当调增应纳税所得额，不得在企业所得税税前列支扣除。

【地区税务答疑口径】

留言时间：2021-08-17

纳税人所属地：宁波

问题内容：建筑企业外地预缴时代征个税，请问代征个税能否企业所得税税前列支。

答复机构：宁波市税务局

答复时间：2021-08-18

答复内容：不能企业所得税税前列支。感谢您的咨询！上述回复仅供参考，若您对此仍有疑问，请联系宁波税务 12366 或主管税务机关。

（五）部分地区取消核定征收个税，一律实行全员申报代扣代缴

部分地区自全面"营改增""国地税合并"后逐步取消了异地建筑企业在本地施工要求核定征收工资薪金个税的政策，一律实行全员申报代扣代缴。

【辽宁省大连市税务部门相关政策】

大连市在2016年12月发布了《大连市地方税务局关于取消建筑企业工资薪金个人所得税核定征收的公告》（大连市地方税务局公告2016年第11号）。该公告规定大连市自2017年2月1日起，建筑企业工资薪金个人所得税一律实行查账征收，按企业收入附征工资薪金所得个人所得税的办法不再执行。

【福建省福州市税务部门相关政策】

2021年4月福州市发布了《国家税务总局福州市税务局关于修改〈国家税务总局福州市税务局关于个人所得税核定征收有关问题的公告〉的公告》（国家税务总局福州市税务局公告2021年第1号）。公告删除了《国家税务总局福州市税务局关于个人所得税核定征收有关问题的公告》（国家税务总局福州市税务局公告2019年第3号）第二条"外来建筑安装企业承揽福州市范围内的工程项目，未按规定向工程作业所在地主管税务机关办理全员全额扣缴明细申报的，按其项目经营收入的0.5%依法核定征收个人所得税"相关内容，意味着外来建筑企业在福州相关作业人员的工资薪金个税应该全员申报代扣代缴了。

【天津市税务部门相关政策】

天津市2021年3月发布了《国家税务总局天津市税务局关于个人所得税征收管理有关事项的公告》（国家税务总局天津市税务局公告2021年第1号）。该公告规定，对跨省建筑安装的总承包企业、分承包企业派驻跨省异地工程项目的管理人员、技术人员和其他工作人员在异地工作期间的工资、薪金所得，跨省异地施工单位工程作业人员工资、薪金所得，由总承包企业、分承包企业、劳务派遣企业或施工单位代扣代缴个人所得税，向工程作业所在地主管税务机关办理全员全额明细申报。（备注：根据天津市地方税务局公告2012年第4号规定，对不符合该公告第二条规定条件的外地进津建筑安装企业，对其从业人员采用按项目实际经营收入的0.15%计算个人所得税，由所在单位负责代扣代缴）。

【浙江嘉兴市税务部门相关政策】

嘉兴市秀洲区税务局发布了对政协提案的回复，即《国家税务总局嘉兴市秀洲区税务局关于区政协四届五次会议第58号提案的答复》（秀税提〔2021〕1号）：考虑到按征收率进行扣缴确实存在重复缴税的情况，各地也多次向上级局反映。目前，我省要求所有的异地施工企业在工程项目所在地就其项目人员在异地施工期间取得的工资薪金进行全员全额明细申报，不再按征收率进行扣缴。

【甘肃平凉税务部门相关政策】

问题：你好！我公司是建筑施工企业，近期在平凉市承接一个建筑工程，已办理《跨区域涉税事项报告表》。个人所得税是代征还是由企业在项目所在地全员申报？

提交时间：2021-07-24

答复机构：国家税务总局平凉市税务局

答复时间：2021-07-30

答复内容：个人所得税应按照《国家税务总局关于建筑安装业跨省异地工程作业人员个人所得税征收管理问题的公告》（国家税务总局公告2015年第52号）相关要求，跨省异地施工单位代扣的施工人员工资、薪金所得个人所得税，应向工程作业所在地税务机关办理全员全额扣缴明细申报。但因实际情况无法缴纳的，纳税人在扣缴单位机构所在地缴纳相关申报记录留存备查。

（六）异地施工工资薪金个税取消核定征收的地区如何进行全员申报

根据《建筑安装业个人所得税征收管理暂行办法》的规定，从事建筑安装业的单位和个人，应依法办理税务登记。在异地从事建筑安装业的单位和个人，必须自工程开工之日前3日内，持营业执照、外出经营活动税收管理证明（现改为跨区域涉税事项报告）、城建部门批准开工的文件和工程承包合同（协议）、开户银行账号以及主管税务机关要求提供的其他资料向主管税务机关办理有关登记手续。笔者提醒，上述文件规定的税务登记不等同于其他税种的核定，只涉及异地施工相关作业人员工资薪金个税全员全额申报个税而办理的临时登记备案。

在实务中，项目地的税务机关一般要求项目部提供全员工资表、全员社保缴纳证明、开工许可证（开工报告）、合同复印件、跨区涉税事项报告、工程项目报验登记表等相关资料，税务机关将出具《施工企业个人所得税据实征收认定表》形式进行临时登记。

佛山税务机关在12366答疑时，就建筑企业异地施工相关作业人员工资薪金个税如何在佛山进行全员申报代扣代缴的解答非常详细，读者们可以参照。

> **【佛山税务】**
>
> 问题：我公司是湖南的建筑企业，在佛山市承揽了劳务分包业务。在广东电子税务局进行增值税预缴时，提示要预缴个税。请问，能否在月底时据实申报个税，不用预缴个税。如果可以不用预缴，请问具体的办事流程。
>
> 根据《国家税务总局关于建筑安装业跨省异地工程作业人员个人所得税征收管理问题的公告》（国家税务总局2015年第52号公告）的规定，市外外来建安工程作业项目，适用此公告的规定，相关工程作业人员的个人所得税，由异地施工单位向工程作业所在地税务机关办理全员全额扣缴明细申报；若市外外来建安工程跨本市（含顺德区，下同）分局辖区的，统一在其项目部（指挥部）所在地税务机关办理全员全额扣缴明细申报。
>
> 涉及资料如下：
>
> （1）与工资支出有关的工程项目明细账和记账凭证复印件（使用电子账的，可提供打印材料）；
>
> （2）外出经营税收管理证明（省外企业可开具电子外管证）；
>
> （3）工程项目建设有关的所有人员资料，包括人员的名册复印件、人员的身份证复印件、工资表复印件；如企业存在劳务派遣人员情况的，则应包括劳务派遣公司的人员资料以及劳务派遣人员符合《劳务派遣暂行规定》（人力资源和社会保障部令第22号）规定条件的情况说明，不符合前述规定条件的应按非劳务派遣人员提供相关资料；
>
> （4）企业营业执照副本复印件。
>
> （5）建筑工程合同以及分包合同复印件。
>
> 以上资料以工程项目为核算单位提交，工程项目存在总分包情形的，总包方和分包方应分别以该工程项目总分包合同中约定的施工部分为核算单位。

另外，上述（1）（3）"工资表复印件"等资料，若由于工程开始施工当月首次申请代开建安发票，未支付工资而未扣缴申报个人所得税的，可由施工单位出具将按规定办理全员全额扣缴明细申报的承诺书，并在次月内补充报送（次月有申请代开建安发票的，应在次月首次申请时报送）上述资料备查。

请预约企业（或个人）综合号，提交资料审核后，按工程所在地主管分局核定税种的征收时间进行申报。

四、建筑企业异地施工涉及的环境保护税

根据《中华人民共和国环境保护税法》（以下简称《环境保护税法》）的规定，在中华人民共和国领域和中华人民共和国管辖的其他海域，直接向环境排放应税污染物的企业、事业单位和其他生产经营者为环境保护税的纳税人，应当依法缴纳环境保护税。

（一）建设工程环境保护税概述

应税污染物，是指《环境保护税法》所附《环境保护税税目税额表》《应税污染物和当量值表》规定的大气污染物、水污染物、固体废物和噪声。建设工程的应税污染物为大气污染物（扬尘）。

1. 建设工程应税污染物

建筑施工噪声、交通噪声是影响人们工作生活的重要污染源之一。但是在环境保护税法立法之初就考虑到不同建筑施工类型、工艺和位置产生的噪声不同，交通噪声具有瞬时性、流动性和隐蔽性等特点，建筑施工噪声和交通噪声监测难度较大，因此将其纳入环境保护税的征税条件尚不成熟，所以在立法时未将其纳入环境保护税的征收范围。

2. 建设工程环境保护税的纳税义务人

大部分地区建设工程项目的环境保护税纳税义务人为建筑企业（即直接向环境排放应税污染物的单位和经营者），但部分地区出台相应政策规定建设工程环境保护税由建设单位缴纳。例如北京市，根据《关于建设施工工地扬

尘征收环境保护税有关事项的通知》（京税函〔2018〕4 号）的规定，在北京市行政区域内的建设工程施工扬尘应缴纳的环境保护税由建设单位（含代建方）向建设项目所在地主管税务机关申报缴纳。土地一级开发阶段的建筑工地拆迁项目，由工程所在区土地储备管理中心作为纳税人，申报缴纳环境保护税。

根据《环境保护税法》及《环境保护税法实施条例》的相关规定，纳税人应当向应税污染物排放地的税务机关申报缴纳环境保护税。纳税人跨区域排放应税污染物，税务机关对税收征管辖有争议的，由争议各方按照有利于征收管理的原则协商解决；不能协商一致的，报请共同的上级税务机关决定。

3. 纳税义务发生时间

环境保护税纳税义务发生时间为纳税人排放应税污染物的当日，按月计算，按季申报缴纳；不能按固定期限计算缴纳的，可以按次申报缴纳。

4. 建设工程涉及的环境保护税的监测管理部门

异地施工建设工程涉及的环境保护税的监测管理部门是施工所在地的环保部门，施工所在地的企业和施工所在地注册的分支机构直接纳入环保部门监管，跨区域施工但未注册法人机构或分支机构的一般不会纳入环保部门监管，但竣工后需要办理环境和工程相关审批的业主会被列为环境保护税的直接监管对象。

（二）环境保护税应纳税额的计算

在实务中，大部分地区根据《环境保护税法》第十条第四项规定："不能按照本条第一项至第三项规定的方法计算的，按照省、自治区、直辖市人民政府环境保护主管部门规定的抽样测算的方法核定计算"，按照核定征收方式征收建设工程环境保护税。环境保护税核定计算办法报告表，见表 5-4。

表 5-4　环境保护税核定计算办法报告表

金额单位：元（列至角分）

纳税人名称		地址	
纳税人识别号		行业	

联系人		联系电话	
开户银行		账号	
上年营业收入		从业人员数	
申请核定期限起		申请核定期限止	
申报及缴税方式	□三方协议自动扣款		□自行申报缴税
污染物类型		拟采用的施工扬尘产生系数	
拟采用的排污特征值系数		拟采用的施工扬尘消减系数	

纳税人对采用核定计算办法的意见：

经办人：   法定代表人：

                                              签章：

年　月　日   年　月　日

例如，江西省税务局于 2018 年发布《江西省地方税务局关于发布〈江西省环境保护税核定计算管理办法（试行）〉的公告》（江西省地方税务局公告 2018 年第 4 号），要求各地税务机关在计算核定征收环保税要结合结合《江西省环境保护厅关于发布〈江西省部分行业环境保护税应税污染物排放量抽样测算方法（试行）〉的公告》（江西省环境保护厅公告 2018 年第 1 号）的相关规定进行。上述公告第五条规定：

施工扬尘大气污染物应纳税额＝（扬尘产生量系数－扬尘排放量削减系数）×月建筑面积或施工面积÷一般性粉尘污染当量值×单位税额

扬尘产生量系数、扬尘排放量削减系数按照《施工扬尘排污特征值系数表》中相应类型确定，扬尘排放量削减系数可叠加，见表 5-5。

表 5-5　施工扬尘产生、削减系数表

工地类型	扬尘产生量系数（千克/平方米·月）
建筑施工	1.01
市政（拆迁）施工	1.64

工地类型	扬尘类型	扬尘污染控制措施	扬尘排放量削减系数（千克/平方米·月）措施达标	
			是	否
建筑工地	一次扬尘	道路硬化措施	0.071	0
		边界围挡	0.047	0
		裸露地面覆盖	0.047	0
		易扬尘物料覆盖	0.025	0
		定期喷洒抑制剂	0.03	0
	二次扬尘	运输车辆机械冲洗装置	0.31	0
		运输车辆简易冲洗装置	0.155	0
市政（拆迁）工地	一次扬尘	道路硬化措施	0.102	0
		边界围挡	0.102	0
		易扬尘物料覆盖	0.066	0
		定期喷洒抑制剂	0.03	0
	二次扬尘	运输车辆机械冲洗装置	0.68	0
		运输车辆简易冲洗装置	0.034	0

笔者直接引用上述公告中的核定征收建设工程环保税的计算案例（稍做改动）①。

【案例5-10】 某楼盘建筑工地，规划面积10 000平方米，2021年2月建筑2 000平方米，该建筑施工时按规定设置了边界围挡，对挖土方等易扬尘物料全部按照规定进行了覆盖，同时对运输车辆设置了机械冲洗装置防止二次扬尘污染，如何计算2月环保税？

（1）确定计算方式。

未安装自动监测设备，没有监测报告，适用《核定计算办法（试行）》规定范围，采用核定计算方法。

（2）确定应税污染物。

根据规定，建筑行业的污染为建筑扬尘，适用一般性粉尘税目，污染当

① 本案例摘自《江西省地方税务局关于发布〈江西省环境保护税核定计算管理办法（试行）〉的公告》（江西省地方税务局公告2018年第4号）

量值为 4。

（3）确定计算消减系数。

建筑扬尘排放当量值＝（扬尘产生量－扬尘削减量）（千克/平方米·月）×月建筑面积（或施工面积平方米）÷一般性粉尘污染当量值（千克）

建筑工程初始系数为 1.01，该企业设置了边界围挡，减掉系数 0.047，进行了易扬尘物料覆盖，减去系数 0.025，运输车辆机械冲洗，减去系数 0.31。

该企业扬尘最终系数＝1.01－0.047－0.025－0.31＝0.628

（4）计算应纳税额。

该企业 2 月建筑面积为 2 000 平方米。

污染当量数＝（2 000×0.628）÷4＝314

应纳税额＝314×1.2＝376.8（元）

（三）建设工程环境保护税的会计处理

在会计处理上，建筑企业缴纳的环境保护税应该记入哪一个会计科目？大部分观点认为建筑企业缴纳的环保税应该记入"税金及附加"科目。即在计提的时候借记"税金及附加"科目，贷记"应交税费——环境保护税"科目。

笔者认为，建筑业的环境保护税记入哪一个会计科目要确定环境保护税的实际承担人是否为建筑企业。如果工程承包合同中明确工程造价中不含环境保护税，即建筑企业为实际承担人，或未明确造价中包含了环境保护税，则建筑企业在按规定计提环境保护税时应该记入"税金及附加"科目。根据《住房和城乡建设部 财政部关于印发〈建筑安装工程费用项目组成〉的通知》（建标〔2013〕44 号）文件的有关规定，建筑安装工程费用项目按费用构成要素组成划分为人工费、材料费、施工机具使用费、企业管理费、利润、规费和税金，其中规费应当包含环境保护费用。如果业主按照相关规定在工程组价时已经包含了环境保护税，即业主方为环境保护税的实际承担人，笔者认为可以将实际缴纳的环保税记入"合同履约成本"科目中。

第三节　建筑业用工模式涉及的财税处理

建筑业企业的用工模式影响其总体的人工成本、税费处理，不同用工模式下的涉税风险也不同。随着劳务资质改革的不断推进，建筑业的用工模式也在发生深刻的变化，但无论何种用工模式、无论如何变革，都无法绕开农民工工资的发放和涉及的个人所得税扣缴义务。

一、传统用工模式优劣势及税费比较

目前，建筑企业的用工模式大概可以分为劳务分包模式、内部劳务队模式、劳务派遣模式三大类。三类劳务用工模式所涉及的税费问题不尽相同，各有优劣。

◣ (一) 三类劳务作业用工模式的税费比较

三类劳务作业用工模式包括劳务分包、内部劳务队、劳务派遣。

1. 劳务分包模式

劳务分包，是指建筑总承包企业、专业分包企业将其承揽的工程中的劳务作业发包给具有劳务分包资质的建筑劳务分包企业的活动。

建筑总包和专业分包企业不与一线进行劳务作业的农民工直接发生劳动合同关系，农民工的劳动报酬应代扣代缴的个人所得税和社会保险费全部由劳务分包企业负责。在用工涉及的税费上减少了一部分琐碎事项和直接责任，但是建筑总承包和专业分包企业要对劳务用工负总责，要确保农民工工资发放到位。建筑企业取得劳务分包企业开具的"建筑服务"发票，可以用于简易计税项目的差额扣除，也可以用于一般计税项目在预缴环节进行分包抵减。关于建筑企业采用劳务分包模式的人工成本会计处理在本书第三章中已经阐述，这里不再赘述。

2. 内部劳务队模式

内部劳务队，是指建筑企业内部建立的劳务队（非法人、非分支机构）。内部劳务队一般有两种形式。

第一种，员工式队伍（自有工人），由建筑企业培训选拔劳务队长，由劳务队长负责选聘劳务作业人员。内部劳务队作业人员与建筑企业签订劳动合同，劳务作业人员的工资、住宿、饮食、交通等由建筑企业统一管理，工资由建筑企业直接发放。这种模式下作业人员的劳动报酬（工资薪金所得、劳务报酬所得）涉及的个人所得税由建筑企业负责代扣代缴。如果这些劳务作业人员（农民工）不属于非全日制用工，除了以工程项目为单位缴纳的工伤保险意外，还有可能涉及社会保险费用。

第二种，内部承包队伍，由劳务队长将建筑企业的工程劳务作业内容以包干作业的形式进行承包，劳务队长自负盈亏，事实上类似于劳务分包。若不考虑其他法律法规问题，劳务队长应以自己的名义代开建筑服务发票，并由其直接向劳务作业人员支付劳动报酬，并负责相关劳动报酬的个人所得税扣缴问题。这类模式，建筑总包企业需要以项目为单位缴纳工伤保险。劳务队长取得的收入以个人的名义代开的建筑服务发票，如果包含了劳务作业人员（农民工）工资的，在代开发票环节很有可能被认定为"劳务报酬"，部分地区有可能认定为"经营所得"。

3. 劳务派遣模式

劳务派遣，用工单位与劳务派遣单位签订派遣服务合同，劳务派遣公司将员工派遣至用工单位，接受用工单位管理，并为其工作的服务。劳务派遣公司与派遣员工签订劳动合同并支付劳动报酬，并代扣代缴个人所得税及缴纳社会保险费；用工单位向劳务派遣公司支付服务费。用工单位只能在临时性、辅助性或者替代性的工作岗位上使用被派遣劳动者。用工单位应当严格控制劳务派遣用工数量，使用的被派遣劳动者数量不得超过其用工总量的 10%。

从建筑企业成本核算的角度看，劳务派遣属于劳动力外包似乎与劳务分包一样，其实不然。劳务派遣服务属于现代服务，开具的发票为"人力资源服务"；而建筑劳务分包则属于建筑服务，开具的发票为"建筑服务"，二者税目、税率不同。建筑企业取得劳务派遣公司开具的"人力资源服务"发票，其适用简易计税方法计税的项目无法作为分包发票用于差额扣除，适用一般计税方法计税的项目在增值税预缴环节无法作为分包用于抵减。

笔者不建议建筑企业一线作业用工采用劳务派遣模式。

（二）工资薪金与劳务报酬的个人所得税比较

前述建筑业三类劳务作业用工模式中，提到了支付给劳务作业人员的劳动报酬，既有可能属于工资、薪金所得，也有可能属于劳务报酬。作为劳动报酬的支付方，建筑企业属于其个人所得税的扣缴义务人。

1. 工资、薪金所得

扣缴义务人在支付工资、薪金所得时，应当按照累计预扣法计算预扣税款。累计预扣法是指在一个纳税年度内，以截至当前月份累计支付的工资薪金所得收入额减除累计基本减除费用、累计专项扣除、累计专项附加扣除和依法确定的累计其他扣除后的余额为预缴应纳税所得额，对照综合所得税率表，计算出累计应预扣预缴税额，减除已预扣预缴税额后的余额，作为本期应预扣预缴税额。

应预扣预缴税额的计算公式如下：

本期应预扣预缴税额＝（累计预缴应纳税所得额×税率－速算扣除数）－已累计预扣预缴税额

累计预缴应纳税所得额＝累计收入－累计免税收入－累计基本减除费用－累计专项扣除－累计专项附加扣除－累计依法确定的其他扣除

在 2021 年 1 月 1 日之前，上述"累计基本减除费用"＝5 000 元/月×当前月份。2021 年 1 月 1 日以后，根据《国家税务总局关于进一步简便优化部分纳税人个人所得税预扣预缴方法的公告》（国家税务总局公告 2020 年第 19 号）的规定，对上一完整纳税年度内每月均在同一单位预扣预缴工资、薪金所得个人所得税且全年工资、薪金收入不超过 6 万元的居民个人，扣缴义务人在预扣预缴本年度工资、薪金所得个人所得税时，累计减除费用自 1 月起直接按照全年 6 万元计算扣除。即在纳税人累计收入不超过 6 万元的月份，暂不预扣预缴个人所得税；在其累计收入超过 6 万元的当月及年内后续月份，再预扣预缴个人所得税。

扣缴义务人应当按规定办理全员全额扣缴申报，并在《个人所得税扣缴申报表》相应纳税人的备注栏注明"上年各月均有申报且全年收入不超过 6 万元"字样。

对按照累计预扣法预扣预缴劳务报酬所得个人所得税的居民个人，扣缴义务人比照上述规定执行。

【案例 5-11】 小王 2019 年 12 月 1 日入职北京铁蛋建筑公司。假设 2020 年每月应发工资均为 10 000 元，每月减除费用 5 000 元，"三险一金"等专项扣除为 1 500 元，从 1 月起享受子女教育专项附加扣除 1 000 元，没有减免收入及减免税额等情况。假设每月月底支付当月工资。以前三个月为例，按照前述累计预扣预缴计算方式及表 5-5"综合所得——个人所得税预扣率表（一）"，计算预扣预缴税额如下。

2020 年 1 月，应预扣预缴税额＝(10 000－5 000－1 500－1 000)×3％ ＝75(元)

2020 年 2 月，应预扣预缴税额＝（10 000×2－5 000×2－1 500×2－1 000×2）×3%－75＝75（元）

2020 年 3 月，应预扣预缴税额＝（10 000×3－5 000×3－1 500×3－1 000×3）×3%－75－75＝75（元）

以此类推，铁蛋建筑公司支付给小王 4 月至 12 月的工资、薪金所得，每月应预扣预缴的个人所得税均为 75 元。不考虑其他因素，全年累计应扣缴的个人所得税为 900 元。

【案例 5-12】 承上例，小王 2019 年 12 月入职北京铁蛋建筑公司。2020 年全年只在铁蛋建筑公司任职，无其他任职情况。假设 2020 年每个月应发工资 5 000 元，全年工资 6 万元；2021 年每月应发工资为 10 000 元，每月可扣除的专项扣除金额 1 500 元，专项附加扣除金额 1 000 元，支付工资的时间不变，没有减免收入及减免税额等情况，按照前述累计预扣预缴计算方式及附表 5-6 "综合所得——个人所得税预扣率表（一）"，计算预扣预缴税额。

分析： 铁蛋建筑公司发放给小王 2021 年 1 月至 6 月工资累计收入未超过 60 000 元，在对应月份进行全员全额申报纳税时暂不预扣预缴个人所得税；支付 2021 年 7 月工资时，累计收入虽然超过了 6 万元，但是累计应纳税所得额小于 0，无须预扣预缴个人所得税。以此推算，在支付 9 月工资时，铁蛋建筑公司进行全员全额申报纳税时，才需要就支付给小王的工资、薪金所得预扣预缴个人所得税。2021 年 10 月进行全员全额扣缴申报个人所得税时，应预扣预缴小王的税费计算如下。

累计应预缴税额＝（10 000×9－60 000－1 500×9－1 000×9）×3%＝225（元）；由于铁蛋建筑公司按照《国家税务总局关于优化房地产交易办税方式的公告》（国家税务总局公告 2020 年第 19 号）的规定在，2021 年 1 月至 8 月的工资、薪金所得暂未预扣预缴个人所得税，因此本期应预扣预缴税额即为累计预缴应纳税额。但铁蛋建筑公司支付给小王 2021 年 10 月至 12 月的工资、薪金所得对应的个人所得税为 675 元，全年累计应扣缴的个人所得税依然为 900 元。

表 5-6　综合所得——个人所得税预扣率表（一）

（居民个人工资、薪金所得预扣预缴适用）

级数	累计预扣预缴应纳税所得额	预扣率	速算扣除数
1	不超过 36 000 元的部分（3 000 元/月以内）	3%	0
2	超过 36 000 元至 144 000 元的部分（3 000 元~12 000 元）	10%	2 520
3	超过 144 000 元至 300 000 元的部分（12 000 元~25 000 元）	20%	16 920
4	超过 300 000 元至 420 000 元的部分（25 000 元~35 000 元）	25%	31 920
5	超过 420 000 元至 660 000 元的部分（35 000 元~55 000 元）	30%	52 920
6	超过 660 000 元至 960 000 元的部分（55 000 元~80 000 元）	35%	85 920
7	超过 960 000 元的部分（超过 80 000 元）	45%	181 920

2. 劳务报酬所得

建筑企业向劳务作业人员支付的劳动报酬，如果属于劳务报酬的，作为扣缴义务人应按次或者按月预扣预缴个人所得税。具体预扣预缴方法如下。

劳务报酬所得每次收入不超过 4 000 元的，减除费用按 800 元计算；每次收入 4 000 元以上的，减除费用按 20% 计算。劳务报酬所得以计算收入减除费用后的余额为收入额。

劳务报酬所得的应纳税所得额，以每次收入额为预扣预缴应纳税所得额，适用 20% 至 40% 的超额累进预扣率。计算劳务报酬所得应预扣预缴税额时暂不扣除任何专项扣除金额及专项附加扣除金额。

【案例 5-13】　2021 年 10 月，小王为福建钢蛋建筑公司提供木工劳务作业，钢蛋公司向其支付劳务报酬所得 20 000 元，当年小王未在其他时间为钢蛋公司提供其他服务。不考虑其他因素，按照表 5-7"综合所得——个人所得税预扣率表（二）"计算，当月向小王支付的劳务报酬，铁蛋公司在全员全额申报纳税时应预扣预缴个人所得税？

小王的劳务报酬所得收入额为：20 000×（1−20%）=16 000（元）；应预扣预缴的个人所得税=16 000×20%=3 200（元）。

如果取得的劳务报酬所得是 4 000 元，则收入额=4 000−800=3 200（元）；

应预扣预缴税额＝3 200×20%＝640（元）。

表 5-7　综合所得——个人所得税预扣率表（二）

（居民个人劳务报酬所得预扣预缴适用）

级数	预扣预缴应纳税所得额	预扣率	速算扣除数
1	不超过 20 000 元的部分	20%	0
2	超过 20 000 元至 50 000 元的部分	30%	2 000
3	超过 50 000 的部分	40%	7 000

3. 综合所得汇算清缴

前述建筑企业向劳务作业人员支付的劳动报酬，不论是工资、薪金所得还是劳务报酬所得均属综合所得。根据《中华人民共和国个人所得税法》《中华人民共和国个人所得税法实施条例》等相关文件规定，居民个人取得综合所得，按年计算个人所得税；有扣缴义务人的，由扣缴义务人按月或者按次预扣预缴税款；需要办理汇算清缴的，应当在取得所得的次年 3 月 1 日至 6 月 30 日内办理汇算清缴。居民个人向扣缴义务人提供专项附加扣除信息的，扣缴义务人按月预扣预缴税款时应当按照规定予以扣除，不得拒绝。年度汇算不涉及财产租赁等分类所得，以及纳税人按规定选择不并入综合所得计算纳税的所得。

（1）居民个人取得综合所得需要汇算清缴的情形。

根据《国家税务总局关于办理 2021 年度个人所得税综合所得汇算清缴事项的公告》（国家税务总局公告 2022 年第 1 号）的有关规定，符合下列情形之一的，纳税人需办理年度汇算。

①已预缴税额大于年度汇算应纳税额且申请退税的。

②纳税年度内取得的综合所得收入超过 12 万元且需要补税金额超过 400 元的。

③因适用所得项目错误或者扣缴义务人未依法履行扣缴义务，造成纳税年度内少申报或者未申报综合所得的，纳税人应当依法据实办理年度汇算。

（2）居民个人取得综合所得不需要汇算清缴和免于汇算清缴的情形。

根据"国家税务总局公告 2022 年第 1 号"的规定，纳税人在纳税年度内已依法预缴个人所得税且符合下列情形之一的，无须办理年度汇算。

①年度汇算需补税但综合所得收入全年不超过 12 万元的。

②年度汇算需补税金额不超过 400 元的。

③已预缴税额与年度汇算应纳税额一致的。

④符合年度汇算退税条件但不申请退税的。

◢ (三) 工资薪金未代扣代缴个人所得税的风险

根据《企业所得税法实施条例》第三十四条规定，企业发生的合理的工资薪金支出，准予扣除。工资薪金，是指企业每一纳税年度支付给在本企业任职或者受雇的员工的所有现金形式或者非现金形式的劳动报酬，包括基本工资、奖金、津贴、补贴、年终加薪、加班工资，以及与员工任职或者受雇有关的其他支出。

上述条例对"工资薪金"做了规定，但并未解释"合理"在实务中如何把握。《国家税务总局关于企业工资薪金及职工福利费扣除问题的通知》（国税函〔2009〕3 号）对"合理的工资薪金"做了补充解释规定，《企业所得税法实施条例》第三十四条所称的"合理工资薪金"，是指企业按照股东大会、董事会、薪酬委员会或相关管理机构制订的工资薪金制度规定实际发放给员工的工资薪金。税务机关在对工资薪金进行合理性确认时，可按以下原则掌握：

（1）企业制订了较为规范的员工工资薪金制度；

（2）企业所制订的工资薪金制度符合行业及地区水平；

（3）企业在一定时期所发放的工资薪金是相对固定的，工资薪金的调整是有序进行的；

（4）企业对实际发放的工资薪金，已依法履行了代扣代缴个人所得税义务；

（5）有关工资薪金的安排，不以减少或逃避税款为目的。

上述文件狭隘地说，合理的工资薪金就是企业真实发生的，遵循企业既定的薪酬制度，按相关标准实际发放并且履行了代扣代缴个人所得税义务的工资薪金，即属于法定合理，但凡明确违反了上述文件中规定的五项原则，即可认为是不合理的。因此，部分建筑企业直接以项目部编制的农民工工资表作为工资成本入账，未履行代扣代缴个人所得税的义务，存在纳税调整的风险。未履行代扣代缴个人所得税的义务，明确违法了前述"五项原则"中的第四项，不属于《企业所得税法实施条例》中规定允许扣除的"合理的工资薪金"。

在实务中，建筑企业在劳务用工成本管理上有时有苦难言。如果建筑企业对发放给农民工的工资履行代扣代缴个人所得税的义务，这部分税金恐怕就得由企业承担且无法在企业所得税税前作为成本列支扣除。绝大部分农民工与建筑企业达成的口头协议或劳动合同约定的工资均为"到手工资"即实发工资，至于应交多少个人所得税和社会保险，他们个人应该承担多少税费，在他们看来也是建筑企业的事。如果建筑企业在发放工资时垫付了代扣代缴的个人所得税，汇算清缴时有退税情形的，又是退到农民工个人银行账户，而农民工很有可能在汇算清缴期间已经离职了，恐怕很难追回垫付的税金。正是由于类似情形在建筑业中普遍存在，于是部分建筑企业就将某些工资较高的农民工考勤出一个人拆成若干个人，在申报个税时计算的应交税费可能为 0，以此"规避"前述事项。但这个行为是存在很大涉税风险的。

"拆分考勤"，降低某个农民工工资薪金个人所得税的计税基数，事实上其他人的考勤就是伪造的，存在虚列成本的嫌疑，面临较大的纳税调整风险。同时，部分"被发工资"的人员有可能在个人所得税终端上申诉。面对他人的申诉，建筑企业财务管理部门应该分三类情况分别处理。

（1）核实申诉人员是否在职或曾经在企业任职。如果该人员从未在企业任职，即企业虚构、冒用他人身份证申报纳税虚列工资，则个人申诉属实，需删除相关扣缴申报记录，相关申诉人员状态在系统中将被转为"非正常"，此时建筑企业需要更正申报。如果更正涉及月份已在办税服务厅更正过，或扣缴客户端没有历史申报数据的，暂时只能去办税服务厅更正。完成申报表更正后，重新计算更正申报后的应补退税额。

（2）如果该申诉人员确实一直在职，属员工个人误操作申诉的，建筑企业应向税务机关提交说明及相关证明，申请在系统风险任务中调整为"申诉不属实"。

（3）如果该申诉人员曾经在职的，申诉当期已离职，需要企业提供离职时间相关证明资料，以便主管税务机关判断申诉收入为离职前还是离职后，属于离职后的虚假申报收入，按照前面第一种情况处理。如果该申诉人员曾经在职的，经核实扣缴申报的收入确为真实的（如某员工 2021 年 1 月离职，2 月提出申诉，但企业在 2 月申报了 1 月所属期的正常工资，或以后月份发放了此前计提的奖金等），属于真实情况的，建筑企业应向税务机关提交说明及相关资料，申请在系统风险任务中调整为"申诉不属实"。

◆ （五）个人代开的建筑服务发票作为支付方是否需要代扣代缴个税

1. 个人去税务机关代开的建筑服务发票属于"劳务报酬"还是"经营所得"

在实务中，笔者经常接到建筑企业的财务人员咨询这类问题，自然人个人去税务机关代开的建筑服务发票，到底应该按照"劳务报酬"还是"经营所得"缴纳个人所得税。

首先我们先看看税法对"劳务报酬"和"经营所得"是如何规定的。根据《中华人民共和国个人所得税法实施条例》第六条规定，劳务报酬所得，是指个人从事劳务取得的所得，包括从事设计、装潢、安装、制图、化验、测试、医疗、法律、会计、咨询、讲学、翻译、审稿、书画、雕刻、影视、录音、录像、演出、表演、广告、展览、技术服务、介绍服务、经纪服务、代办服务以及其他劳务取得的所得。

经营所得是指个体工商户从事生产、经营活动取得的所得，个人独资企业投资人、合伙企业的个人合伙人来源于境内注册的个人独资企业、合伙企业生产、经营的所得；个人依法从事办学、医疗、咨询以及其他有偿服务活动取得的所得；个人对企业、事业单位承包经营、承租经营以及转包、转租取得的所得；个人从事其他生产、经营活动取得的所得。

单从《中华人民共和国个人所得税法》的规定，我们无法直接判定个人取得建筑服务收入去税务机关代开的建筑服务发票属于"劳务报酬"还是"经营所得"，必须结合个人提供的业务实质进行判断。根据《国家税务总局关于印发〈建筑安装业个人所得税征收管理暂行办法〉的通知》（税发〔1996〕127号）相关规定，承包建筑安装业各项工程作业的承包人取得的所得，应区别不同情况计征个人所得税：经营成果归承包人个人所有的所得，或按照承包合同（协议）规定，将一部分经营成果留归承包人个人的所得，按对企事业单位的承包经营、承租经营所得项目征税；以其他分配方式取得的所得，按工资、薪金所得项目征税。从事建筑安装业的个体工商户和未领取营业执照承揽建筑安装业工程作业的建筑安装队和个人，以及建筑安装企业实行个人承包后工商登记改变为个体经济性质的，其从事建筑安装业取得的收入应依照个体工商户的生产、经营所得项目计征个人所得税。从事建筑安装业工程作业的其他人员取得的所得，分别按照工资、薪金所得项目和劳务报酬所得项目计征个人所得税。

从上述文件我们可以看出，个人取得的建筑服务收入去税务机关代开的建筑服务发票既有可能属于劳务报酬，也有可能属于经营所得。如果是某个农民工去税务机关代开其提供给的劳务服务发票，这部分收入则毫无疑问属于"劳务报酬"。如果个人经营承包者（以下简称"包工头"）承揽了某个建筑劳务作业工程，去税务机关代开发票，该发票中的建筑服务至少包含两部分内容，即农民工工资和包工头个人的经营利润，甚至包含了部分劳务作业过程中所需的辅助材料和辅助机具等内容。

因此，笔者认为包工头个人去税务机关代开建筑服务发票时，应当出具个人提供相关服务的合同协议。根据合同协议判定属于经营所得还是劳务报酬。包工头个人承揽的劳务作业工程服务取得的收入，也不可能全部都是其经营所得，其中应该包含一部分支付给农民工的工资薪金所得或劳务报酬所得。包工头个人在代开发票时是否有相关证据证明其向农民工个人支付了相应工资薪金或劳务报酬等，这部分劳动报酬也应当按照规定缴纳个人所得税。在实务中难以区分，各地税务机关针对这类业务的口径不尽相同，代开环节税务机关要么全部按照"经营所得"核定征收，要么认定为"劳务报酬"且在代开发票环节不再代征要求支付方代扣代缴。

2. 如何判断支付方是否有义务代扣代缴个人所得税

（1）个人所得税的哪些税目以支付方为扣缴义务？

根据《中华人民共和国个人所得税法》相关规定，个人所得税以所得人为纳税人，以支付所得的单位或者个人为扣缴义务人。纳税人取得应税所得有扣缴义务人的，由扣缴义务按次或按月代扣代缴个人所得税；纳税人取得应税所得没有扣缴义务人的，应当在取得所得的次月15日内向税务机关报送纳税申报表，并缴纳税款。

在实务中，我们需要自行判定哪些应税所得税税目支付方属于扣缴义务人，需要代扣代缴的。单位或个人支付给个人的收入属于综合所得（包含工资薪金、劳务报酬所得、稿酬、特许权使用费）；财产租赁所得；财产转让所得；利息、股息、红利所得；偶然所得的，由支付方作为扣缴义务代扣代缴，其中综合所得需要按规定汇算清缴，税法免于汇算清缴的情形除外。单位和个人支付给个人的收入属于"经营所得"的，由个人自行申报预缴个人所得税（征收方式为查账征收的在取得所得的次年 3 月 31 日前办理汇算清缴），或在代开发票环节由代开机关核定征收。

（2）在发票上一般如何备注扣缴义务？

一般情况下，个人去税务机关代开其取得的收入发票时，税务机关如果认定属于应由支付方履行代扣代缴的个税税目，会在代开的发票备注栏里备注"由支付方代扣代缴个人所得税"等相关字眼。例如江西省税务局发布了《国家税务总局江西省税务局关于经营所得核定征收个人所得税等有关问题的公告》（国家税务总局江西省税务局公告 2019 年第 4 号），该公告第六条规定，对自然人纳税人取得劳务报酬所得、稿酬所得和特许权使用费所得需要代开发票的，在代开发票环节不预征个人所得税。其个人所得税由扣缴义务人依照《个人所得税扣缴申报管理办法（试行）》（国家税务总局公告 2018 年第 61 号发布）规定预扣预缴（或代扣代缴）和办理全员全额扣缴申报。代开发票单位在开具发票时，应当在发票备注栏内统一注明"个人所得税由支付方依法预扣预缴（或代扣代缴）"。

湖北省税务局发布了《国家税务总局湖北省税务局关于代开发票环节个人所得税有关问题的公告》（国家税务总局湖北省税务局公告 2019 年第 13 号），该公告第二条规定，申请代开发票纳税人取得综合所得、分类所得应缴的个人所得税，由扣缴义务人按照《国家税务总局关于发布〈个人所得税扣缴申报管理办法（试行）〉的公告》（国家税务总局公告 2018 年第 61 号）的规定预扣预缴、代扣代缴申报缴纳；取得经营所得的个人所得税，由纳税人按照《国家税务总局关于个人所得税自行纳税申报有关问题的公告》（国家税务总局公告 2018 年第 62 号）的规定自行申报缴纳。税务机关和委托代征单位在代开发票时，应在发票备注栏内统一注明"个人所得税须依法代扣代缴或自行申报。"

建筑企业取得个人去税务机关代开的发票，如果发票的备注栏上没有明确备注要求支付方代扣代缴个人所得税的相关内容，笔者建议建筑企业应向个人索取该发票对应的完税凭证复印件。通过完税凭证复印件上显示的代开机关已经代扣代缴的税种，再结合个人所提供的服务（或销售的货物、资产等）判断是否还需要支付方代扣代缴个人所得税。

（3）未履行代扣代缴义务存在的涉税风险。

如果建筑企业取得个人去税务机关代开的发票，按规定应代扣代缴却没有代扣代缴个人所得税的，存在一定涉税风险。

> 根据《中华人民共和国税收征收管理法》第六十二条规定：
>
> 纳税人未按照规定的期限办理纳税申报和报送纳税资料的，或者扣缴义务人未按照规定的期限向税务机关报送代扣代缴、代收代缴税款报告表和有关资料的，由税务机关责令限期改正，可以处二千元以下的罚款；情节严重的，可以处二千元以上一万元以下的罚款。

（六）临时工与非全日制用工的个人所得税与社保政策

非全日制用工与临时工不能画等号，临时工在法律上没有准确概念，只能理解为合同期限长或者短的。无法简单的判断二者之间的个人所得税与社保政策差异。

1. 在聘用体系下企业的用工关系涉及的税费问题

在聘用体系下企业的用工关系一般情况下可以分为三种：分别是劳动关系、特殊劳动关系、民事聘用关系。

（1）劳动关系，即标准的劳动用工关系，企业支付给员工的属于工资薪金所得，企业应该为员工缴纳涉税保险。除此之外，还有部分内退的员工甚至一部分员工存在多重劳动关系，企业向其支付工资薪金，也需要为其缴纳社会保险。

（2）特殊劳动关系。特殊劳动关系主要包含三类人员，即股东、非全日制员工、劳务派遣员工。如果股东只参与分红，并无具体岗位，且不发放工资则企业无须为其缴纳社会保险；非全日制用工，企业支付的劳动报酬属于工资薪金所得的，也无须缴纳社会保险，只需要购买工伤保险；劳务派遣员工由派遣单位支付工资并缴纳社会保险，用工单位只需要向派遣单位支付相应劳务派遣费即可。

（3）民事聘用关系。民事聘用关系中主要包括两类，即退休人员和在校实习生。退休返聘人员，向其支付的工资薪金同样需要代扣代缴个人所得税，但无须缴纳社保；向在校实习生支付的劳动报酬，无须缴纳社会保险。

2. 临时工与非全日制用工的区别

企业与非全日制用工是一种特殊劳动关系。对于非全日制用工的工作时间是有限制的，一般情况下每天工作不超过 4 个小时，一周不超过 24 个小时，每 15 日结算一次工资。关于社会保险，企业应该为非全日制用工缴纳社会保险，但合同中也可以约定企业支付的小时工资中包含支付给个人的社会保险部分，由个人自行缴纳社会保险。这与全日制用工的社会保险不同，全日制用工的劳动合同中不能约定由个人缴纳社保。总结而言，用人单位应该为非全日制用工至少缴纳工伤保险，这是兜底条件。

在法律上没有临时工的概念。企业与临时工之间的关系既有可能是劳动关系，也有可能是劳务关系，在工作时间上，临时工没有明确的规定。企业支付给临时工的工资既有可能属于其劳务报酬也有可能是工资薪金，应该根据其关系认定，来判定到底属于哪一类劳动报酬。另外，关于是社会保险，必须要先认定临时工与企业是劳动关系还是劳务关系，再来判定是否应该缴纳社会保险，还是只为其购买工伤保险。

二、劳务分包资质改革地区的劳务用工模式探索

自住房和城乡建设部发布《住房和城乡建设部关于批准浙江、安徽、陕西 3 省开展建筑劳务用工制度改革试点工作的函》（建市函〔2016〕75 号）以及《住房和城乡建设部等部门关于加快培育新时代建筑产业工人队伍的指导意见》（建市〔2020〕105 号）以来，我国一共有 11 个省份对劳务分包资质进行了改革，改革的核心内容主要包括：取消劳务资质审批，推行专业作业企业备案制，明确用工关系与责任，强化劳务用工实名制信息化管理等。除劳务资质改革试点地区外，其他省（含自治区、直辖市）并未取消劳务分包资质。根据 2022 年 2 月发布的《建筑业企业资质标准（征求意见稿）》显示，劳务分包资质更名为"专业作业资质"，将实行备案制，拟从事建筑劳务作业的法人单位只需要进行相关备案即可取得专业作业资质。

（一）包工头注册个人独资企业和个体工商户从事劳务作业

前述省份的劳务资质改革基本可以总结为"取消劳务分包资质，鼓励有经验的班组长成立专业作业企业承揽建筑劳务作业"。需要特别关注的是河南省在劳务资质改革文件中明确，施工总承包、专业承包企业可以用自有工人组织施工，可以分包给专业作业企业进行施工，但不得分包给个人。

相较于劳务分包、内部劳务队、劳务派遣三类传统用工形式，劳务队班

组长（包工头）注册个人独资企业或个体工商户承揽工程劳务作业，是否就是新的用工模式？新在哪里？与劳务资质改革大势有什么关联？

笔者认为，部分地区进行劳务资质改革是为了降低劳务作业的牌照门槛，并不是降低劳务作业质量标准；劳务资质改革是为了减少总包到劳务作业人员之间的管理层级，确保总承包、专业承包企业能够对作业队伍进行有效控制和对作业人员的劳动报酬直接负责。要求基层劳务队注册专业作业企业与建筑企业直接签订劳务作业承包合同，将促进原来的劳务作业纵深管理向扁平化管理转型。至于劳务作业人员（农民工）的权益，并不应该因劳务资质改革而削弱，反而应该是得到更强有力的保障。实务中，为何很多人认为部分地区劳务资质改革后，由班组长注册专业作业企业，承揽劳务作业能够解决前述传统用工模式下一线劳务作业人员工资、薪金所得涉及的个人所得税和社会保险费呢？主要有两方面：一方面是放开了劳务资质要求，打破了原先劳务分包选择空间的局限性；另一方面是这些专业作业企业主要是以个人独资企业和个体工商户的形式出现，在经营所得上大多是核定征收方式。核定征收原本只是所得税的一种征收方式，并不是一项税收优惠，甚至带有一定的惩罚性，但是实务中很多人把核定征收当作了一项税收优惠。因为只要经营所得个税被核定征收了，似乎就没有人理会这些专业作业企业的成本费用构成，没人在意成本费用是否取得相应税前扣除票据。正因为如此，就没人关注专业作业企业的成本中有多少作业人员工资，作业人员的工资是否按规定代扣代缴个人所得税了，也就忽略了作业人员的社会保险费用基数了。

事实上，这是"妖魔化"了个人独资企业和个体工商户的税收政策，误解了"核定征收"的本质，也是税收政策与税收征管之间的偏差。如果要把专业作业企业当作新的用工模式，要有配套的税收管理措施，可以纳入"小微企业"范畴，而不是一核了之。

（二）建筑业使用灵活用工平台招工的涉税风险提示

灵活用工平台形式上属于"平台经济"。平台经济是一种基于数字技术，由数据驱动、平台支撑、网络协同的经济活动单元所构成的新经济系统，是基于数字平台的各种经济关系的总称。平台是一种虚拟或真实的交易场所，平台本身不生产产品，但可以促成双方或多方供求之间的交易，收取恰当的费用或赚取差价而获得收益。

一般情况下，灵活用工平台承担的是中间服务商的角色，由派工载体来负责派工。派工载体无非四种形式：自然人个人、临时税务登记户、核定征收经营所得的个人独资企业或个体工商户、人力资源服务公司。如果派工载体是自然人个人和临时税务登记户，则其从用工平台获取的收入可能包括劳务报酬所得和经营所得两大类，是否作为经营所得计税，要根据纳税人在平台提供劳务或从事经营的经济实质进行判定。部分灵活用工平台一律按照核定征收率更低的"个人承包经营所得"对待，很容易产生税务风险，建筑业取得这类灵活用工服务发票也要注意涉税风险。

实务中，建筑业企业很可能缺的不是劳务作业工人，而是想要解决劳务作业工人劳动报酬涉及的个人所得税和社会保险费用的问题。无论用工平台以何种形式与建筑企业合作，很难回避劳务作业工人的劳动报酬涉及的个税和社会保险费用的问题。一些用工平台企业将收到的服务费以及劳务费合并开具增值税发票，其中不乏虚开发票风险，建筑企业应当注意其中涉税风险。

三、农民工工资政策与代发农民工资的财税处理

建设工程领域的劳务用工管理已经基本实现实名制覆盖和信息化管理。劳务合同采用电子备案，劳务关系清晰明了；建设工地人脸识别打卡，精准考勤；农民工工资专户管理，工资发放与政府监管、银行对账系统对接，实现劳务工资流程化管理。

（一）农民工工资专用专户与农民工工资的清偿责任

1. 推行总承包企业代发农民工工资制度

根据《保障农民工工资支付条例》及《工程建设领域农民工工资专用账户管理暂行办法》的规定，工程建设领域推行施工总承包单位代发农民工工资制度，分包单位的农民工工资也由总包单位代发。总包单位与分包单位签订委托工资支付协议，分包单位应当按月考核农民工工作量并编制工资支付表，经农民工本人签字确认后，与当月工程进度等情况一并交施工总承包单位。施工总承包单位根据分包单位编制的工资支付表，通过农民工工资专用账户直接将工资支付到农民工本人的银行账户，并向分包单位提供代发工资凭证。

施工总承包单位在某地有两个及以上工程建设项目的，可开立新的专用账户，也可在符合项目所在地监管要求的情况下，在已有专用账户下按项目

分别管理；开户银行不得将专用账户资金转入除本项目农民工本人银行账户以外的账户；施工总承包单位、分包单位应当建立用工管理台账，并保存至工程完工且工资全部结清后至少 3 年。

2. 总承包合同应当明确约定农民工工资支付周期

建设单位与施工总承包单位依法订立书面工程施工合同，应当约定工程款计量周期、工程款进度结算办法以及人工费用拨付周期，并按照保障农民工工资按时足额支付的要求约定人工费用。人工费用拨付周期不得超过1 个月。

3. 建设工程领域农民工工资的清偿责任

用工单位使用个人、不具备合法经营资格的单位或者未依法取得劳务派遣许可证的单位派遣的农民工，拖欠农民工工资的，由用工单位清偿，并可以依法进行追偿。

分包单位拖欠农民工工资的，由施工总承包单位先行清偿，再依法进行追偿。工程建设项目转包，拖欠农民工工资的，由施工总承包单位先行清偿，再依法进行追偿。建设单位或者施工总承包单位将建设工程发包或者分包给个人或者不具备合法经营资格的单位，导致拖欠农民工工资的，由建设单位或者施工总承包单位清偿。

用人单位拖欠农民工工资，情节严重或者造成严重不良社会影响的，用人单位及相关直接责任人被列入拖欠农民工工资失信联合惩戒对象名单的，在政府资金支持、政府采购、招投标、融资贷款、市场准入、税收优惠、评优评先、交通出行等方面将受到一定限制。

4. 农民工工资账户代发工资比例要求

根据《工程建设领域农民工工资专用账户管理暂行办法》（人社部发〔2021〕53 号）规定，建设单位与总包单位订立书面工程施工合同时，应当约定工程款计量周期和工程款进度结算办法；建设单位拨付人工费用的周期和拨付日期；人工费用的数额或者占工程款的比例等。根据《保障农民工工资支付条例的规定》建设工程领域的农民工工资的支付周期不超过 1 个月，这是统一标准；关于总承包合同中应约定的人工费占工程款的比例，部分地区在"人社部发〔2021〕53 号"发布之前已有相关文件规定，部分地区是在该文发布后下发的有关规定，各地要求的在合同中应当约定的人工费比例不尽相同。笔者对部分地区的文件规定作了简单统计，见表 5-8。

表 5-8　部分地区关于总包合同应约定的农民工工资占工程款的比例限制统计表

地区	文件名称	农民工工资比例
黑龙江	《黑龙江省住房和城乡建设厅关于进一步加强施工现场信息化管理落实治欠保支制度的通知》	人工费用拨付周期不得超过 1 个月，每月 7 日前建设单位应将不低于上月工程产值 25％的工程款拨付至农民工工资专用账户
江苏	《关于印发〈江苏省工程建设领域农民工工资支付管理办法〉的通知》	建设单位应按建设工程施工合同约定向工资专户存入不低于进度款 20％的资金；应发工资高于进度款 20％的，则按照实际工资数额存入工资专户
宁夏	《宁夏回族自治区人民政府办公厅关于全面治理拖欠农民工工资问题的意见》	建设单位每月按不低于工程进度款 22％的比例将资金拨付到工资专用账户
福建厦门	厦门市房屋建筑和市政基础设施工程农民工工资专用账户管理办法	人工费总额应按照工程承包合同约定的比例或总承包企业提供人工费用数额确定，且不得低于施工合同总价的 20％，其中独立发包的市政工程（含城市轨道交通工程）人工费总额不得低于施工合同总价的 17％
四川	《四川省解决企业拖欠工资问题联席会议关于在工程建设领域全面落实农民工工资专用账户制度的通知》	建设单位须于每月 10 日前按应付工程款不少于 15％的比例将人工费单独拨付到施工总承包企业开设的农民工工资专用账户
浙江	《关于做好全省公路水运建设工程人工资专用账户管理工作的通知》	路基 18％、桥梁 15％、隧道 18％、路面 5％、房建 15％、港口码头 12％、航道 6％、交安机电 6％
广东广州	《广州市建设领域工人工资支付分账管理实施细则》	依法必须进行招标的工程项目，工程进度款中的工人工资款比例参照施工招标的《中标通知书》中单列的人工费金额除以中标金额计算；其他工程项目的工程进度款中的工人工资款参照比例为 15％～20％
辽宁大连	《关于印发〈大连市建设领域农民工工资支付分账管理实施细则〉的通知》	每月农民工工资暂付款基数一般应按照当月完成合同价款的 30％（交通和港口口岸建设项目按照当月完成合同价款总额的 8％）确定，用于支付农民工工资

地区	文件名称	农民工工资比例
重庆	《重庆市关于建筑领域实施农民工工资专用账户管理及银行代发制度（试行）的通知》	建设单位应按照合同约定及时确认施工总承包企业已完工产值，以不低于当月已完工产值的 25％作为当月人工费（工资款），单独拨付至施工总承包企业的工资专用账户对应项目中（若人工费数额大于当月已完工产值的 25％时，按实际人工费数额拨付；若人工费数额小于当月已完工产值的 25％时，按当月已完工产值的 25％拨付）
湖南	湖南省人民政府办公厅关于建立健全保障农民工工资支付长效机制的意见	建设单位应当严格落实人工费用与其他工程款分账管理的要求，按照合同约定和实际施工进度，按月将人工费用足额拨付至本项目开设的农民工工资专用账户中。按照施工过程结算的有关要求，每月拨付金额原则上不低于当月工程结算量的 15％；按照合同约定当月不具备结算和计量条件的，拨付金额原则上不低于工程造价总额÷计划工期（月）×15％

上述地区针对总承包合同中应该约定的农民工工资占工程款比例的规定，部分地区规定的比例可能是一把双刃剑。对于农民工按时取得劳动报酬来说固然是一项强有力的保障，但有可能某一项建设工程的人工费占比低于该地文件规定的比例，则有可能造成建筑总承包企业的资金被占用。发包方只能按照文件规定的人工费占工程款的比例将部分工程款打入农民工工资专用账户中，而建筑企业只有代发农民工工资时才能使用该账户的资金，如果农民工工资低于该地规定的比例，就会导致该账户的资金被占用至工程竣工。工程竣工后，总包单位将本工程建设项目无拖欠农民工工资情况公示 30 日，并向项目所在地人力资源社会保障行政部门、相关行业工程建设主管部门出具无拖欠农民工工资承诺书。开户银行依据专用账户监管部门通知取消账户特殊标识，按程序办理专用账户撤销手续，专用账户余额归总包单位所有。

（二）代发农民工工资涉及个人所得税扣缴义务人的问题

1. "多重支付"下的个人所得税扣缴义务人认定

根据《中华人民共和国个人所得税法》的规定，个人所得税以支付所得的单位或者个人为扣缴义务人，但在实务中由于支付所得的单位和个人与取得所得的人之间有多重支付的现象，有时难以确定扣缴义务人。《国家税务总局关于个人所得税偷税案件查处中有关问题的补充通知》（国税函发〔1996〕

602号）对在多重支付的情况下如何认定扣缴义务人做了规定，"凡税务机关认定对所得的支付对象和支付数额有决定权的单位和个人，即为扣缴义务人"。因此在实务中，我们只需要对农民工劳动关系做判定，即可确定其劳动报酬的个人所得税扣缴义务人。具体程序如图5-1所示。

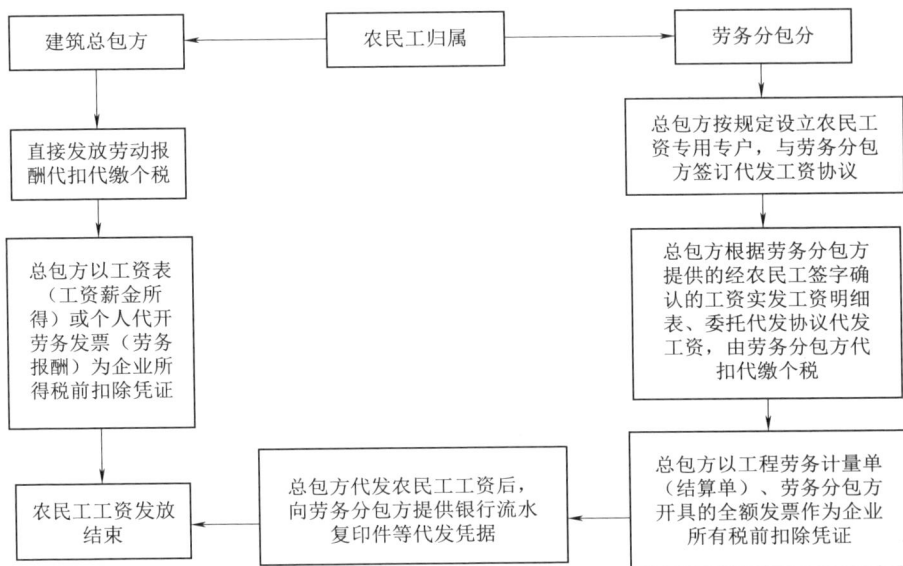

图5-1 总包企业代发农民工工资流程图

2. 建筑总包企业代发分包企业农民工工资的会计处理

建筑总包企业按照相关规定代发分包企业农民工工资，只是在资金支付上与常规的分包款存在差别，即常规的分包款（非农民工工资部分）应按合同约定的银行账户直接支付给分包方；分包款中的农民工工资部分通过农民工工资专用账户直接向其个人的银行账户支付。会计处理上，建筑总包企业在发生劳务分包和专业分包成本时，借记"合同履约成本——工程施工（人工费、分包费）""应交税费"等科目，贷记"应付账款"等科目；代发分包方农民工工资和支付分包款时，借记"应付账款"科目，贷记"银行存款"科目。

第四节 建筑业自产砂石料的财税处理

建筑企业工程项目需要使用大量的砂石料，部分建筑企业成立建材加工生产中心生产砂石料用于本企业的建筑工程，或者将本企业生产加工的建材对外销售。自产自用和自产自销砂石料的财税处理存在一定差异。

一、建筑业的砂石料来源

曾经建筑业的砂石料来源比较单一，此类建材基本被项目所在地一些供应商和个人所控制，后经过几年的"扫黑除恶"市场环境逐渐净化。2019 年 11 月，工业和信息化部与国家发展改革委、自然资源部、生态环境部等 10 部门联合发布《关于推进机制砂石行业高质量发展的若干意见》（以下简称《意见》），强调合理投放砂石资源采矿权，规范砂石资源管理，鼓励利用废石、尾矿等生产机制砂石，节约天然资源。要求统筹协调布局，建立国内合理的机制砂石供应体系。根据京津冀及周边、长三角、珠三角等重要城市群，以及中西部建设需要，合理投放砂石资源采矿权。鼓励发展砂石、水泥、混凝土、装配式建筑一体化的产业园区，发挥集聚效应。

二、建筑业购买石材加工生产砂石料是否涉及资源税问题

基于上述文件，部分地区的建筑企业开始购买石材自行生产加工砂石料。建筑自产砂石是否需要缴纳资源税呢？根据《中华人民共和国资源税法》（以下简称《资源税法》）的有关规定，在中华人民共和国领域和中华人民共和国管辖的其他海域开发应税资源的单位和个人，为资源税的纳税人，应当依照本法规定缴纳资源税。根据上述规定笔者认为，如果建筑企业是从其他开采方购买石材原料，生产加工成工程项目所需的砂石料不属于资源纳税义务人；如果建筑企业取得了砂石资源开采权，自行开采、加工生产砂石料，则属于资源税纳税义务人。

三、建筑企业自产砂石料用于本企业工程项目

根据《国家税务总局关于进一步明确营改增有关征管问题的公告》（国家税务总局公告 2017 年第 11 号）的规定，纳税人销售活动板房、机器设备、钢结构件等自产货物的同时提供建筑、安装服务，不属于《营业税改征增值税试点实施办法》（财税〔2016〕36 号）第四十条规定的混合销售，应分别核算货物和建筑服务的销售额，分别适用不同的税率或者征收率。

按照上述文件规定，建筑企业如果将自产的砂石料用于本企业施工的工程项目属于"销售自产货物的同时提供建筑、安装服务"，不能完全按照建筑服务的增值税税率（征收率）开具发票，应当适用不同税目、税率缴纳增值税，分别核算。

实务中，建筑企业在提供建筑服务的过程中如果使用自产货物，我们需要注意造价问题。一般情况下发包方与承包方在签订承包合同时，并不考虑建筑企业是否在施工过程使用自产的材料，即工程总造价一般只考虑一种税率或征收率，根据计税方法确定税率或征收率。如果建筑企业签订的某项承包合同的工程总造价计价时按照增值税税率9%进行组价的，同时又使用了自产货物，自产货物部分应当向业主开具货物销售对应的增值税发票，若该批货的增值税税率为13%，含税总价不变，建筑企业该部分产值的损失近4%。建筑企业应该具体问题具体分析，考虑是否需要将材料生产与销售部分业务剥离，成立相关专业业务公司，通过新设增值税抵扣链条，降低不必要的税负。

【案例 5-14】 铁蛋建筑公司承揽某个工程项目，该工程的含税总造价为10 900万元（其中价款10 000万元，销项税额900万元），该工程使用一般计税方法计税。工程总造价中砂石料的组成部分不含税价大致为100万元，该工程所需的砂石料为铁蛋建筑公司自产货物。针对上述业务，分析铁蛋建筑公司的增值税税负。

分析： 上述业务属于典型的提供建筑服务的过程中销售自产货物的行为，按规定铁蛋建筑公司不能全部按照建筑服务开具增值税发票，造价中的砂石料部分应当开具货物销售发票。上述业务100万元砂石料对应的含税造价为109万元，但根据国家税务总局2017年11号公告的规定，铁蛋建筑公司这部分业务内容应当按照货物销售开具13%的增值税发票，即销项税额为12.54万元[$109\div(1+13\%)\times13\%$]，这部分业务税金损失了3.54万元。当然损失的税金部分可能远小于自产货物带来的利润，在此不考虑自产货物利润，单纯分析造价计税与实际税率差异下的税金给建筑企业的影响。

本案例，铁蛋建筑公司如果将建材生产中心剥离出去设立建材生产销售公司，由该建材公司向铁蛋建筑公司销售砂石料。该建材公司属于独立的法人单位，在铁蛋建筑公司使用其提供的砂石料业务中已经不属于自产货物的范畴，可以按照混合销售向业主开具9%建筑服务发票，不存在因提供建筑服务使用自产货物而带来税金损失。除此之外，在砂石料售价不变的情况下，不考虑运营公司管理成本是否存在偏差，这种模式相当于将建筑企业的利润分解了一部分到建材公司，总体来说更有利一些。

四、建筑企业销售自产砂石料的财税处理

（一）建筑企业外购片石生产砂石料可否选择简易计税

根据《财政部 国家税务总局关于部分货物适用增值税低税率和简易办法征收增值税政策的通知》（财税〔2009〕9号）的相关规定，销售建筑用和生产建筑材料所用的砂、土、石料；以自己采掘的砂、土、石料或其他矿物连续生产的砖、瓦、石灰（不含黏土实心砖、瓦），可以选择简易计税。

上述文件中规定生产"建筑用和生产建筑材料所用的砂、土、石料"可以选择简易计税，并未限制生产砂、土、石料这些产品的原料来源必须是自己采掘的砂、土、石料或其他矿物。因此，笔者认为建筑企业外购片石生产加工成砂石料再对外出售的，属于自产自销砂石料，可以按上述文件规定选择简易计税方法计税。

【案例5-15】 铁蛋建筑公司为增值税一般纳税人，设立了建材生产加工中心（非分支机构、非子公司）专门用于生产和加工部分自建工程所需的预制构件及其他建筑材料。2021年10月，该公司购置了振动给料机、鄂式破碎机、振动筛、皮带输送机等组装成了砂石料生产线，所生产的砂石料均销售给其他建筑企业。2022年1月，购买了一批片石取得销售方开具的增值税专用发票103万元（价款100万元，增值税3万元），当月该批片石全部投入生产砂石料并全部对外销售，取得含税收入169.5万元（其中销售额为150万元，销项税额19.5万元），并开具相应金额发票。铁蛋建筑公司销售自产的砂石料选择一般计税方法计税。暂不考虑其他因素，上述业务会计处理如下。

（1）采购片石等原料时的会计处理。

借：原材料——片石　　　　　　　　　　　　　　　1 000 000

　　应交税费——应交增值税（进项税额）　　　　　　30 000

　　贷：应付账款、银行存款等　　　　　　　　　　　1 030 000

（2）领用片石用于生产砂石料时的会计处理。

借：库存商品——砂石料　　　　　　　　　　　　　1 000 000

　　贷：原材料——片石　　　　　　　　　　　　　　1 000 000

（3）销售砂石料取得收入并结转成本。

借：应收账款——材料款   1 695 000

  贷：其他业务收入   1 500 000

    应交税费——应交增值税（销项税额） 195 000

借：其他业务成本   1 000 000

  贷：库存商品——砂石料   1 000 000

【案例 5-16】 承上例，其他条件不变，铁蛋建筑公司选择适用简易计税方法计税。2022 年 1 月，购买了一批片石取得销售方开具的增值税普通发票 103 万元，当月该批片石全部投入生产砂石料并全部对外销售，取得含税收入 154.5 万元（其中销售额为 150 万元，应纳税额 4.5 万元），并开具相应金额发票。暂不考虑其他因素，上述业务会计处理如下。

（1）采购片石等原料时的会计处理。

借：原材料——片石   1 030 000

  贷：应付账款、银行存款等   1 030 000

（2）领用片石用于生产砂石料时的会计处理。

借：库存商品——砂石料   1 030 000

  贷：原材料——片石   1 030 000

（3）销售砂石料取得收入并结转成本。

借：应收账款——材料款   1 545 000

  贷：其他业务收入   1 500 000

    应交税费——简易计税（应交税额）   45 000

借：其他业务成本   1 000 000

  贷：库存商品——砂石料   1 000 000

（二）建筑总包企业以自产的建材抵偿分包款

在实务中，有可能出现建筑总包企业将自己生产的建筑材料直接用于抵偿所欠分包商的分包款的情形，在资金流上是"以收抵支"；在权利义务上是以债权抵销债务；在财税处理上就是两项经济业务，即销售材料和接受建筑分包服务。销售材料按照正常的货物销售缴纳增值税并参照本节销售砂石料业务进行会计处理即可，分包业务按照本书第三章的成本核算进行财税处理。涉及债务重组的，相关财税处理将在第六章中详细阐述。

第五节　资金集管与物资统供

近年来，部分大中型建筑企业对资金管理和物资采购管理进行了深刻的改革。建筑企业通过将资金集中管理，可以统筹安排调度资金，提高资金使用效率，保障资金安全。在大宗材料物资采购管理体制逐渐由项目部分散采购转变为企业集中采购，最大限度实现大宗材料物资的整体调度与规划，保证工程施工进度，同时对采购行为进行监督控制。

一、资金集中管理

资金集中管理，是指将整个集团下属公司的经营资金全部归到集团总部，在集团总部设立"资金结算中心""资金管理中心"等职能部门或财务公司代表集团公司实施对资金的统一调度、管理，通过对资金的集中管理，集团企业能够实现集团范围内资金的整合与调控，充分盘活资金存量，有效提高资金使用效率，降低财务成本。

（一）集团企业资金统借统还

资金统借统还，是指建筑企业集团总公司在一些银行有授信额度，有资格贷款，旗下一些分支机构，没有授信额度。集团公司统一向银行借款，按照一定比例分配给各个分子公司使用，收取一定的资金使用费。

1. 资金统借统还业务中"集团企业"的规定

"企业集团公司"概念，并不是设有子公司、分公司的建筑业企业就可以称之为"集团公司"，还需要满足其他法律法规的要求。根据《企业集团登记管理暂行规定》（工商企字〔1998〕第 59 号）的相关规定，企业集团是指以资本为主要联结纽带的母子公司为主体，以集团章程为共同行为规范的母公司、子公司、参股公司及其他成员企业或机构共同组成的具有一定规模的企业法人联合体。企业集团由母公司、子公司、参股公司以及其他成员单位组建而成，不具有企业法人资格。事业单位法人、社会团体法人也可以成为企业集团成员。母公司应当是依法登记注册，取得企业法人资格的控股企业。子公司应当是母公司对其拥有全部股权或者控股权的企业法人；企业集团的其他成员应当是母公司对其参股或者与母子公司形成生产经营、协作联系的其他企业法人、事业单位法人或者社会团体法人。

2. 集团企业的登记条件

企业集团应当具备下列条件：

（1）企业集团的母公司注册资本在 5 000 万元人民币以上，并至少拥有 5 家子公司；

（2）母公司和其子公司的注册资本总和在 1 亿元人民币以上；

（3）集团成员单位均具有法人资格。

国家试点企业集团还应符合国务院确定的试点企业集团条件。

3. 资金统借统还业务中企业集团的税收口径

目前财政部、国家税务总局并没有对统借统还业务中的企业集团作出明确规定，福建省税务局、河北省税务局、海南省税务局、内蒙古自治区税务局等部分地区税务机关对企业集团进行了明确的规定，要求按照《企业集团登记管理暂行规定》的规定来执行。

（1）关于企业集团部分地区税务口径。

---

①福建省税务局答疑口径。

留言时间：2021－04－25

问题：《财政部 国家税务总局关于全面推开营业税改征增值税试点的通知》（财税〔2016〕36 号）规定"企业集团或企业集团中的核心企业以及集团所属财务公司按不高于支付给金融机构的借款利率水平或者支付的债券票面利率水平，向企业集团或者集团内下属单位收取的利息，免征增值税。"但是在实务中，如何认定一家企业与下属公司为企业集团？

答复时间：2021－04－29

国家税务总局福建省 12366 纳税服务中心答复：

您好，在《国务院关于取消一批行政许可的决定》（国发〔2018〕28号）取消企业集团核准登记后，集团母公司应按照市场监管部门的要求，将企业集团名称及集团成员信息通过国家企业信用信息公示系统向社会公示。原已取得《企业集团登记证》的，可不再公示。因此，是否属于企业集团成员应以集团母公司通过国家企业信用信息公示系统公示的信息为准，或以已经取得的《企业集团登记证》为准。

上述回复仅供参考，具体以国家相关政策规定为准！

②河北省税务局答疑口径。

河北省国家税务局关于全面推开营改增有关政策问题的解答（之八）

…………

二十一、关于母公司向金融机构借款分拨给子公司使用并向子公司收取利息行为是否适用统借统还业务问题。

《财政部 国家税务总局关于全面推开营业税改征增值税试点的通知》（财税〔2016〕36号）文件规定，统借统还业务的主体是企业集团或企业集团中的核心企业以及集团所属财务公司。《企业集团登记管理暂行规定》（工商企字〔1998〕59号）规定，企业集团是指以资本为主要联结纽带的母子公司为主体，以集团章程为共同行为规范的母公司、子公司、参股公司及其他成员企业或机构共同组成的具有一定规模的企业法人联合体。企业集团经登记主管机关核准登记，发给《企业集团登记证》，该企业集团即告成立。

统借统还业务的主体为企业集团或者企业集团中的核心企业，且该企业集团应当按规定到主管工商行政管理部门办理《企业集团登记证》。因此，母公司向金融机构借款分拨给子公司使用并向子公司收取利息是否适用统借统还，应以其取得《企业集团登记证》为前提。

（2）集团企业资金统借统还涉税问题。

①资金统借统还的利息收入是否需要缴纳增值税。

根据《财政部 国家税务总局关于全面推开营业税改征增值税试点的通知》（财税〔2016〕36号）附件3《营业税改征增值税试点过渡政策的规定》的有关规定，统借统还业务中，企业集团或企业集团中的核心企业（一般是指集团中的母公司）以及集团所属财务公司，按不高于支付给金融机构的借款利率水平或者支付的债券票面利率水平，向企业集团或者集团内下属单位收取的利息，免征增值税。否则应全额征收增值税。

统借统还业务，是指企业集团或者企业集团中的核心企业向金融机构借款或对外发行债券取得资金后，将所借资金分拨给下属单位（包括独立核算单位和非独立核算单位，下同），并向下属单位收取用于归还金融机构或债券购买方本息的业务。企业集团向金融机构借款或对外发行债券取得资金后，由集团所属财务公司与企业集团或者集团内下属单位签订统借统还贷款合同并分拨资金，并向企业集团或者集团内下属单位收取本息，再转付企业集团，由企业集团统一归还金融机构或债券购买方的业务。

笔者提醒，集团企业资金统借统还收取内部单位的内部利息，内部利息如果超过同期金融机构的借款利率的，不是超过部分征收增值税，而是全额征收增值税。集团公司向内部单位提供资金使用高于同期金融机构借款利率，取得的资金使用收入，借记"银行存款""内部往来"等科目，贷记"财务费用""应交税费——应交增值税（销项税额）"科目。建筑企业如果对外部单位提供资金借贷，无论收取的利息收入是否超过同期金融机构的借款利率，取得的资金使用费收入均按照金融服务缴纳增值税，适用税率为6％。

②资金统借统还的利息收入是否需要缴纳企业所得税。

根据《国家税务总局关于企业所得税若干问题的公告》（国家税务总局公告2011年第34号）第一条规定，关于金融企业同期同类贷款利率确定问题，根据《实施条例》第三十八条规定，非金融企业向非金融企业借款的利息支出，不超过按照金融企业同期同类贷款利率计算的数额的部分，准予税前扣除。

根据《财政部 国家税务总局关于企业关联方利息支出税前扣除标准有关税收政策问题的通知》（财税〔2008〕121号）规定，在计算应纳税所得额时，企业实际支付给关联方的利息支出，在符合税法及其实施条例有关规定的情况下，除两种特殊情形外，其接受关联方债权性投资与其权益性投资比例（即"债资比"）金融企业不超过5：1；其他企业不超过2：1的部分，准予扣除，超过的部分不得在发生当期和以后年度扣除。

两种特殊情形在计算应纳税所得额时准予扣除：一是企业如果能够按照税法及其实施条例的有关规定提供相关资料，并证明相关交易活动符合独立交易原则的；二是该企业的实际税负不高于境内关联方的，其实际支付给境内关联方的利息支出。

计算债资比超标不得税前扣除利息支出：企业从其关联方接受的债权性投资与权益性投资的比例超过规定标准而发生的利息支出，不得在计算应纳税所得额时扣除，这是企业所得税法的规定。《国家税务总局关于印发〈特别纳税调整实施办法（试行）〉的通知》（国税发〔2009〕2号）第八十五条则明确了计算公式：

不得扣除利息支出＝年度实际支付的全部关联方利息×（1－标准比例÷关联债资比例）

其中：金融企业标准比例为5∶1；其他企业标准比例为2∶1。

关联债资比例是指根据《中华人民共和国所得税法》第四十六条及《中华人民共和国所得税法实施条例》第一百一十九的规定，企业从其全部关联方接受的债权性投资（包括关联方以各种形式提供担保的债权性投资）占企业接受的权益性投资的比例。

（3）资金统借统还应注意的事项。

①统借统还的双方应为隶属关系，必须是集团公司和子公司、分公司的关系。

②统借统还的资金来源必须是金融机构提供的借款，小额贷款公司提供的资金不符合文件规定的"资金统借统还"条件。

③集团公司必须取得金融机构的利息收入发票，才可以在企业所得税前扣除相关财务费用。

④集团公司收取子公司的利息，其利率不高于金融企业同期同类贷款利率，可以是等于和低于金融企业同期同类贷款利率，一旦高于就不能享受此政策，需要全额缴纳增值税。

（二）集团企业的"资金池"管理

资金池是企业集团借助商业银行现金管理服务和网络通信技术，对集团内各分支机构的现金进行统一调度、集中运作的一种资金管理模式。目前各类银行的资金池产品主要包括实时现金池、定时现金池和虚拟平等现金池（非财务公司模式）。

（1）实时现金池。

实时现金池指的是在不放大整个集团公司在银行存款的前提下，实现以资金实时集中和动态共享为核心的实时联动流动资金管理。这种模式适用于集团公司总部对下属分、子公司财务控制需求较强，需要实时掌握和管控子账户资金的集团客户。这种模式下资金的集中管理不影响成员单位的独立经营，能够保持下属成员单位日常结算的独立性。

（2）定时现金池。

定时现金池指的是为集团公司内部不同层级单位银行结算账户间建立的，

实现资金定时归集和下拨的流动资金管理。定时现金池适用于集团公司总部对下属分、子公司财务控制需求不强烈，但需要定时控制资金调拨的企业。这种模式既可以保证公司总部对整个集团资金的适度集中管理，又可以保持下属成员单位日常结算的相对独立性。

（3）虚拟平等现金池。

虚拟平等现金池指的是银行为集团公司提供的，在集团成员单位账户资金不发生物理转移的前提下，实现集团内部资金虚拟集中，实现共享的组合型现金管理。一般适用于集团公司总部对下属分、子公司控制力较弱的企业。这种模式，在实体资金不转移的前提下，构建实时的额度，满足管控要求。

二、物资统一供应

建筑企业建材物资消耗较大，如果由各项目部采购，不利于资金使用、不利于价格谈判，由公司统一采购管理，产生的规模化效应能够节省资金，便于内部更科学地调度内部单位物资需求。物资统供主要分为两种模式：第一种模式是总公司统一与供应商谈判价格，内部单位分别与供应商签订合同或总公司统一采购再内部调拨；第二种模式是由总公司设立专业的物资设备采购管理公司，以分公司或子公司的形式运作。

（一）公司总部统一采购再调拨给内部单位

1. 公司总部统一采购，调拨给各项目部使用

建筑企业公司总部如果统一采购原材料，再将原材料调拨给各工程项目使用，项目部从公司领取原材料时，根据内部自制的材料结算单、到货点验单的凭据借记"原材料"科目，贷记"内部往来""银行存款"等科目；项目部在材料消耗时，根据自制的领料单、出库单等凭据借记"合同履约成本——工程施工——材料费"等科目，贷记"原材料"科目。

【案例5-17】 铁蛋建筑公司由采购部门统一招标采购物资，再由采购部门根据各工程项目提交的材料需用计划向各项目调拨材料。2022年1月，采购部向钢蛋钢筋公司采购了一批钢筋，货款总计1130万元，取得4张增值税专用发票，其中价款共计1000万元，增值税额130万元，款项尚未支付。南溪书院项目领用500万元钢筋，半亩方塘苑项目领用了400万元钢筋，两个项目领用的钢筋在当月已全部用于工程实体部位的施工作业中，两个项目均

适用一般计税方法计税。假设铁蛋公司采用分级核算模式，两级组织的会计处理如下：

（1）铁蛋公司采购钢筋并点验入库。

借：原材料——钢筋 10 000 000

应交税费——应交增值税（进项税额） 1 300 000

贷：应付账款——材料款（钢蛋钢筋公司） 11 300 000

（2）铁蛋公司向两个项目调拨钢筋。

借：内部往来——南溪书院项目 5 000 000

内部往来——半亩方塘苑项目 4 000 000

贷：原材料——钢筋 9 000 000

（3）南溪书院项目部收到公司调拨钢筋并领用出库。

借：原材料——钢筋 5 000 000

贷：内部往来——公司 5 000 000

借：合同履约成本——工程施工——材料费 5 000 000

贷：原材料——钢筋 5 000 000

（4）半亩方塘苑项目收到公司调拨钢筋并领用出库的会计处理。

借：原材料——钢筋 4 000 000

贷：内部往来——公司 4 000 000

借：合同履约成本——工程施工——材料费 4 000 000

贷：原材料——钢筋 4 000 000

2. 总公司集中采购材料设备，再调拨给分公司使用

（1）"统谈、分签、分供、分付"模式。

"统谈、分签"模式，实质上是由建筑业总公司与材料供应商进行统一谈判，利用自己的品牌效应、企业性质背景、信誉度等优势统一议定材料采购价格，而"分供、分付"由各分、子公司及其项目部根据实际需要的材料类别、用量及供应进度与供应商直接签订买卖合同。而"分供、分付"则由各分、子公司直接向供应商支付款项，收取其开具的增值税发票。事实上属于一种管理模式而非经营模式，因为总公司并未实际经营材料购销业务，也并未实际参与材料调拨工作。

（2）总公司转售材料模式。

除了前述由总公司统一谈判，按照不同分、子公司及所属项目的需求分

别签订采购合同、分别支付款项的管理模式外，部分建筑业总公司集中采购材料设备，再调拨给分公司使用，但实际上并未加价销售。总公司与分公司分别在不同县（市）的，总公司应当向分公司开具相应发票，缴纳增值税（总公司不论在会计上是否确认收入，都需要缴纳增值税。）如果总公司向分公司调拨的钢筋属于平价调拨，即采购成本等于销售收入，则对总公司增值税税负、企业所得税税负几乎没有影响。

①总公司采购物资。

借：原材料等科目

应交税费——应交增值税（进项税额）

贷：应付账款、银行存款等科目

②总公司向分公司调拨物资。

借：内部往来或其他应收款

贷：原材料等科目

应交税费——应交增值税（销项税额）

（二）设立采购"夹层"公司

建筑企业是否应该设立物资设备管理公司（独立法人），主要考虑四个因素：第一，是否有利于降低物资采购、租赁价格；第二，是否能够因集中、规模化采购而有效利用部分融资工具；第三，是否有利于剥离部分涉税风险，例如，因供应商虚开发票给建筑企业带来损失和影响，包括纳税信用等级评定影响、留抵退税的影响、投标影响、银行授信、民事诉讼风险影响等；第四，是否有利于税收筹划，例如分离出来的物资设备公司能够享受企业所得税小微企业的税收优惠、注册地的招商引资奖励等。

1. 代购平台（利润中心）模式

建筑企业可以设立独立法人单位负责整个集团下属企业、项目的物资管理，但并不直接负责采购、转售业务，不垫付采购资金，仅作为一个供应商筛选平台，提供价格谈判、信息参考、办理采购手续等服务，事实上相当于建筑企业外设的一个"利润中心"，有利于建筑主体公司的利润分解和采购业务业绩的独立考核。

在会计处理上，这类平台或"利润中心"属于代理业务，按照代理合同约定的结算时点确认代理服务收入。如果规模不大，可以选择适用《小企业会计准则》，确认收入时借记"应收账款"等科目，贷记"主营业务收入""应交税费"等科目。

【案例 5-18】 钢蛋贸易信息服务公司（以下简称"钢蛋信息公司"）为铁蛋建筑集团公司（以下简称"铁蛋集团"）的全资子公司，属于增值税一般纳税人。2022年1月1日，与铁蛋集团公司签订代购建材协议（即代理服务合同），合同约定钢蛋信息公司参与建材供应商的选择、价格谈判，并办理代购手续，按照每一笔代购物资总价的 0.5% 收取代理服务费，月底统一办理结算手续。合同约定由铁蛋集团公司与供应商签订合同、支付款项，由供应商向其直接开具相应发票。2022年2月18日，铁蛋集团公司某直营项目委托钢蛋信息公司采购了一批钢筋，价税合计 113 万元，钢筋已经运送至项目地并由项目部相关人员点验入库。钢筋公司向铁蛋集团公司开具了相应金额的增值税专用发票（其中价款 100 万元，进项税额 13 万元），款项已转账支付。2022年2月25日，向铁蛋集团公司按照合同约定向钢蛋信息公司办理代理服务款项结算手续，当月结算金额 5.65 万元，钢蛋信息公司开具了相应金额的增值税专用发票（其中价款 5.33 万元，增值税款 0.32 万元），但款项尚未支付。假设铁蛋集团公司执行《企业会计准则》，钢蛋信息公司执行《小企业会计准则》，会计处理如下：

（1）铁蛋集团公司采购钢筋点验入库。

借：原材料——钢筋   1 000 000

  应交税费——应交增值税（进项税额） 130 000

  贷：银行存款   1 130 000

（2）铁蛋集团公司与钢蛋信息公司办理代理服务费结算手续。

借：合同履约成本——工程施工——间接费用 53 300

  应交税费——应交增值税（进项税额） 3 200

  贷：应付账款   56 500

（3）钢蛋信息公司与铁蛋集团公司办理月度代理费结算

借：应收账款   56 500

  贷：主营业务收入   53 300

    应交税费——应交增值税（销项税额） 3 200

笔者提醒，上述平台公司必须实际运营，是建筑企业把内部招投标管理部门、成本管理部门、物资采购管理部门的一部分人员作专业分流处理，独立组建一个为集团内部单位优化采购业务而存在的一个链条公司，而不是将其作为一个"开票公司"操作，严禁虚开发票。

2. "夹层"公司经销模式

这种模式与前述平台公司模式不同，这类业内一般称之为"夹层公司"，就是为了分解建筑业主体业务而存在的特定载体。这类业务公司属于实体经营，并不是只提供代理服务，在物资采购商属于"先买后卖"即经销商的角色。通过物资采购公司集中采购降低采购成本，相当于建筑企业将规模化采购节约的成本所形成的利润留在了物资采购公司。

【案例 5-19】 铁蛋建材公司为铁蛋建筑集团公司的全资子公司，属于增值税一般纳税人。2022 年 1 月 1 日采购了一批钢筋，价税合计 101.7 万元，取得相应金额的增值税专用发票（其中价款 90 万元，进项税额 11.7 万元），款项已转账支付。当月 10 日向铁蛋建筑集团公司销售了一批钢筋，已经将钢筋运送至指定项目部。双方已办好材料到货点验手续，价税合计数为 113 万元。款项未收到，但已经开具了增值税专用发票。假设铁蛋建材公司执行《小企业会计准则》，会计处理如下。

（1）采购钢筋验收入库时的会计处理。

借：库存商品——钢筋 900 000
　　应交税费——应交增值税（进项税额） 117 000
　　贷：银行存款 1 017 000

（2）销售钢筋时的会计处理。

借：应收账款 1 130 000
　　贷：主营业务收入 1 000 000
　　　　应交税费——应交增值税（销项税额） 130 000

笔者提醒，上述铁蛋建材公司与铁蛋建筑集团公司属于关联企业，双方的材料销售定价应当符合公平交易原则，不能过低，也不能过高，否则将有可能面临税务调整的风险。

第六章　建筑企业重组环节的财税处理

　　企业重组，是指企业在日常经营活动以外发生的法律结构或经济结构重大改变的交易，包括企业法律形式改变、债务重组、股权收购、资产收购、合并、分立等。企业重组的过程中将涉及许多复杂的财税问题，本章将针对企业的增减资、股权转让、企业合并与分立、债务重组过程中涉及会计处理与税务处理展开论述。

第一节 企业增资与减资的财税处理

建筑企业基于各种经营动机和商业目的，通过增资扩股或者减资缩股等并购重组方式，优化其资本结构、扩大或收缩资本及生产经营规模，以此满足经营发展的需求，以适应市场环境的快速变化。

一、增资扩股与债转股

企业在规模发展的过程中有可能会出现资金紧张的情况，缓解资金压力往往需要通过融资来处理。融资的途径不外乎两个，即债权性融资和股权性融资，而增资扩股即属于股权性融资。增资扩股，狭义上是指企业向社会募集股份、发行股票、新股东投资入股或原股东增加投资扩大股权，从而增加企业的资本金。广义上应该包括其他含义，增加企业现有资本；增加现有股东对企业所享受的权益；增加企业的资产或者减少负债。

（一）增资扩股的财税处理

增资扩股一般分为三种情况：第一是企业原有的出资主体部分或全部主体共同向企业追加出资；第二是原有出资主体以外的其他主体向企业新增出资；第三是原有出资主体及新出资主体共同向企业出资。如果是第一种情况，原有出资主体按照其所持有的股权比例同比例追加出资，则不会改变其股权结构；如果只是部分出资主体追加或者是不按照原持股比例同比例追加出资的，则股权结构将发生变化。第二种和第三种增资扩股一般都会引起股权结构变动。

1. 增资扩股会计处理

增资扩股事项在会计处理上应当按照增资及股东的具体出资方式进行会

计核算。如果是投资者追加投资，企业要根据投资人具体投资的资产类别，分别借记"银行存款""固定资产""无形资产"等科目；按其注册资本或者股本所占的份额，贷记"实收资本"或"股本"科目；存在差额的，按其差额贷记"资本公积——资本溢价"或"资本公积——股本溢价"科目。如果是以所有者权益项目来转增资本的，即用资本公积、留存收益项目转增资本的，分别借记"资本公积——资本溢价"或"资本公积——股本溢价"科目，"法定盈余公积""任意盈余公积""利润分配——未分配利润"等科目，贷记"实收资本"或"股本"科目。注意，非资本（股本）溢价的资本公积，不能用于转增资本。

【案例 6-1】 2022 年 1 月，北京钢蛋分包有限公司账面净资产 5 500 万元，其中：实收资本 5 000 万元，留存收益 500 万元，林钢蛋持股 100%。当月钢蛋分包公司决定增资扩股，吸收上海铁蛋建筑公司为新股东。铁蛋建筑公司以货币资金的形式投资 1 300 万元到钢蛋分包公司，假设铁蛋建筑公司对钢蛋分包公司增资后，钢蛋分包公司的股权结构：钢蛋持股 80%、铁蛋建筑公司持股 20%，即铁蛋建筑公司的投资款中的 1 250 万元记入实收资本，其余 50 万元记入资本公积。

①铁蛋建筑公司会计处理。

借：长期股权投资　　　　　　　　　　　　　　13 000 000
　　贷：银行存款　　　　　　　　　　　　　　　13 000 000

②钢蛋分包公司会计处理。

借：银行存款　　　　　　　　　　　　　　　　13 000 000
　　贷：实收资本　　　　　　　　　　　　　　　12 500 000
　　　　资本公积——资本溢价　　　　　　　　　　　500 000

2. 增资扩股涉税事项

（1）留存收益转增资本涉税事项。

企业以其留存收益转增资本，其股东有可能会涉及企业所得税和个人所得税事项。针对不同股东身份涉及的税种不同，法人股东可能会涉及企业所得税事项，自然人以及个体工商户、个人独资企业的出资人可能会涉及个人所得税事项。但根据《中华人民共和国企业所得税法》第二十条规定，符合条件的居民企业之间的股息、红利等权益性投资收益①，为免税收入。按上述规定，居民企业之间的权益性投资收益属于免税收入，在这种情况下企业的法人股东使用投资收益转增资本无须承担企业所得税。

被投资企业如果以其留存收益直接转增资本，其留存收益归属自然人股东的利益的，自然人股东应当适用"股息、红利所得"按 20% 的税率缴纳个人所得税。只有在特殊情况下法律会给予相关个人减征、免征或者延期征收的待遇，这里不做展开。

（2）资本公积转增资本涉税事项。

以资本公积转增资本，自然人股东和法人股东在税务上均不确认为收入，即被投资企业以资本公积转增资本，不会增加法人股东企业所得税和自然人股东个人所得税税负。除此之外，根据《国家税务总局关于股份制企业转增股本和派发红股免征个人所得税通知》（国税发〔1997〕198 号）的相关规定，股份制企业用资本公积转增股本的，不属于股息、红利性质的分配，对个人取得的转增股本数额，不作为个人所得，不征收个人所得税。

（二）债转股的财税处理

债转股，即债权转为股权或者债务转为资本。从债权人的角度看，是指债权人将其所享有的对债务人企业的债权作为出资工具依法变更为对原债务人企业所持有股权的法律行为；从债务人的角度看，指债务人将其债务转换为其资本，原债权人同时变更为出资人的法律行为。

1. 债权人什么情况下可以债转股

根据《公司注册资本登记管理规定》第七条：

债权人可以将其依法享有的对在中国境内设立的公司的债权，转为公司股权。转为公司股权的债权应当符合下列情形之一：

（1）债权人已经履行债权所对应的合同义务，且不违反法律、行政法规、国务院决定或者公司章程的禁止性规定；

---

① 根据《中华人民共和国企业所得税法实施条例》第八十三条 企业所得税法第二十六条第（二）项所称符合条件的居民企业之间的股息、红利等权益性投资收益，是指居民企业直接投资于其他居民企业取得的投资收益。企业所得税法第二十六条第（二）项和第（三）项所称股息、红利等权益性投资收益，不包括连续持有居民企业公开发行并上市流通的股票不足 12 个月取得的投资收益。

（2）经人民法院生效裁判或者仲裁机构裁决确认；

（3）公司破产重整或者和解期间，列入经人民法院批准的重整计划或者裁定认可的和解协议。

用以转为公司股权的债权有两个以上债权人的，债权人对债权应当已经做出分割。债权转为公司股权的，公司应当增加注册资本。

2. 债转股与增资扩股的差异

债转股和增资扩股虽然都是广义上的增资扩股，但是存在较大差异。增资扩股只会引起股权结构变动甚至不变动，有可能属于认缴出资，"实收资本"有可能暂不发生变化；而债转股必然引起股权结构变动，债转股属于实缴出资，将引起"实收资本"的变化；债转股还将影响目标企业的债务结构，降低资产负债率；债转股属于债务重组，在重组的过程中目标企业可能会出现债务重组收益或者损失的情形。

3. 债转股的会计处理

企业债务重组将债务转为资本的，应按照重组债务的账面余额，借记"应付账款"等科目，按债权人因放弃债权而享有本企业股权或股份的面值总额，贷记"实收资本"或"股本"科目；按股权或股份的公允价值总额与相应的实收资本（股本）之间的差额，借记"资本公积——资本溢价"或"资本公积——股本溢价"等科目，按期差额贷记"其他收益——债务重组利得"科目。

【案例 6-2】 2022 年 1 月，钢蛋地产置业公司尚欠铁蛋建筑公司工程进度款 5 000 万元，由于钢蛋地产公司资金困难可能长时间无法按合同约定支付进度款和结算款，经双方友好协商签订债转股协议，钢蛋地产公司决定将铁蛋建筑公司对其自己的债权转成股权，铁蛋建筑公司将对钢蛋地产公司的债权 5 000 万元折成 4 900 万元股权。暂忽略其他税费影响因素，双方会计处理如下。

（1）钢蛋地产公司会计处理。

借：应付账款——工程进度款　　　　　　　　　50 000 000

　　贷：实收资本——铁蛋建筑公司　　　　　　　49 000 000

　　　　其他收益——债务重组利得　　　　　　　 1 000 000

（2）铁蛋建筑公司会计处理。

借：长期股权投资   49 000 000

  投资收益——债务重组损失   1 000 000

  贷：应收账款——工程进度款   50 000 000

4. 债转股涉税事项

债转股属于企业债务重组，债务重组利得有可能涉及企业所得税。根据《财政部 国家税务总局关于企业重组业务企业所得税处理若干问题的通知》（财税〔2009〕59 号）的有关规定，发生债权转股权的，应当分解为债务清偿和股权投资两项业务，确认有关债务清偿所得或损失。如果债务人以非货币资产清偿债务还有可能涉及增值税。关于企业债务重组的涉税问题后续章节将详细阐述，这里暂不展开。

二、减资缩股

"减资缩股"其实是一种概括性称谓。从某种程度上说，企业的资本运营无非资本扩张和资本收缩两个类型。企业合并、增资扩股等并购重组事项，是企业扩张的主要方式；而企业分立、减资缩股并购重组事项，属于企业收缩的主要方式。

（一）减资缩股的类别

减资缩股，从企业的角度而言是指减少其注册资本；缩股是从股东的角度而言减少股东持有的出资金额或份额。重点在于"减资"，"缩股"事实上很有可能对固定的账面权益并没有任何影响，即不影响其持股比例，只是份额减少了，但每股净资产价值却提升了。减资缩股主要分为实质性减资和名义性减资两类。

1. 实质性减资

实质性减资，是指在减少企业账面资本的同时，减少与此等额的公司资产，并将这些资产返还股东或划转他人。一般只是在未出现亏损，而是出于调整过多资本和分离部门的目的进行减资时采用。例如，企业依法拆分为两个或两个以上企业，即为了将部分资本及资产从企业剥离的行为，实质性减资行为会导致企业净资产减少。

2. 名义减资

名义性减资，是指只是企业减少注册资本数额，而账面财产并不相应减少，故不能向股东返还，也无法向他人划转资产。名义减资主要通过减少股份数量和减少股票面额来实现，在弥补账面亏损时采用。名义性减资不会导致企业净资产减少，在实务中经常遇到的减资大部分都属于名义性减资。

(二) 减资的程序

减资的程序应当按照有关法律法规规定执行。根据《中华人民共和国公司登记管理条例》第三十一条规定：

> 公司减少注册资本的，应当自公告之日起 45 日后申请变更登记，并应当提交公司在报纸上登载公司减少注册资本公告的有关证明和公司债务清偿或者债务担保情况的说明。

依据现行法律公司制企业减资的基本程序，如图 6-1 所示。

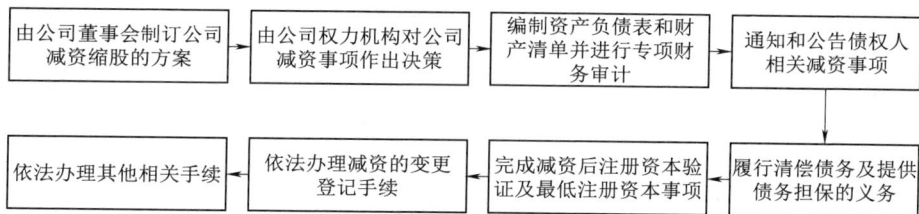

图 6-1 企业减资程序

关于完成减资后注册资本的验证及最低注册资本事项，根据《公司注册资本登记管理规定》第十一条规定"公司减少注册资本，应当符合《公司法》规定的程序。法律、行政法规以及国务院决定规定公司注册资本有最低限额的，减少后的注册资本应当不少于最低限额"。换句话说，即实行实缴制的公司制企业，减资后的注册资本依然要符合实缴制的最低限制要求。对于实行认缴制的公司制度企业，减资的注册资本下限，由公司结合自身实际情况自行决策，法律并无禁止规定。

(三) 减资缩股的财税处理

减资缩股的会计处理因公司减资的形式不同有所差异。公司制企业减资的会计处理原则，相当于以企业原有的部分注册资金冲抵（弥补）其经营亏损的账务处理行为，或者可将其视为原有的部分注册资金结转至资本公积或盈余公积账户的会计核算行为。

公司制企业发生名义性减资，进行会计处理时，借记"实收资本"科目，贷记"利润分配——未分配利润""资本公积""盈余公积"等科目；若发生实质性减资，进行会计处理时，应该借记"实收资本"科目，贷记"银行存款""库存现金"等科目。

【案例 6-3】 铁蛋建筑公司登记注册资本 5 000 万元，实缴注册资金 3 000 万元。2020 年年初至 2021 年年底，由于受公共卫生事件及房地产市场行情影响，公司经营压力较大。2022 年 1 月，铁蛋建筑公司决定收缩经营规模，进行实质性减资 1 000 万元。暂不考虑其他因素，会计处理如下。

借：实收资本   10 000 000

  贷：银行存款   10 000 000

发生实质性减资时，企业可以货币或其他实物资产向股东退股。企业若以非货币性资产向股东退股，将涉及非货币性资产交易，类似于债务重组中以实物资产清偿债务的行为，存在涉税事项。

第二节　股权转让及企业合并、分立的财税处理

股权并购是企业并购重组的一种基本模式。股权并购也称股权交易，是指一方通过购买另一方对目标企业所持有的出资从而成为目标企业出资人股东的法律行为。企业合并，是企业并购重组、整合资源、快速进入新领域的重要方式与途径。企业合并会直接增加并购方的资产及资本总额，这与企业增资的结果相类似。企业分立，是企业合并的逆向情形，会直接导致其资产和资产资本总额的减少，这与企业减资的效果雷同。

一、股权转让财税处理

股权转让本质上是股权与转让价款之间的对价交易，但股权转让合同的特殊性在于转让标的是股权，股权不同于一般的产品或者服务，其实质是股东基于投资而享有的资产收益，参与重大决策和选择管理者等综合权利的。故而《公司法》中对于股份公司和有限责任公司的股权转让规定有所差异，笔者暂不对其差异进行相关阐述，本节只谈及股权转让的涉税及会计处理。

（一）股权转让涉税事项

建筑业企业与其他行业一样，在股权转让的过程中必然存在涉税事项。有可能涉及印花税、企业所得税、个人所得税等税务处理，无论是法人与自然人之间的股权转让还是自然人与自然人之间的股权转让，均不涉及增值税。

1. 股权转让涉及的印花税

股权转让的印花税应税税目为"产权转移书据"，应按照股权转让书据（不包括应缴纳证券交易印花税的）缴纳印花税，按照价款的万分之五缴纳印花税。

2. 股权转让涉及的企业所得税与个人所得税

（1）法人股东向其他法人、个人转让股权。

公司制企业的法人股东转让其持有的公司股权，应当按照"转让财产收入"缴纳企业所得税。根据《国家税务总局关于贯彻落实企业所得税法若干税收问题的通知》（国税函〔2010〕79号）的规定，企业转让股权收入，应于转让协议生效、且完成股权变更手续时，确认收入的实现。转让股权收入扣除为取得该股权所发生的成本后，为股权转让所得。企业在计算股权转让所得时，不得扣除被投资企业未分配利润等股东留存收益中按该项股权所可能分配的金额。

（2）个人向法人单位、其他个人转让股权。

个人向其他个人或法人单位等转让持有公司的股权，转让方应缴纳个人所得税。根据《国家税务总局关于发布〈股权转让所得个人所得税管理办法（试行）〉的公告》（国家税务总局公告2014年第67号）有关规定，个人转让股权，以股权转让收入减除股权原值和合理费用后的余额为应纳税所得额，按"财产转让所得"缴纳个人所得税。合理费用是指股权转让时按照规定支付的有关税费。个人股权转让所得个人所得税，以股权转让方为纳税人，以受让方为扣缴义务人。

个人向其他个人转让股权如果属于平价、折价、无偿转让，该行为不触及其他法律，且具备合理理由的，无须缴纳个人所得税。根据《国家税务总局关于发布〈股权转让所得个人所得税管理办法（试行）〉的公告》（国家税务总局公告2014年第67号）第十三条的规定，如果符合以下情形的无偿转让股权，可不征收个人所得税：继承或将股权转让给其能提供具有法律效力身份关系证明的配偶、父母、子女、祖父母、外祖父母、孙子女、外孙子女、兄弟姐妹以及对转让人承担直接抚养或者赡养义务的抚养人或者赡养人。除以上情形外的亲属之间股权转让，若申报的转让收入明显偏低且无正当理由的，税务机关可以核定其转让收入并计征个人所得税。

上述公告所列直系亲属之间的股权转让，只要不违反其他相关法律，不损害其他单位和个人合法财产安全，可以折价、低价、无偿转让其所持有的公司股权。根据上述公告的规定，符合下列情形之一，且没有正当理由的，视为股权转让收入明显偏低。

①申报的股权转让收入低于股权对应的净资产份额的。其中，被投资企业拥有土地使用权、房屋、房地产企业未销售房产、知识产权、探矿权、采矿权、股权等资产的，申报的股权转让收入低于股权对应的净资产公允价值份额的。

②申报的股权转让收入低于初始投资成本或低于取得该股权所支付的价款及相关税费的。

③申报的股权转让收入低于相同或类似条件下同一企业同一股东或其他股东股权转让收入的。

④申报的股权转让收入低于相同或类似条件下同类行业的企业股权转让收入的。

⑤不具合理性的无偿让渡股权或股份。

⑥主管税务机关认定的其他情形。

个人股权转让收入明显偏低且无正当理由的，主管税务机关可以核定股权转让收入。

（二）股权转让会计处理

法人转让股权或者接受股权转让，应该通过"长期股权投资"科目并依据《企业会计准则》或《企业会计制度》的有关规定，对股权投资金额的增减变化进行会计核算。

【案例6-4】 2022年1月，铁蛋建筑公司将持有钢蛋材料公司40％股权转让给铜心建筑公司，转让价款900万元。在股权转让手续办理妥当日，钢蛋建材公司的注册资本600万元，其公司的账面实收资本600万元，"资本公积——资本溢价"200万元（其中：铁蛋建筑公司出资100万元），"资本公积——其他资本公积"120万元，"盈余公积"80万元，"未分配利润"200万元。

假设上述公司均属于增值税一般纳税人,企业所得税税率均为25%,不考虑其他税收优惠,其会计处理应如何操作。

(1) 股权转让方的会计处理。

分析:作为股权转让方,铁蛋建筑公司的长期股权投资成本应按照钢蛋建材公司账面实收资本与其股权占比计算,同时加上"资本公积——资本溢价"中铁蛋建筑公司出资的部分,因此铁蛋建筑公司对钢蛋建材公司的长期股权投资成本为340万元(600×40%+100);同理计算出铁蛋建筑公司对钢蛋建材公司的长期股权投资损益调整为112万元(80×40%+200×40%);其他权益变动为48万元(120×40%);投资收益为400万元(900-340-112-48)。会计处理如下。

借:银行存款   9 000 000

  贷:长期股权投资——成本(钢蛋建材公司) 3 400 000

      ——损益调整(钢蛋建材公司) 1 120 000

      ——其他权益变动(钢蛋建材公司)

                 480 000

  投资收益   4 000 000

(2) 股权受让方的会计处理。

作为股权受让方,铜心建筑公司的会计处理比较简单,对于铜心建筑公司来说,是用货币资金投资了一家企业取得了目标企业的部分股权,如果没有其他特殊情况,货币资金投资不涉及其他税费问题。一般情况下,受让方铜心建筑公司实际支出的资金,大于其对股权转让目标公司钢蛋建材公司所享受的所有者权益份额,则不做调整;如果实际支出小于其享受钢蛋建材公司的所有者权益份额,则记入营业外收入科目。会计处理时,借记"长期股权投资"科目,贷记"银行存款"科目。

借:长期股权投资——成本(钢蛋建材公司) 9 000 000

  贷:银行存款   9 000 000

(3) 股权转让目标公司——钢蛋建材公司的会计处理。

对于股权转让目标公司钢蛋建材公司来说,只是股东发生了变化,其他相关事项并未变化。股东之间的股权溢价转让的涉税问题,由转让方与受让方之间进行即可,股权转让所涉及的资金由转让方铁蛋建筑公司与受让方铜心建筑公司自行交易结算,无须通过钢蛋建材公司交易。

借：实收资本——铁蛋建筑公司

2 400 000（6 000 000×40％）

贷：实收资本——铜心建筑公司

2 400 000（6 000 000×40％）

注意，上述股权转让事宜，铁蛋建筑公司与铜心建筑公司为上述行为的印花税纳税义务人，股权转受双方应当按照产权转移书据缴纳印花税。如果钢蛋建材公司承担了该印花税，则不得在企业所得税税前列支扣除。

（三）股权转让合同的涉税风险

股权转让合同，是指股权转让方就股权转让中双方各自权利义务关系和达成的协议。股权转让合同本质上是股权与转让价款之间的对价交易，其是股东基于投资而享有的资产收益、参与重大决策和选择管理者等综合权利。

1. 股权转让合同注意事项及涉税条款

股权转让合同不是《民法典》中规定的典型合同，除了典型合同的相关条款以外，应当特别注意股权转让价款的约定。股权转让价款是股权转让合同的核心条款，受让方尤其要注意关于转让价款当中涉及税费，以及办理股权变更登记当中需要缴纳的其他费用如何承担的问题。

从纳税义务角度上说，转让的股权价格如果属于溢价转让，转让方为纳税义务人，需要缴纳企业所得税或个人所得税。但是，很有可能双方在股权转让协议中约定由受让方承担全部税款，由受让方承担税款并没有改变纳税义务人，只是让受让方最终承担了这笔资金，该条款不违反法律、行政法规强制性规定，属于有效合同条款。法律、法规对于纳税义务人的规定与税款的实际承担者是两个不同的概念。因此，在签订股权转让协议时必须明确合同价款是否含税，包含哪些税费，税费由哪一方承担，以免引起不必要的纠纷。

2. 认缴制下未履行出资义务，可否转让股权

在实务中，很多建筑企业在设立公司时注册资金上可能属于认缴制，股东并未按照登记的注册资金实际向公司转让款项。若此，原股东在转让股权时还未完成的出资义务，可否转让股权？受让方是否有义务承担？我们先看一个判例。

亚急配国际物流（上海）有限公司与龚某敏股东出资纠纷二审民事判决

书（上海市第二中级人民法院（2017）沪02民终2006号："一审法院认为，龚某敏将持有的亚急配公司股权转让给其他股东后不应承担补足出资的义务，理由如下：根据查明的事实，2013年9月2日，龚某敏分别与亚急配公司及各股东签订股权转让协议书补充协议，协议系各方的真实意思表示，合法有效，其效力应予以确认。涉案股权争议系发生于亚急配公司股东之间的内部转让，公司以及全体股东不但明知且参与交易过程，充分了解龚某敏在转让股权之前对亚急配公司的出资状况。

"各方在上述协议中约定，股权转让前及转让后公司的债权债务由公司依法承担，如果依法追及股东承担赔偿责任或连带责任的，由新股东承担相应责任。股权转让后，受让方按其在公司股权比例享受股东权益并承担股东义务；转让方的股东身份及股东权益丧失，上述约定意味着受让股东对于龚某敏所享有的股东权益及应承担的股东义务一并按受让比例予以接受，而龚某敏未完成的出资义务亦应按股权转让协议书的约定由各受让股东承担。"

根据上述的裁判观点可知，在实务中认缴制下公司原股东未足额出资且未到出资期限的情形下，原股东是可以转让股权的，相应的权利义务也由受让人即新股东承担。因此，笔者建议股权转让双方应该在股权转让协议中明确约定原出资义务等相关责任问题，以免在股权转让后出现责任纠纷。

二、企业合并与分立的财税处理

根据《中华人民共和国公司法》第九章的相关规定，公司合并是指两个或两个以上的公司依照公司法规定的条件和程序，通过订立合并协议，共同组成一个公司的法律行为。企业分立是企业合并的逆向情形。

（一）企业合并与分立

企业合并，是指两个或者两个以上的已经存续经营的企业，依法互相组合成为一个企业的法律行为。参与合并的一般为公司制企业，如果合并方中有非公司制企业，一般还涉及非公司制企业的改制问题。例如，国有企业、集体企业与公司制企业进行混合所有制改革。企业分立，在财税上是指一家企业将部分或者全部资产分离转让给现存或新设的企业，被分立企业股东换取分立企业的股权或非股权支付，实现企业的依法分立。

1. 企业合并的形式

公司的合并可分为吸收合并和新设合并两种形式。

吸收合并又称存续合并，它是指通过将一个或一个以上的公司并入另一个公司的方式而进行公司合并的一种法律行为。并入的公司解散，其法人资格消失。接受合并的公司继续存在，并办理变更登记手续。吸收合并用公式可以表达为如下方式。

甲建筑公司＋乙建筑公司＋丙建筑公司＝甲建筑公司

新设合并是指两个或两个以上的公司以消灭各自的法人资格为前提而合并组成一个公司的法律行为。其合并结果，原有公司的法人资格均告消灭。新组建公司办理设立登记手续取得法人资格。新设用公式可以表达为如下方式。

甲建筑公司＋乙建筑公司＋丙建筑公司＝丁建筑公司

公司合并时，合并各方的债权、债务，应当由合并后存续的公司或者新设的公司承继。

2. 企业分立的形式

企业分立同样有两种基本形式，即存续分立和解散分立。

存续分立，是指一个企业拆分出一个或者数个新企业，被分拆企业仍然存在。例如甲建筑公司分立为：甲建筑公司、甲建材公司、甲劳务公司，甲建筑公司依然存续。

新设分立，是指将一个企业拆分为两个或者数个新企业，被拆分企业就地解散。例如甲建筑公司分立为：甲建材公司、甲分包公司、甲劳务公司，甲建筑公司解散。

> 根据《公司法》规定，公司分立，应当编制资产负债表及财产清单。公司应当自做出分立决议之日起十日内通知债权人，并于三十日内在报纸上公告。公司分立前的债务由分立后的公司承担连带责任。但是，公司在分立前与债权人就债务清偿达成的书面协议另有约定的除外。

(二) 企业合并的涉税与会计处理

企业合并，在会计处理上分为同一控制下的企业合并和非同一控制下的企业合并。

1. 同一控制下的企业合并会计处理

根据《企业会计准则第 20 号——企业合并》的有关规定，参与合并的企业在合并前后均受同一方或相同的多方最终控制且该控制并非暂时性的，为同一控制下的企业合并。同一控制下的企业合并，在合并日取得对其他参与合并企业控制权的一方为合并方，参与合并的其他企业为被合并方。

同一控制下的企业合并，合并方在企业合并中取得的资产和负债，应当按照合并日在被合并方的账面价值计量。合并方取得的净资产账面价值与支付的合并对价账面价值（或发行股份面值总额）的差额，应当调整资本公积；资本公积不足冲减的，调整留存收益。

同一控制下的企业合并，合并方为进行企业合并发生的各项直接相关费用，包括为进行企业合并而支付的审计费用、评估费用、法律服务费用等，应当于发生时计入当期损益。为企业合并发行的债券或承担其他债务支付的手续费、佣金等，应当计入所发行债券及其他债务的初始计量金额。企业合并中发行权益性证券发生的手续费、佣金等费用，应当抵减权益性证券溢价收入，溢价收入不足冲减的，冲减留存收益。企业合并形成母子公司关系的，母公司应当编制合并日的合并资产负债表、合并利润表和合并现金流量表。

【案例 6-5】 铁蛋建材公司与钢蛋劳务公司同为钢蛋建筑公司的全资子公司，属于会计准则中规定的同一控制下的关联公司。2022 年 1 月，铁蛋建材公司账面的所有者权益总价值为 5 000 万元；当月钢蛋劳务公司所有者权益总价值为 3 115 万元，假设公允价值为 3 150 万元，其他情况见表 6-1。为了整合资源，钢蛋建筑公司转变了经营决策，决定将其拥有的钢蛋劳务公司的股权 100% 转到铁蛋建材公司名下，铁蛋建材公司将其拥有的一批账面价值为 2 000 万元钢筋（市场公允价值 2 200 万元）及银行存款 815 万元作为对价支付给铁蛋建筑公司。假设上述公司均为增值税一般纳税人，非企业所得税小微企业，则会计处理如下。

表 6-1 铁蛋建材公司与钢蛋劳务公司所有者权益构成表　金额单位：万元

项目	铁蛋建材公司	钢蛋劳务公司	钢蛋建筑公司
实收资本	4 500	3 000	10 000
资本公积	150	10	200
盈余公积	50	5	100
未分配利润	300	100	800
合计	5 000	3 115	11 100

分析： 上述合并以后，铁蛋建材公司、钢蛋劳务公司、钢蛋建筑公司均存续经营，属于同一控制下的控股合并事项。铁蛋建材公司支付给母公司钢蛋建筑公司的对价为 3 015 万元（2 200＋815），不存在股权支付情形，适用一般性税务处理原则进行财税处理。

①铁蛋建材公司会计处理如下。

借：长期股权投资——钢蛋劳务公司　　　　　　　　31 150 000

　　贷：原材料——钢筋　　　　　　　　　　　　　　　　20 000 000

　　　　应交税费——应交增值税（销项税额）　　　　　　2 860 000

　　　　银行存款　　　　　　　　　　　　　　　　　　　8 150 000

　　　　资本公积——资本溢价　　　　　　　　　　　　　　140 000

在涉税处理上，根据《财政部 国家税务总局关于企业重组业务企业所得税处理若干问题的通知》（财税〔2009〕59 号）的规定（以下简称"财税〔2009〕59 号规定"），"以非货币资产清偿债务，应当分解为转让相关非货币性资产，按非货币性资产公允价值清偿债务两项业务，确认相关资产的所得或损失"。铁蛋建材公司使用原材料（钢筋）支付股权对价，钢筋的账面价值为 2 000 万元，但公允价值为 2 200 万元，因此铁蛋建材公司应确认资产转让所得 200 万元（2 200－2 000），应调整企业所得税应纳税所得。

同时，根据"财税〔2009〕59 号"的有关规定，收购方取得股权或资产的计税基础应以公允价值为基础确定。铁蛋建材公司取得钢蛋劳务公司股权时以 3 115 万元作为长期股权投资的计税基础，两者产生递延所得税资产 8.75 万元〔（3 150－3 115）×25％〕。会计处理如下。

借：递延所得税资产　　　　　　　　　　　　　　　　　87 500

　　贷：应交税费——应交企业所得税　　　　　　　　　　　87 500

②钢蛋建筑公司财税处理如下。

借：原材料——钢筋　　　　　　　　　　　　　　　　20 000 000

　　应交税费——应交增值税（进项税额）　　　　　　　2 860 000

　　银行存款　　　　　　　　　　　　　　　　　　　　8 150 000

　　贷：长期股权投资——钢蛋劳务公司　　　　　　　　31 150 000

　　　　资本公积——资本溢价　　　　　　　　　　　　　140 000

在涉税处理上，按照"财税〔2009〕59 号"的相关规定，钢蛋建筑公司取得铁蛋建材公司作为对价支付额钢筋，计税基础应该调整为 2 200 万元，并确认递延所得税资产 50 万元［（2 200－2 000）×25%］；会计处理如下。

借：递延所得税资产   250 000

    贷：应交税费——应交企业所得税   250 000

③对于钢蛋劳务公司来说，由于上述合并业务属于控股合并，在会计处理上只需要对"实收资本"科目中股东做调整，不涉及其他税务事项。钢蛋劳务公司会计处理如下。

借：实收资本——铁蛋建筑公司   30 000 000

    贷：实收资本——钢蛋材料公司   30 000 000

2. 非同一控制下的企业合并会计处理

根据《企业会计准则第 20 号——企业合并》的有关规定，参与合并的各方在合并前后不受同一方或相同的多方最终控制的，为非同一控制下的企业合并。

非同一控制下的企业合并，在购买日取得对其他参与合并企业控制权的一方为购买方，参与合并的其他企业为被购买方。购买方应当区别下列情况确定合并成本。

（1）一次交换交易实现的企业合并，合并成本为购买方在购买日为取得对被购买方的控制权而付出的资产、发生或承担的负债以及发行的权益性证券的公允价值。

（2）通过多次交换交易分步实现的企业合并，合并成本为每一单项交易成本之和。

（3）购买方为进行企业合并发生的各项直接相关费用也应当计入企业合并成本。

（4）在合并合同或协议中对可能影响合并成本的未来事项作出约定的，购买日如果估计未来事项很可能发生并且对合并成本的影响金额能够可靠计量的，购买方应当将其计入合并成本。

购买方在购买日对作为企业合并对价付出的资产、发生或承担的负债应当按照公允价值计量，公允价值与其账面价值的差额，计入当期损益。购买方在购买日应当对合并成本进行分配，按照本准则第十四条的规定确认所取得的被购买方各项可辨认资产、负债及或有负债。

非同一控制下的企业合并形成母子公司关系的，母公司应当设置备查簿，记录企业合并中取得的子公司各项可辨认资产、负债及或有负债等在购买日的公允价值。编制合并财务报表时，应当以购买日确定的各项可辨认资产、负债及或有负债的公允价值为基础对子公司的财务报表进行调整。

【案例 6-6】 承上例，铁蛋建材公司与钢蛋劳务公司属于非同一控制下的公司，但钢蛋劳务公司属于钢蛋建筑公司的全资子公司。铁蛋建材公司取得钢蛋劳务公司 100% 的股权，支付条件等其他相关事项不变，则会计处理应如何操作。

分析： 该项业务属于非同一控制的控股合并，合并以后铁蛋建材公司、钢蛋劳务公司、钢蛋建筑公司依然存续，铁蛋建材公司支付给钢蛋建筑公司的对价为原材料和银行存款，不存在股权支付情形，依然适用一般性税务处理原则进行处理。

①铁蛋建材公司会计处理如下：

借：长期股权投资	33 010 000
贷：其他业务收入	22 000 000
应交税费——应交增值税（销项税额）	2 860 000
银行存款	8 150 000
借：其他业务成本	20 000 000
贷：原材料——钢筋	20 000 000

②钢蛋建筑公司的财税处理：

借：原材料——钢筋	22 000 000
应交税费——应交增值税（进项税额）	2 860 000
银行存款	8 150 000
贷：长期股权投资	31 150 000
投资收益	1 860 000

在涉税处理上，钢蛋建筑公司持有钢蛋劳务公司的股权账面价值为 3 115 万元，与其公允价值 3 150 万元之间存在 35 万元差额，这部分差额应当确认为资产转让所得，需要申报缴纳企业所得税。

③钢蛋劳务公司需要将变更股东登记，"实收资本"科目中股东做调整，不涉及其他税务事项。

借：实收资本——钢蛋建筑公司	30 000 000
贷：实收资本——铁蛋建材公司	30 000 000

（三）企业分立的涉税与会计处理

在财税上，企业分立是指一家企业将部分或全部资产分离转让给现存或新设的企业，被分立企业股东换取分立企业的股权或非股权支付，实现企业的依法分立。企业分立以后如何进行会计核算，《企业会计准则》当中未有明确规定，在实务当中存在不同理解，目前仅见部分税务文件对企业分立的涉税处理做出一些具体要求。

新设立的企业应当于企业分立日所接受分割所得的各项资产、各项负债以及所确定的所有者权益项目账面价值，自分立完成日做相应的会计处理。在分立完成日，借记各项资产科目、贷记各项负债科目、"实收资本（股本）""资本公积""留存收益"科目。

被分立企业应根据所剥离出去的各项资产、各项负债以及所有者权益项目，自企业分立日做相应的会计处理。其中被分立企业包括存续分立中的存续企业和新设分立的被解散企业。存续分立中的存续企业需要与新设企业理清各自企业分立日至分立完成日期间相互间的项目变动及损益事宜，并依照上述方法调整相应的会计事项。在分立完成日，借记"实收资本（股本）""资本公积""留存收益"、各项负债科目，贷记各项资产科目。

【案例 6-7】 铁蛋建筑公司于 2022 年 1 月决定剥离出一部分资产设立钢蛋分包公司。在分立基准日，被分立方铁蛋建筑公司账面实收资本 10 000 万元，公允价值 10 100 万元；资产总额为 10 0000 万元。假设资产总额的公允价值为 101 000 万元。分立方钢蛋分包公司，注册资本 1 500 万元，在分立基准日取得资产的账面价值 2 500 万元。假设公允价值 2 600 万元；其中的各项资产为 1 700 万元，假设公允价值为 1 800 万元，剥离的各项负债 800 万元，假设公允价值也为 800 万元，则会计处理应如何操作。

（1）分立方钢蛋分包公司的会计处理。

借：各类资产　　　　　　　　　　　　　　　　　　25 000 000
　　贷：各类负债　　　　　　　　　　　　　　　　　 8 000 000
　　　　实收资本　　　　　　　　　　　　　　　　　15 000 000
　　　　资本公积等相关科目　　　　　　　　　　　　 2 000 000

钢蛋分包公司接受铁蛋分离的资产计税基础应为公允价值 2 600 万元，账面价值 2 500 万元，应确认递延所得税资产 25 万元（［2 600－2 500］×25％)。

借：递延所得税资产 250 000

    贷：所得税费用 250 000

（2）被分立方铁蛋建筑公司的会计处理。

借：实收资本 15 000 000

    资本公积 2 000 000

    各项负债科目 8 000 000

    贷：各项资产科目 25 000 000

（四）建筑业企业合并与分立涉及的资质问题

建筑企业的合并或分立不同于其他行业的地方在于涉及建筑资质管理问题。根据《住房和城乡建设部关于建设工程企业发生重组、合并、分立等情况资质核定有关问题的通知》（建市〔2014〕79 号）以及其他有关法律法规和企业资质管理规定，下列类型的建设工程企业发生重组、合并、分立等情况申请资质证书的，可按照有关规定简化审批手续，经审核注册资本金和注册人员等指标满足资质标准要求的，直接进行证书变更。有关具体申报材料和程序按照《关于建设部批准的建设工程企业办理资质证书变更和增补有关事项的通知》（建市函〔2005〕375 号）等要求办理。

（1）企业吸收合并，即一个企业吸收另一个企业，被吸收企业已办理工商注销登记并提出资质证书注销申请，企业申请被吸收企业资质的。

（2）企业新设合并，即有资质的几家企业，合并重组为一个新企业，原有企业已办理工商注销登记并提出资质证书注销申请，新企业申请承继原有企业资质的。

（3）企业合并（吸收合并及新设合并），被吸收企业或原企业短期内无法办理工商注销登记的，在提出资质注销申请后，合并后企业可取得有效期1 年的资质证书。有效期内完成工商注销登记的，可按规定换发有效期 5 年的资质证书；逾期未提出申请的，其资质证书作废，企业相关资质按有关规定重新核定。

（4）企业全资子公司间重组、分立，即由于经营结构调整，在企业与其全资子公司之间或各全资子公司间进行主营业务资产、人员转移，在资质总量不增加的情况下，企业申请资质全部或部分转移的。

（5）国有企业改制重组、分立，即经国有资产监管部门批准，几家国有企业之间进行主营业务资产、人员转移，企业申请资质转移且资质总量不增加的。

（6）企业外资退出，即外商投资企业（含外资企业、中外合资企业、中外合作企业）外国投资者退出，经商务主管部门注销外商投资批准证书后，工商营业执照已变更为内资，变更后新企业申请承继原企业资质的。

（7）企业跨省变更，即企业申请办理工商注册地跨省变更的，可简化审批手续，发放有效期1年的证书。企业应在有效期内将有关人员变更到位，并按规定申请重新核定。

在重组、合并、分立等过程中，所涉企业如果注册在两个或以上省（自治区、直辖市）的，经资质转出企业所在省级住房和城乡建设行政主管部门同意后，由资质转入企业所在省级住房和城乡建设行政主管部门负责初审。

上述情形以外的建设工程企业重组、合并、分立，企业申请办理资质的，按照有关规定重新进行核定。企业重组、分立后，一家企业承继原企业某项资质的，其他企业同时申请该项资质时按首次申请办理。

发生重组、合并、分立等情况后的企业在申请资质时应提交原企业法律承续或分割情况的说明材料。企业重组、合并、分立等涉及注册资本与实收资本变更的，按照实收资本考核。重组、分立后的企业再申请资质的，应申报重组、分立后承接的工程项目作为代表工程业绩；合并后的新企业再申请资质的，原企业在合并前承接的工程项目可作为代表工程业绩申报。

第三节　企业债务重组的财税处理

债务重组，是指在不改变交易对手方的情况下，经债权人和债务人协定或法院裁定，就清偿债务的时间、金额或方式等重新达成协议的交易。但是在税法上，债务重组，是指在债务人发生财务困难的情况下，债权人按照其与债务人达成的书面协议或者法院裁定书，就其债务人的债务做出让步的事项。实务中，进行债务重组的并不一定是债务方发生财务困难。

一、债务重组的形式

债务重组方式一般包括以资产清偿债务、将债务转为权益工具、修改其他债务条件，以及这三种方式的组合。

（一）以资产清偿债务

以资产清偿债务是指债务人转让其资产给债权人以清偿债务的债务重组方式。债务人用于偿债的资产通常是已经在资产负债表中确认的资产。例如，现金、应收账款、长期股权投资、投资性房地产、固定资产、在建工程、生物资产、无形资产等。债务人以日常活动产出的商品或服务清偿债务的，用于偿债的资产可能体现为存货等资产。

（二）将债务转为权益工具

债务人将债务转为资本，同时债权人将债权转为股权的债务重组方式。但债务人根据转换协议，将应付可转换公司债券转为资本的，则属于正常情况下的债务资本，不能作为债务重组处理。债权人和债务人还可能协议以一项同时包含金融负债成分和权益工具成分的复合金融工具替换原债权债务，这类交易也不属于债务人将债务转为权益工具的债务重组方式。

（三）修改其他债务条件

除前述以资产清偿债务、将债务转为权益工具外，采用调整债务本金、改变债务利息、变更还款期限等方式修改债权和债务的其他条款，形成重组债权和重组债务。经修改其他条款的债权和债务分别形成重组债权和重组债务。

（四）组合方式

组合方式，是采用债务人以资产清偿债务、债务人将债务转为权益工具、修改其他条款三种方式中一种以上方式的组合清偿债务的债务重组方式。例如，债权人和债务人约定，由债务人以部分原材料或存货清偿部分债务，将另一部分债务转为权益工具（如债转股）。

二、债务重组的会计处理原则与涉税处理规定

（一）债务重组的会计处理

根据《企业会计准则第 12 号——债务重组》规定，债务重组采用以资产清偿债务方式，或者采用将债务转为权益工具方式且导致债权人将债权转为对联营企业或合营企业的权益性投资的，债权人初始确认受让的非金融资产应当以成本计量。

债务重组采用债务人以多项资产清偿债务或者组合方式的，债权人应当

首先按照《企业会计准则第 22 号——金融工具确认和计量》的规定，确认和计量受让的金融资产和重组债权，然后按照受让各项非金融资产的公允价值比例，对放弃债权的公允价值扣除受让金融资产和重组债权确认金额后的净额进行分配，并以此为基础分别确定各项资产的成本。放弃债权的公允价值与账面价值之间的差额，应当计入当期损益。

债务重组采用将债务转为权益工具方式的，债务人初始确认权益工具时，应当按照权益工具的公允价值计量；权益工具的公允价值不能可靠计量的，应当按照所清偿债务的公允价值计量。债务人所清偿债务账面价值与权益工具确认金额之间的差额应当计入当期损益。

债务重组采用债务人以多项资产清偿债务或者组合方式的，所清偿债务的账面价值与转让资产的账面价值以及权益工具和重组债务的确认金额之和的差额，应当计入当期损益。

注意，债务人在破产清算期间进行的债务重组不属于《企业会计准则第 12 号——债务重组》规范的范围，应当按照企业破产清算有关会计处理规定处理。

（二）债务重组的涉税处理

1. 企业债务重组涉及的增值税

以非现金资产清偿债务的债务重组中，债务人将非货币性资产用于抵债，属于增值税应税行为，应该申报缴纳增值税并按规定开具相应发票。

2. 企业债务重组涉及的企业所得税

根据《财政部 国家税务总局关于企业重组业务企业所得税处理若干问题的通知》（财税〔2009〕59 号）的有关规定，企业债务重组，相关交易应按以下规定处理。

（1）以非货币资产清偿债务，应当分解为转让相关非货币性资产、按非货币性资产公允价值清偿债务两项业务，确认相关资产的所得或损失。

（2）发生债权转股权的，应当分解为债务清偿和股权投资两项业务，确认有关债务清偿所得或损失。

（3）债务人应当按照支付的债务清偿额低于债务计税基础的差额，确认债务重组所得；债权人应当按照收到的债务清偿额低于债权计税基础的差额，确认债务重组损失。

（4）债务人的相关所得税纳税事项原则上保持不变。

"财税〔2009〕59号"通知第五条规定，企业重组同时符合下列条件的，适用特殊性税务处理规定。

（1）具有合理的商业目的，且不以减少、免除或者推迟缴纳税款为主要目的。

（2）被收购、合并或分立部分的资产或股权比例符合本通知规定的比例。

（3）企业重组后的连续12个月内不改变重组资产原来的实质性经营活动。

（4）重组交易对价中涉及股权支付金额符合本通知规定比例。

（5）企业重组中取得股权支付的原主要股东，在重组后连续12个月内，不得转让所取得的股权。

上述企业重组适用特殊性税务处理是指，企业债务重组确认的应纳税所得额占该企业当年应纳税所得额50%以上，可以在5个纳税年度的期间内，均匀计入各年度的应纳税所得额。企业发生债权转股权业务，对债务清偿和股权投资两项业务暂不确认有关债务清偿所得或损失，股权投资的计税基础以原债权的计税基础确定。企业的其他相关所得税事项保持不变。

3. 企业债务重组涉及的契税

根据《中华人民共和国契税法》的有关规定，以土地、房屋权属抵债的，视同土地使用权转让、房屋买卖或者房屋赠与征税。因此，以非货币性资产清偿债务方式的债务重组中，抵债资产涉及房地产的，债务人承受土地房屋权属时应按规定申报缴纳契税。但根据《财政部 税务总局关于继续执行企业、事业单位改制重组有关契税政策的公告》（财政部 税务总局公告2021年第17号）第七条规定，债权转股权经国务院批准实施债权转股权的企业，对债权转股权后新设立的公司承受原企业的土地、房屋权属，免征契税。

4. 企业债务重组涉及的土地增值税

企业以资产清偿债务的形式进行债务重组的，如果债务方抵债资产涉及房产的，应视同销售房地产申报缴纳土地增值税。

5. 企业债务重组涉及的印花税

如果以"债转股"的形式进行债务重组的，根据《财政部 国家税务总局关于企业改制过程中有关印花税政策的通知》（财税〔2003〕183 号）的有关规定，企业债权转股权新增加的资金按规定贴花。即债务人因债转股增加的所有者权益，按照资金账簿缴纳印花税。

三、建筑企业以物抵债的财税处理

（一）以物抵债的财税处理

在实务中，建筑企业有可能以自产的建材或外购的原材料用于抵偿应付给分供商的货款或者分包款，这是前述债务重组形式中的"以资产清偿债务"。只要出现物资价值与债务金额不对等（不补、不退现金），或抵债的物资账面价值与其公允价值不一致，都有可能涉及债务重组收益或损失。

【案例 6-8】   2022 年 2 月，铁蛋建筑总包公司（增值税一般纳税人）将一批全新采购的钢筋用于抵偿应支付给钢蛋防水分包公司（增值税一般纳税人）的分包款，双方签订了债务重组协议。铁蛋建筑总包公司尚欠钢蛋防水分包公司分包款 250 万元，铁蛋建筑总包公司采购的钢筋账面成本为 200 万元（不含税价），假设市场公允价值也为 200 万元；假设铁蛋建筑总包公司和钢蛋分包公司的企业所得税税率均为 25%，不考虑其他税收优惠，铁蛋建筑总包公司和钢蛋分包公司应该如何进行财税处理？

分析： 以资产清偿债务或者将债务转为权益工具方式进行债务重组的，债权人应当在相关资产符合其定义和确认条件时予以确认。放弃债权的公允价值与账面价值之间的差额，应当计入当期损益。

以资产清偿债务方式进行债务重组的，债务人应当在相关资产和所清偿债务符合终止确认条件时予以终止确认，所清偿债务账面价值与转让资产账面价值之间的差额计入当期损益。

① 债务人铁蛋建筑公司会计处理。

借：应付账款——分包款　　　　　　　　　　　　2 500 000
　　贷：原材料——钢筋　　　　　　　　　　　　　　2 000 000
　　　　应交税费——应交增值税（销项税额）　　　　　260 000
　　　　其他收益——债务重组收益　　　　　　　　　　240 000

②债权人钢蛋分包公司会计处理：

借：原材料——钢筋 2 000 000

    应交税费——应交增值税（进项税额） 260 000

    投资收益 240 000

  贷：应收账款——工程款 2 500 000

在涉税处理上，债务人应当按照支付的债务清偿额低于债务计税基础的差额，确认债务重组所得；债权人应当按照收到的债务清偿额低于债权计税基础的差额，确认债务重组损失。上述案例中，铁蛋建筑公司用于抵偿债务的原材料账面价值与公允价一致，因此债权方和债务方在债务重组利得与损失的金额上不存在税会差异。如果用于抵债的资产账面价值与公允价值不一致，则双方在债务重组的利得与损失上就会存在差异。

【案例 6-9】 承上例，假设该批钢筋的市场价值不含税价为 220 万元，其他条件不变，双方应该如何处理？

①铁蛋建筑公司会计处理如下。

借：应付账款——分包款 2 500 000

  贷：原材料——钢筋 2 000 000

    应交税费——应交增值税（销项税额）

                286 000（2 200 000×13%）

    其他收益——债务重组收益 214 000

②钢蛋分包公司会计处理如下。

借：原材料——钢筋 2 200 000

    应交税费——应交增值税（进项税额） 286 000

    投资收益 14 000

  贷：应收账款——工程款 2 500 000

上述案例在财税处理上并没有太大差异，债权方取得债务方用于抵偿债务的实务资产时，应当以公允价值入账；债权方在进行以物抵债的会计处理时增值税计税基础应当以该实务资产的公允价值作为准。

在会计处理上，债务方铁蛋建筑公司在该债务重组的业务中取得的收益是倒推出来的，即 250－220－28.6＝1.4（万元）。在涉税处理上，债务方铁蛋建筑公司取得的债务重组收益 1.4 万元，包含了两个方面的内容：第一，铁蛋建筑公司用钢筋抵偿债务，企业所得税上要确认视同销售收入和成本，视同销售收入扣除成本后应纳税所得额为 20 万元（220－200）；第二，铁蛋建筑公司应确认债务重组收益 1.4 万元。综上所述，铁蛋建筑公司该项债务重组业务应纳企业所得税为 0.35 万元（1.4×25%）。

在会计处理上，债权方钢蛋分包公司债务重组损失的金额也是倒算出来的，即 250－220－28.6＝1.4（万元），除非放弃取得实物资产的账面价值与公允价值的差异，则差额 20 万元直接计入"投资收益"科目。在涉税处理上，债务方铁蛋建筑公司已经按照视同销售所得 20 万元缴纳了企业所得税，相当于钢蛋分包公司取得钢筋成本从原 200 万元加价为 220 万元，因此钢蛋分包公司在原材料入账处理时应当按照 220 万元入账，债务重组损失为 1.4 万元。

◆ （二）以房抵债的财税处理

除了上述以物抵债的情形外，以房屋建筑施工为主业的建筑企业，经常发生业主方以待售商品房抵偿工程款的情形，事实上都属于债务重组。

如果业主方以待售商品房抵偿工程，业主应当按照销售不动产处理，向建筑企业开具不动产销售发票，建筑企业向业主方正常开具"建筑服务"发票即可。建筑企业根据取得不动产以后的用途确定应计入"开发产品""固定资产""投资性房地产"等科目。

如果建筑企业与业主协商以房抵债时，直接要求业主将房屋抵给自己的分包商或供应商（分供商），则减少了不动产交易环节，减少了建筑企业不动产交易的契税、土地增值税、印花税税负。三方以房抵债的前提是三方存在债权债务关系。三方以房抵债，包含了债权债务转让和以物抵债两个业务。首先是建筑企业将自己对业主方的债权转让给了自己的分供商；其次是将自己对分供商的债务转让给了业主方；最后是业主方以房抵偿债务。

在会计处理上，业主方先按照债权债务转让协议（债权转让通知），借记"应付账款"科目，贷记"其他应付款"科目，相关建安成本按照相关会计制度核算即可。将商品房抵给建筑企业的分供商时，借记"其他应付款"科目，贷记"主营业务收入""应交税费"等科目。

建筑企业根据与业主方和分供商签订的债权债务抵消协议、三方以房抵债协议的约定，借记"应付账款"科目、贷记"应收账款"科目，相关建造合同收入和合同成本按照相关会计制度进行账务处理即可。

建筑企业的分供商在债权债务抵消协议、三方以房抵债协议生效时，借记"其他应收款"科目，贷记"应收账款"科目。当业主方向其销售不动产，双方办理房屋交付手续时，根据房产的公允价值，借记"固定资产""投资性房地产""开发产品""应交税费"等科目，贷记"其他应收款"科目。

三方以房抵债业务模式下，在涉税处理上分供商应按照相关业务向建筑企业开具应税发票；建筑企业向业主方开具建筑服务发票业主方向分供商开具不动产销售发票。三方以房抵债存在债务重组利得或损失的，按照本节前述内容进行处理即可，这里不再赘述。

【案例6-10】　福建铁蛋建筑公司承揽了闽中钢蛋地产公司南溪·半亩方塘书苑总承包工程，该项目适用一般计税方法计税。2022年2月，钢蛋地产公司应付铁蛋建筑公司进度款2 180万元（价款2 000万元，增值税款180万元），其中到期应付工程款为654万元，钢蛋地产公司拟将其待售商品房抵偿该部分工程款，拟抵债的商品房价值654万元（价款600万元，增值税款54万元）。假设市场公允价值也为654万元；铁蛋建筑公司将该总包工程部分分项工程分包给闽中铜心分包公司，该分包工程适用一般计税方法计税，铁蛋建筑公司应付其分包款872万元（价款800万元，增值税款72万元），到期应付分包款为654万元；铁蛋建筑公司与铜心分包公司友好协商后，约定铁蛋建筑公司将钢蛋地产公司拟抵债的商品房直接抵给铜心分包公司。铁蛋建筑公司向钢蛋地产公司送达了债权转让通知书，将以房抵债部分的债权转让给铜心分包公司（654万元），随后三方签订了债权债务抵消协议，协议中约定钢蛋地产公司向铜心支付款项时直接以房抵债。假设合同未约定具体收款日期，不考虑其他税收优惠，三家公司就三方以房抵债的会计处理如下。

（1）闽中钢蛋地产公司会计处理如下。

①钢蛋地产公司对铁蛋建筑公司对工程进行计价（假设铁蛋未开具发票）。

借：开发成本——建安成本（暂估）　　　　　　20 000 000

　　其他应付款——待取得进项税额　　　　　　 1 800 000

　　贷：应付账款（铁蛋建筑公司）　　　　　　21 800 000

②三方签订债权债务抵消协议，铁蛋建筑公司按照抵债金额向其开具发票（654万元）。

借：应交税费——应交增值税（进项税额）　　　 540 000

　　贷：其他应付款——待取得进项税额　　　　　 540 000

借：应付账款（铁蛋建筑公司）　　　　　　　 6 540 000

　　贷：其他应付款（铜心分包公司）　　　　　 6 540 000

③钢蛋地产公司与铜心分包公司办理了房产过户手续，钢蛋地产公司向分包公司开具了相应金额的不动产销售发票（654万元）。

借：其他应付款（铜心分包公司）   6 540 000

贷：主营业务收入   6 000 000

应交税费——应交增值税（销项税额）   540 000

注：暂略销售不动产涉及的印花税、土地增值税等其他税费的处理。

（2）福建铁蛋建筑公司会计处理如下（合同收入按照履约进度确认，暂略）。

①钢蛋地产公司对铁蛋建筑公司进行工程计价时（假设未开具发票）。

借：应收账款——工程进度款   21 800 000

贷：合同结算——价款结算   20 000 000

应交税费——待转销项税额   1 800 000

②铁蛋建筑公司对铜心分包公司分包工程计价时（假设未开具发票）。

借：合同履约成本——工程施工——分包费（暂估）

                              8 000 000

其他应付款——待取得进项税额   720 000

贷：应付账款   8 720 000

③三方签订债权债务抵消协议，福建铁蛋建筑公司和铜心分包公司分别按照抵债金额开具发票（654万元）。

借：应付账款——分包款   6 540 000

贷：应收账款——工程进度款   6 540 000

借：应交税费——待转销项税额   540 000

贷：应交税费——应交增值税（销项税额） 540 000

借：应交税费——应交增值税（进项税额） 540 000

贷：其他应付款——待取得进项税额   540 000

（3）闽中铜心分包公司的会计处理（合同收入按照履约进度确认，暂略）。

①铁蛋建筑公司对铜心分包公司进行工程计价时（假设未开具发票）。

借：应收账款——工程进度款   8 720 000

贷：合同结算——价款结算   8 000 000

应交税费——待转销项税额   720 000

②三方签订债权债务抵消协议。

借：其他应收款（钢蛋地产公司）   6 540 000

贷：应收账款（铁蛋建筑公司） 6 540 000

③钢蛋地产公司与铜心分包公司办理了房产过户手续，钢蛋地产公司向铜心分包公司开具了相应金额的不动产销售发票（654万元）；铜心分包公司向铁蛋建筑公司开具分包服务发票（654万元）。

借：固定资产、投资性房地产等 6 000 000
　　应交税费——应交增值税（进项税额） 540 000
　　贷：其他应收款（钢蛋地产公司） 6 540 000
借：应交税费——待转销项税额 540 000
　　贷：应交税费——应交增值税（销项税额） 540 000

注：暂略不动产购买方涉及的印花税、契税处理。

参 考 文 献

［1］翟纯垲．新收入准则税会差异实务与案例精解［M］．北京：中国市场出版社，2021.

［2］何广涛．建筑业增值税管理与会计实务［M］．北京：中国财政经济出版社，2020.

［3］林久时．建筑企业财税处理与合同涉税管理［M］．北京：中国铁道出版社有限公司，2020.

［4］葛伟军．案例公司法［M］．北京：法律出版社，2020.

［5］盖地．建筑业增值税会计核算与管理操作指南［M］．北京：中国财政经济出版社，2017.

［6］李志远，全晶晶．建筑施工企业税务与会计［M］．北京：中国市场出版社，2020.

［7］孙凌志，刘芳．新时期工程造价疑难问题与典型案例解析［M］．北京：中国建筑工业出版社，2019.

［8］中华人民共和国财政部．企业会计准则［M］．北京：中国经济出版社，2019.

［9］财政部会计司编写组．企业会计准则第14号：收入应用指南2018［M］．北京：中国财政经济出版社，2018.

［10］法律出版社法规中心．最高人民法院司法观点集成民商事卷（增补版）［M］．北京：中国民主法制出版社，2018.

［11］任铁虎．企业并购重组全流程操作实务［M］．北京：中国法制出版社，2018.

［12］翟继光．新税法下企业纳税筹划［M］．5版．北京：电子工业出版社，2018.

［13］中国建筑业协会．建筑业营改增实施指南：组织优化与经营管理［M］．北京：中国建筑工业出版社，2016.

［14］方春艳．工程结算与决算［M］．北京：中国电力出版社，2016.